Perfekt ausbilden

Handbuch zur Vorbereitung auf die
Ausbildereignungsprüfung nach AEVO

von

Dr. Klaus Kaden

2. Auflage 2018

Verlagshaus Zitzmann, Nürnberg

**Im Verlagshaus Zitzmann sind erschienen / werden erscheinen:
(Stand 03/2018)**

Ausbildereignungsprüfung gem. AEVO:
– Gesetzessammlung Ausbildereignungsprüfung gem. AEVO

Industriemeister/Meister für Schutz und Sicherheit:
– Gesetzessammlung Industriemeister GQ
– Industriemeister Band 1 Rechtsbewusstes Handeln
– Industriemeister Band 2 Betriebswirtschaftliches Handeln
– Industriemeister Band 3 Zusammenarbeit im Betrieb
– Industriemeister Band 4 Methoden der Planung (Frühjahr 2018)
– Industriemeister Band 5 Naturwissenschaftliche und technische Gesetzmäßigkeiten
– Industriemeister Rechtsbewusstes Handeln - Prüfungsvorbereitung
– Industriemeister Betriebswirtschaftliches Handeln - Prüfungsvorbereitung

Meister für Schutz und Sicherheit:
– Gesetzessammlung Meister für Schutz und Sicherheit HQ
– Handlungsspezifische Qualifikationen Band 1 Schutz- und Sicherheitstechnik
– Handlungsspezifische Qualifikationen Band 2 Organisation
– Handlungsspezifische Qualifikationen Band 3 Führung und Personal
– Sonderband: Sicherheitskonzepte

Fachkraft / Servicekraft für Schutz und Sicherheit:
– Gesetzessammlung Fachkraft für Schutz und Sicherheit
– Band 1 Lehrbuch Rechtsgrundlagen
– Band 2 Lehrbuch Umgang mit Menschen
– Band 3 Lehrbuch Dienstkunde/Sicherheitstechnik
– Band 4 Lehrbuch Wirtschafts- und Sozialkunde

Geprüfte Schutz und Sicherheitskraft:
– Lehrbuch Geprüfte Schutz- und Sicherheitskraft
– Prüfungsvorbereitung Geprüfte Schutz- und Sicherheitskraft

Lexika für Sicherheitsmitarbeiter:
– Lexikon Deutsch - Russisch
– Lexikon Deutsch - Rumänisch
– Lexikon Deutsch - Türkisch
– Lexikon Deutsch - Englisch
– Lexikon Deutsch - Sachkunde

Waffensachkundeprüfung:
– Lehrbuch Waffensachkundeprüfung

Sonstiges:
– Arbeitsrecht für Sicherheitsunternehmen (Frühjahr 2018)
– Detektiv im Einzelhandel

Weitere Bücher zum Thema Sicherheit sind in Vorbereitung.

Aktuelle Informationen erhalten Sie unter:
Internet: www.verlagshaus-zitzmann.de
Facebook: www.facebook.com/verlagshauszitzmann
Twitter: twitter.com/vh_zitzmann

Dr. Klaus Kaden ist Markt- und Meinungsforscher und beschäftigt sich speziell mit der Integration von Befragungsergebnissen in die Controlling- und Qualitätsmanagementstrukturen von Unternehmen.

Vorher lehrte Herr Dr. Kaden an einer Hochschule in den Bereichen IT, Pädagogik, Psychologie und Beratung. Seine Schwerpunkte sind die Entwicklung von Konzepten im pädagogischen und organisatorischen Bereich. Herr Dr. Kaden ist Autor mehrerer Bücher zum Thema Ausbildung, Arbeitsmarkt, Bewerbung, Organisations- sowie Zeitmanagement. Er ist Mitglied in verschiedenen Prüfungsausschüssen.

Bibliographische Informationen der Deutschen Nationalbibliothek:
Die Deutsche Nationalbibliothek verzeichnet diese Publikation in der Deutschen Nationalbibliographie. Detaillierte bibliographische Daten sind im Internet unter http://dnb.d-nb.de abrufbar.

ISBN 978-3-96155-055-5

Haftungsausschluss:

Die Auswahl der Inhalte erfolgte mit großer Sorgfalt. Trotzdem kann nicht ausgeschlossen werden, dass in Prüfungen Inhalte Thema sein können, die nicht in diesem Buch aufgeführt sind.
Der Verlag schließt für etwaige daraus resultierende Schäden (Nichtbestehen einer Prüfung o.ä.) hiermit ausdrücklich jede Haftung aus, es sei denn, dass der Schaden aufgrund von Vorsatz oder grober Fahrlässigkeit eingetreten ist.

Sollten Sie Punkte vermissen oder sonstige Anregungen an uns haben, würden wir uns freuen, wenn Sie uns dies mitteilen.

Der leichteren Lesbarkeit wegen verwenden wir häufig die männliche Form. Mit diesem einfacheren sprachlichen Ausdruck sind selbstverständlich immer Frauen und Männer gemeint.

Das Werk einschließlich aller seiner Teile ist urheberrechtlich geschützt. Jede nicht ausdrücklich vom Urheberrechtsgesetz zugelassene Verwertung bedarf der vorherigen Zustimmung des Verlages. Das gilt insbesondere für Vervielfältigungen, Mikroverfilmungen, Übersetzungen und Digitalisierungen zum Einspeichern und Verarbeiten in elektronischen Systemen.

© 2018 Verlagshaus Zitzmann
Jörg Zitzmann, Äußere Sulzbacher Str. 37, 90491 Nürnberg
www.verlagshaus-zitzmann.de
info@verlagshaus-zitzmann.de
Tel: 0911/20555944

Umschlagmotiv: © Kurhan - fotolia
Druck und Bindung: D.O.S. Document Office Solutions GmbH, Tutzing
Gedruckt in Deutschland

Inhaltsverzeichnis:

Seite

Vorwort 5
Erklärung von Abkürzungen und Zeichen 6

Handlungsfeld 1 Ausbildungsvoraussetzungen prüfen und Ausbildung planen 7

Hilfen und Tipps zur Planung der Ausbildung 9
Die betriebliche Ausbildung als Innovationsfaktor 10
Lohnt es sich auszubilden? 15
So planen Sie den Ausbildungsbedarf 20
Rechtliche Einflüsse auf die Berufsausbildung 25
Das Bildungssystem als Basis der betrieblichen Ausbildung 29
So finden Sie den richtigen Ausbildungsberuf 32
Die formalen Grundlagen der Eignung 33
Vorbereitende Maßnahmen in der Berufsausbildung 38
Beteiligte und Mitwirkende in der Berufsausbildung 38

Handlungsfeld 2 Ausbildung vorbereiten und an der Einstellung von Auszubildenden mitwirken 43

Die Planung der betrieblichen Ausbildung 45
Die Lernorte im dualen System der beruflichen Bildung 48
Auszubildende gewinnen 51
Am Abschluss des Berufsausbildungsvertrages mitwirken 58
Ausbildung im Ausland 66

Handlungsfeld 3 Ausbildung durchführen 67

Start in die Ausbildung 70
Grundlagen der Lernpsychologie 74
Führungsstile und Führungsmittel 81
Methodische Aspekte der Handlungskompetenz 86
Veränderungen in der Arbeitsorganisation 93
Am Arbeitsplatz ausbilden 98
Gruppen- und teamorientierte Ausbildungsmethoden 107
Medien und Präsentationstechniken in der Ausbildung 117
Lernschwierigkeiten und Verhaltensauffälligkeiten 121
Soziale und persönliche Entwicklung Auszubildender fördern 125
Lernerfolgskontrollen in der Ausbildung 132
Zwischenprüfung 134
Beurteilen 137
Kulturelle Unterschiede 143

Handlungsfeld 4 Ausbildung abschließen 147

Auf Prüfungen vorbereiten 149
Zur Prüfung anmelden 151
Ausbildung beenden oder verlängern 152
Zeugnis ausstellen 156
Fortbildungsmöglichkeiten 158

Literaturliste 161

Vorwort zur 2. Auflage

Unternehmen brauchen qualifizierte Mitarbeiter und Ausbilder. Betriebe mit Zukunftschancen auf dem globalen und regionalen Markt müssen für qualifizierten Nachwuchs sorgen und Personalplanung und -entwicklung als Unternehmensstrategie sehen.

Nur Mitarbeiter, die über ein solides und breitgefächertes Wissen verfügen, sind in der Lage, Geschäftsprozesse ganzheitlich zu erfassen, können unternehmerisch denken und handeln und ihr Wissen an den Nachwuchs weitergeben.

Dem trägt auch die Gestaltung der Ausbilder-Eignungsverordnung Rechnung. Durch die Strukturierung der vom Ausbilder nachzuweisenden berufs- und arbeitspädagogischen Kenntnisse in vier Handlungsfelder, legt sie den Grundstein für eine ganzheitliche und handlungsorientierte Ausbilderqualifizierung.

Nur durch das eigene Erleben, Planen, Erarbeiten und Umsetzen von „Ausbildungswissen" lässt sich Ausbilderkompetenz heranbilden, gelingt der Transfer in die Ausbildungspraxis des eigenen Unternehmens.

Unterstützt und gefördert wird dies durch „Perfekt Ausbilden", dem Handbuch für den Ausbilder. Dieses Handbuch dient dem Ausbilder als fundierte Wissensbasis für seine künftige Tätigkeit, ist Arbeitsgrundlage und Nachschlagewerk für die Gestaltung der Ausbildung im Unternehmen. Durch seine Orientierung am Rahmenstoffplan des DIHT enthält es die kompletten Inhalte nach der AEVO und dient somit der gezielten Vorbereitung auf die Ausbilder-Eignungsprüfung.

Beim Studium dieses Handbuches und bei der Vorbereitung auf die Ausbilder-Eignungsprüfung wünschen wir Ihnen viel Erfolg.

Der Verfasser im März 2018

Erklärung von Abkürzungen und Zeichen

 = Für den schnellen Leser. Das Wichtigste in Schlagworten

 = Verweise auf Ausführungen zu anderen Stellen dieses Handbuches

 = Kapitelzusammenfassungen

 = Vertiefende Zusatzinformationen, die über die tägliche Ausbildungspraxis hinausgehen

 = Hinweise auf wichtige rechtliche Bestimmungen

Tipp: Nutzen Sie den Seitenrand für eigene Notizen!

Handlungsfeld 1

Ausbildungsvoraussetzungen prüfen und Ausbildung planen

- ➢ Hilfen und Tipps zur Planung der Ausbildung
- ➢ Die betriebliche Ausbildung als Innovationsfaktor
- ➢ Lohnt es sich auszubilden
- ➢ So planen Sie den Ausbildungsbedarf
- ➢ Rechtliche Einflüsse auf die Berufsausbildung
- ➢ Das Bildungssystem als Basis der betrieblichen Ausbildung
- ➢ So finden Sie den richtigen Ausbildungsberuf
- ➢ Die formalen Grundlagen der Eignung
- ➢ Vorbereitende Maßnahmen in der Berufsausbildung
- ➢ Beteiligte und Mitwirkende an der Berufsausbildung

Handlungsfeld 1:
Ausbildungsvoraussetzungen prüfen und Ausbildung planen

Unternehmen brauchen qualifizierte Mitarbeiter

Die Wirtschaft in Deutschland ist einem tief greifenden Strukturwandel unterworfen. Er ist gekennzeichnet durch:

- Verschiebungen zwischen den Wirtschaftssektoren
- Zunahme der Kunden- und Dienstleistungsorientierung
- Weniger einfache und anteilig mehr qualifizierte Tätigkeiten
- Neue Technologien
- Schnellere und effektivere Wege der Kommunikation

Kunden legen mittlerweile mehr Wert darauf, neben qualitativ hochwertigen Produkten bzw. Dienstleistungen, auch einen maßgeschneiderten und individuellen Service zu erhalten. Dazu bedarf es qualifizierter Mitarbeiter. Dies setzt Investitionen in dem Bereich der betrieblichen Aus- und Weiterbildung voraus, Ausbildung zählt für diese Firmen zum obersten Gebot. Nur Mitarbeiter, die über ein solides, breit gefächertes Basiswissen verfügen, sind in der Lage Geschäftsprozesse ganzheitlich zu erfassen, zukunftsorientiertes Wissen in die eigenen Denk- und Handlungsprozesse zu integrieren.

Neu gestaltete Ausbildungsordnungen, die neben Fachaspekten die Methoden- und Sozialkompetenz stärker gewichten, unterstützen diesen Prozess.

Wer qualifizierte Mitarbeiter durch eigene Nachwuchsarbeit heranbilden will, bekommt im Handlungsfeld 1: „Ausbildungsvoraussetzungen prüfen und Ausbildung planen" Auskunft auf folgende Fragen:

Auf diese wichtigen Fragen erhalten Sie Auskunft im Handlungsfeld 1

- Rechnet sich betriebliche Ausbildung überhaupt für mein Unternehmen?
- Wie definiere ich meinen Ausbildungsbedarf und finde den richtigen Ausbildungsberuf?
- Wie hängen Bildungssystem und betriebliche Ausbildung zusammen.
- Welche formalen und rechtlichen Hürden gilt es zu überwinden?
- Was ist, wenn mein Unternehmen zu spezialisiert ist oder nicht ausreichend Fachpersonal zur Verfügung steht? Gibt es Möglichkeiten der Kooperation?
- Welche Anforderungen werden an mich, meinen Betrieb und mein Ausbildungspersonal gestellt?
- Mit welchen Stellen muss ich bei der Durchführung einer betrieblichen Ausbildung zusammenarbeiten?
- Wer sind meine Ansprechpartner im Problemfall, wer unterstützt mich?

Die betriebliche Ausbildung als Innovationsfaktor

Hilfen und Tipps zur Planung der Ausbildung

Viele Betriebe bilden nicht aus, weil für sie das konkrete Vorgehen unklar ist. Andere nutzen die Möglichkeiten, in neuen und betriebsspezifischen Ausbildungsberufen auszubilden nur unzureichend, weil sie zu wenig über diese Berufe oder die Entwicklungen auf dem Arbeitsmarkt der Zukunft wissen.

Die Vielfalt möglicher Ausbildungsberufe ist nur wenigen bekannt

Im Prinzip ist alles jedoch viel einfacher als man denkt. Vorausgesetzt man
- kennt die richtigen Ansprechpartner,
- weiß woher Unterstützung zu bekommen ist,
- erhält die wichtigen und richtigen Informationen,
- ist über die Verfahren und Zuständigkeiten aufgeklärt.

Welcher Betrieb kann ausbilden?

Die betriebliche Ausbildung richtet sich nach den Vorschriften des Berufsbildungsgesetzes (BBiG). Darin ist geregelt, wer ausbilden darf und welche betrieblichen Voraussetzungen erfüllt sein müssen.

Es gibt Eignungsvorschriften: Nicht jeder Betrieb kann und darf ausbilden

Ein Betrieb der ausbilden will, muss für die Berufsausbildung nach Art und Einrichtung geeignet sein.

- **Eignung nach der Art** bedeutet, dass der Betrieb den betrieblichen Abläufen nach zur Berufsausbildung geeignet sein muss. Es müssen die Arbeiten und Tätigkeiten vorhanden sein, an denen der Auszubildende die nach der entsprechenden Ausbildungsordnung zu vermittelnden Fertigkeiten und Kenntnisse erlernen kann.
- **Eignung nach der Einrichtung** setzt voraus, dass der Betrieb über eine geeignete Ausstattung verfügt. Insbesondere müssen Einrichtungen vorhanden sein, die für die Vermittlung der vorgesehenen Ausbildungsinhalte erforderlich sind. Dazu gehören Werkzeuge, Geräte, bürotechnische Einrichtungen sowie andere notwendige Ausbildungsmittel wie Modelle, Programme oder Lehrgänge. Dabei ist sicherzustellen, dass die für die Ausbildung notwendige Einrichtung während der entsprechenden Ausbildungsabschnitte dem Auszubildenden zur Verfügung steht. Die Ausbildungsstätte muss in ihrer Gesamtstruktur (Betriebsabläufe, Produkte, Arbeitseinrichtung, u.ä.) das Erreichen des Ausbildungszieles gewährleisten.

Nicht alle Betriebe sind in der Lage, die erforderlichen Voraussetzungen fachlicher oder ausstattungsmäßiger Art nachzuweisen. Auf Ausbildung braucht trotzdem kaum ein Betrieb zu verzichten. Durch das Zusammenwirken mit anderen Betrieben wird es Unternehmen ermöglicht auszubilden, die alleine nicht in der Lage sind, die erforderlichen Inhalte zu vermitteln. Man spricht hier von Ausbildung im Verbund.

Die Lösung: Ausbildung im Verbund

Wer kann ausbilden?

Der Ausbildende bzw. sein Ausbilder müssen persönlich und fachlich geeignet sein; d. h. er muss

- die erforderlichen beruflichen Fertigkeiten und Kenntnisse besitzen,
- die erforderlichen berufs- und arbeitspädagogischen Kenntnisse haben.

Wer ausbilden will, muss persönlich und fachlich geeignet sein

Die berufs- und arbeitspädagogischen Kenntnisse werden durch eine Ausbildereignungsprüfung nachgewiesen. Die Inhalte dieser Prüfung sind in der Ausbildereignungsverordnung (AEVO) beschrieben.
Die Zuständige Stelle (z.B. Industrie- und Handelskammer) kann von der Nachweispflicht befreien, wenn eine ordnungsgemäße Ausbildung sichergestellt ist. Die Eignung des Betriebes und des Ausbildungspersonals für die Ausbildung muss dennoch gegeben sein.
Die erforderlichen beruflichen Fertigkeiten und Kenntnisse des Ausbilders werden normalerweise durch Abschlüsse im Dualen System oder durch Abschlüsse an Fach- oder Hochschulen nachgewiesen.

Handlungsfeld 1:
Ausbildungsvoraussetzungen prüfen und Ausbildung planen

**Ihr kompetenter Ansprechpartner:
Die Zuständige Stelle**

Wer weiß Bescheid?

Alle Fragen, die im Zusammenhang mit der Berufsausbildung entstehen, können an den Berater der Zuständigen Stelle (z.B. IHK, Handwerkskammern, ...) gerichtet werden. Diese beraten Ausbildungsbetriebe und Auszubildende. Insbesondere Betriebe, die erstmalig ausbilden wollen, werden von den Beratern gezielt zu Modalitäten und über Formalitäten informiert.

Eine andere Möglichkeit ist die Kontaktaufnahme mit Betrieben aus der Branche, die bereits Ausbildungserfahrungen haben.

Fragen Sie also bei Ihrer Zuständigen Stelle nach, sie hilft Ihnen gerne weiter. Weitere Informationen, wie sie perfekt in die Ausbildung starten, lesen sie auf den nächsten Seiten.

Die betriebliche Ausbildung als Innovationsfaktor

Der globale Wettbewerb beschränkt sich längst nicht mehr nur auf große und mittelständische Unternehmen. Betroffen sind zunehmend kleinere Produzenten und Dienstleister aller Branchen. Als Zulieferer von Großunternehmen gelten für sie zwangsläufig die gleichen Qualitätsstandards und Wettbewerbsbedingungen.

Wollen Betriebe mit ihren Produkten und Dienstleistungen regional, national oder international konkurrenzfähig bleiben, müssen sie hohe Qualitätsdimensionen bei gleichzeitig günstiger Preisgestaltung in ihrem strategischen Unternehmenskonzept verankert haben.

Dies erfordert von der Unternehmensführung innovative Entscheidungs- und Organisationsstrukturen. Für den Mitarbeiter ist der Weg vom Mitarbeiter zum Mitgestalter vorgegeben.

Mitarbeiter von heute müssen verstärkt unternehmerisch Denken und Handeln

Mitarbeiter von heute müssen:
- selbständig planen und organisieren,
- komplexe und vernetzte Systeme verstehen,
- über ihren eigenen Arbeitsplatz hinaus mitdenken,
- über eine hohe Sozialkompetenz verfügen,
- Konflikte konstruktiv bewältigen,
- qualitäts-, kostenbewusst, umwelt- und kundenorientiert denken und handeln,
- verstärkt unternehmerische Sichtweisen in die eigene Arbeitsplanung und -gestaltung integrieren.

Zuständigkeit der Unternehmen für die Berufsausbildung

Ausbildung bedeutet auch in künftige Qualifikationen zu investieren

Die meisten Unternehmen haben erkannt, dass sich berufliche Ausbildung an den nachgefragten Qualifikationen orientieren muss. Je enger die Ausbildung an die jeweilige betriebliche Praxis gekoppelt ist, desto realitätsnäher und verwertbarer ist sie. Konsequenterweise obliegt dem Ausbildungsbetrieb – auch aus historisch gewachsenen Gründen – überwiegend die rechtliche Verantwortung für die Berufsausbildung. Abgesehen von gesetzlichen Mindestvorgaben (z.B. Berufsbildungsgesetz, Jugendarbeitsschutzgesetz, Ausbildungsordnung) sind die Unternehmen hinsichtlich der konkreten Ausgestaltung der Ausbildung frei.

> Als Maxime gilt:
> Nur der Betrieb selbst weiß, welche Qualifikationen jetzt und in der Zukunft gefordert werden – und kann seine Auszubildenden entsprechend darauf vorbereiten.

Die betriebliche Ausbildung als Innovationsfaktor

Frei sind die Betriebe auch in ihrer Entscheidung, ob sie überhaupt ausbilden, wie viele Auszubildende sie – ggf. im Rahmen vorgegebener Empfehlungen – einstellen und in welchen der rund 350 anerkannten Ausbildungsberufe sie ausbilden wollen.

Betriebliche Vollzeitschulen (z.B. Berufsfachschulen) oder Auftragsausbildung (Bildungsträger, die im Auftrag der Bundesagentur für Arbeit zur Reduzierung der Jugendarbeitslosigkeit in staatlich anerkannten Ausbildungsberufen ausbilden) können die betriebliche Situation durch Praktika oder außerbetrieblichen Lehrwerkstätten nur annähernd simulieren. Betriebsspezifika können sie auf keinen Fall vermitteln.

In Deutschland ist die betriebliche Berufsausbildung tief verwurzelt. Die jahrhundertealte Handwerks- und Kaufmannstradition (z.B. Mittelalterliche Meisterlehre) bildet das Fundament für eine ausbildungsfreundliche Mentalität. Im Handwerk ist es Tradition, Auszubildende vom Meister in dessen Betrieb unter der Obhut der „Zunft" auszubilden. Hiervon leitet sich die im Berufsbildungsgesetz verankerte Zuständigkeit der Kammern für die Überwachung der Ausbildung (§ 76 BBiG) und der Abschlussprüfungen (§ 47 BBiG) ab.

350 Berufe stehen zur Auswahl – Nur Wenige nutzen die vorhandenen Möglichkeiten

Ausbildungstradition ist in Deutschland tief verwurzelt

Aufgaben des Staates im Rahmen der Berufsausbildung

Das Prinzip der Subsidiarität besagt, dass der Staat nur in die Bereiche regelnd eingreift, in denen Wirtschaft und Gesellschaft nicht bereits Regelungen entwickelt haben.

Der staatliche Einfluss auf die Berufsausbildung (Duales System) wird insbesondere im Berufsbildungsgesetz (Bundesebene) und in der Zuständigkeit für das Berufsschulwesen (Länderebene) deutlich.

Bund und Länder kooperieren im Rahmen der Berufsausbildung sehr eng

---

Aufgaben des Bundes
Das Bundesministerium für Bildung, Wissenschaft und Forschung hat eine allgemeine und koordinierende Kompetenz in Fragen der Berufsbildung:
- Federführung für das Berufsbildungsgesetz
- Zuständigkeit für berufsbildungspolitische Grundsatzfragen
- Zuständigkeit für das Bundesinstitut für Berufsbildung
- Zuständigkeit für den Erlass von Verordnungen über die berufliche Weiterbildung und pädagogische Qualifizierung der Ausbilder
- Förderung Benachteiligter und Begabter in der Berufsbildung
- Förderung von Modellversuchen und Forschungsvorhaben in der beruflichen Bildung

Die Fachministerien sind für die Anerkennung und Aufhebung der Ausbildungsberufe zuständig. Sie üben diese Aufgabe im Einvernehmen mit dem Bundesministerium für Bildung Wissenschaft und Forschung aus.

Aufgaben der Länder
Die Zuständigkeit der Länder erstreckt sich auf alle Aspekte des Berufsschulwesens:
- Berufsschulpflicht
- Schulorganisation
- Lehrpläne und Stundentafeln
- Dauer des wöchentlichen Berufsschulunterrichtes
- Lehrpersonal

Aufgaben der KMK (Ständige Konferenz der Kultusminister)
Ohne die Funktion der KMK würden sich die Schulsysteme auseinanderentwickeln. Die KMK hat im Bereich des Schul- und Berufsschulwesens die Aufgabe, das notwendige Mindestmaß an Gemeinsamkeit und Vergleichbarkeit herzustellen.

Handlungsfeld 1:
Ausbildungsvoraussetzungen prüfen und Ausbildung planen

Ausbildungsbestrebungen der Jugend

Zwei Drittel aller Jugendlichen starten ihre Ausbildung im Dualen System

Trotz Zunahme der Studierendenzahlen starten noch immer rund zwei Drittel eines Altersjahrganges ihre berufliche Karriere mit einer Ausbildung im Dualen System. Ein Viertel nimmt nach dem Abschluss der Schule ein Studium auf. Etwa zehn bis zwölf Prozent eines Altersjahrganges können keinen anerkannten Abschluss nachweisen.

Für den Eintritt in eine betriebliche Berufsausbildung wird keine bestimmte schulische Qualifikation vorausgesetzt. Jedoch haben Prestige- und Anforderungsunterschiede zwischen den verschiedenen Ausbildungsberufen zu faktischen Unterschieden hinsichtlich der geforderten Schulbildung geführt.

Während man in den Ausbildungsberufen Bankkaufmann/Bankkauffrau, Versicherungskaufmann/Versicherungskauffrau oder Steuerfachangestellte/r überwiegend Auszubildende mit Hochschulreife antrifft, stellen bei den Handwerksberufen Hauptschüler/Mittelschüler die Mehrzahl der Auszubildenden.

Schulbildung: Für manche Berufe braucht man die richtige Eintrittskarte

War früher die Hauptschule/Mittelschule das klassische Rekrutierungsreservoir für das Duale System der Berufsausbildung, hat sich dies im Laufe der Zeit gewandelt. Ursache hierfür ist, dass die Gruppe der Hauptschüler/Mittelschüler nur noch ein Drittel der Schulabgänger eines Altersjahrganges ausmacht.

Zunehmend münden Abiturienten in das Duale System ein. Die Gründe hierfür sind:
- gute betriebliche Karrierechancen (vertikale Durchlässigkeit)
- Erwerb von praktischen Grundlagen vor der Aufnahme eines späteren Studiums
- Berufsausbildung entspricht eher den praktischen Neigungen der Jugendlichen
- gestiegene Anforderungen der Unternehmen an die Auszubildenden
- Möglichkeiten der Kombination von Ausbildung und Studium (Ausbildung und Studium im Doppelpack/Ausbildung Plus)
- zunehmende horizontale und vertikale Durchlässigkeit des Bildungssystems

Selbstverwirklichung im Beruf setzt eine funktionierende Personalentwicklung voraus

Das Erlernen und Ausüben eines Berufes hat auch eine wichtige soziale Dimension. Die Sicherung der wirtschaftlichen Existenz und das Erreichen eines bestimmten Status in der Gesellschaft sind wichtige Bedürfnisfunktionen (siehe Bedürfnispyramide von Malsow). Erst wenn sie erfüllt sind, ist die Selbstverwirklichung im Beruf möglich.

Eine solide Ausbildung hilft die Grundbedürfnisse zu erfüllen. Ich-Bedürfnisse und Selbstverwirklichung lassen sich realisieren, wenn Qualifikation und Interesse im Einklang mit den gestellten Arbeitsanforderungen und einer gezielten Personalentwicklung stehen.

Die betriebliche Ausbildung als Innovationsfaktor

Entwicklungen auf dem Arbeits- und Ausbildungsmarkt

Ein wichtiges bildungs- und beschäftigungspolitisches Ziel ist es, allen Ausbildungsstellensuchenden einen adäquaten Ausbildungsplatz zur Verfügung zu stellen. Dies gelingt nicht immer.

Die Ursachen hierfür sind mannigfaltig:

➢ Die demographische Entwicklung der Schülerzahlen.

➢ Regionale Unterschiede zwischen Ausbildungsstellenangebot und –nachfrage.

➢ Das Angebot an Ausbildungsstellen ist von der Struktur der Wirtschaft abhängig. Der Wandel von der Industrie zur Dienstleistungs- und Wissensgesellschaft bedingt eine strukturelle Verlagerung innerhalb der Ausbildungsberufe

➢ Berufswahlverhalten der Jugendlichen.

Mobilität:
Wer mobil ist hat Vorteile beim Rennen um einen Ausbildungsplatz

Die beliebtesten Jobs:
Doch wohl eher ein Wechselspiel von Angebot und Nachfrage

Quelle: BIBB *

Handlungsfeld 1:
Ausbildungsvoraussetzungen prüfen und Ausbildung planen

Lebenslanges Lernen

Nur wer sich ständig weiterbildet, ist fachlich immer up to date

Hat man früher von einem Beruf im Sinne von „Berufung" gesprochen, den man einmal gelernt, nahezu unverändert bis zur Rente ausgeübt hat, sieht die Situation heute gänzlich anders aus. Durch zunehmende Technisierung (Digitalisierung) und Globalisierung (internationaler Wettbewerb) unterliegen die einzelnen Berufe ebenso wie die Ausbildungsberufe einem immensen Anpassungsdruck.

Die Halbwertzeit des Wissens, die derzeit bei etwa 5 Jahren liegt, fordert ständige Qualifizierung ausgebildeter Fachkräfte. Im Ausbildungsbereich bedeutet dies stetige Anpassung der Ausbildungsordnungen an die sich wandelnden Bedingungen der Wirtschaft.

War eine Zeit lang mit dem Begriff „Job" die Erledigung von Aufgaben zum Zwecke des Geldverdienens ohne „innere" Bindung an das Unternehmen verbunden, wird heute in vielen Branchen das Arbeits- und Ausbildungsverhältnis über das berufliche und gesellschaftlich notwendige „Lebenslange Lernen" stärker von einer corporate identity geprägt.

Sie wissen jetzt, ...
- ✓ weshalb qualifizierte Fachkräfte zur Sicherung des Standortes Deutschland dringend erforderlich sind.
- ✓ wer für die Berufsausbildung in Deutschland zuständig ist.
- ✓ welche unterschiedlichen Aufgaben Betrieb und Staat im Rahmen der beruflichen Ausbildung übernehmen.
- ✓ welche Tendenzen bei der Berufs- und Arbeitsplatzwahl bei Jugendlichen erkennbar sind.
- ✓ von welchen Entwicklungen der Arbeits- und Ausbildungsmarkt beeinflusst wird.
- ✓ warum es Modeberufe gibt.

Lohnt es sich auszubilden?

Betriebliche Personalbeschaffung

Unternehmen, die ausbilden, sehen darin eine wichtige und notwendige Investition in die Personalentwicklung. Gleichzeitig ist man davon überzeugt, dass die Qualität der Produkte und die Wettbewerbsfähigkeit von dieser „Investition in das Humankapital" profitieren.

In größeren Betrieben ist die Berufsausbildung eine Selbstverständlichkeit. Aber auch Klein- und Mittelbetriebe steigern ihre Ausbildungsanstrengungen.

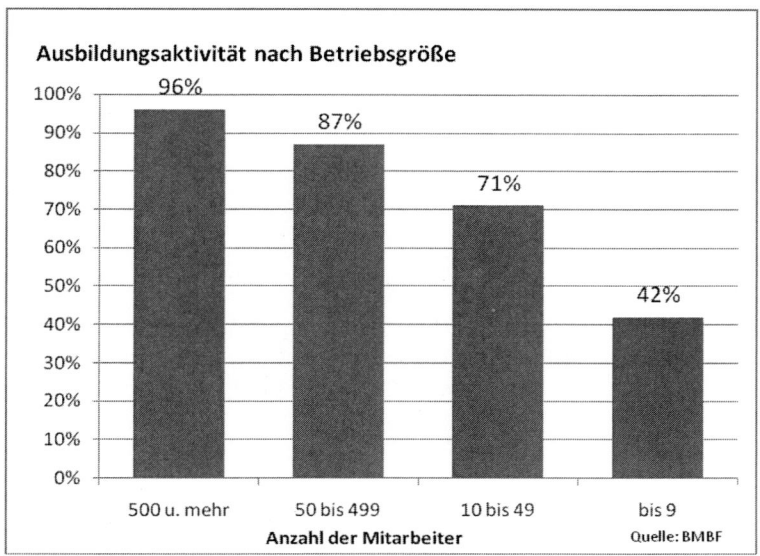

Betrachtet man die Verteilung der Auszubildenden so zeigt sich, dass über 50 Prozent der Auszubildenden in Klein- und Mittelbetrieben ausgebildet werden. Großbetriebe mit über 500 Mitarbeitern bilden lediglich 20 Prozent aller Auszubildenden aus.

 Die meisten Auszubildenden werden in kleinen und mittleren Betrieben herangebildet

Von ihren Ausbildungsbetrieben übernommen werden nach Abschluss der Ausbildung knapp zwei Drittel der Auszubildenden. Am größten ist diese Chance in Großbetrieben, am ungünstigsten in Kleinbetrieben. Von dieser Situation profitieren insbesondere Großbetriebe. Sie rekrutieren so ihren Fachkräftenachwuchs.

 Zwei Drittel aller Auszubildenden werden nach der Ausbildung übernommen

Gründe für die Durchführung einer eigenen Ausbildung	
➢ Eigene Nachwuchskräfte entsprechen genau den betrieblichen Anforderungen	94 %
➢ Gewinn von Fachkräften, die sonst nicht auf dem Arbeitsmarkt zu finden sind	90 %
➢ Wenig Fluktuation infolge besonders betriebsverbundener Nachwuchskräfte	80 %
➢ Möglichkeit der Bestenauswahl bei der Übernahme von Nachwuchskräften	74 %
➢ Risiko personeller Fehlentscheidungen bei der Einstellung betriebsfremder Kräfte entfällt	73 %
➢ Einsparen von Einarbeitungszeit und -kosten für betriebsfremde Fachkräfte	58 %
➢ Ausbildung als Werbeträger: Reputationsgewinne für den Betrieb	57 %
➢ Vorteile durch produktiven Arbeitseinsatz von Auszubildenden	42 %
➢ Keine Kosten für die Personalsuche auf dem Arbeitsmarkt	35 %

Quelle: ibv

 Gute Gründe selbst auszubilden!

Handlungsfeld 1:
Ausbildungsvoraussetzungen prüfen und Ausbildung planen

Ob eine Firma ausbildet oder nicht ist in erster Linie eine Frage der Unternehmensphilosophie. Zu berücksichtigen ist aber auch, dass viele Klein- und Kleinstbetriebe keinen realen Ausbildungsbedarf sehen und zum Teil weder nach Art noch nach Einrichtung für die Durchführung einer Berufsausbildung geeignet sind.

Kosten und Finanzierung der Berufsausbildung

Finanzierung der Berufsausbildung im Dualen System

Der Steuerzahler ist immer dabei: Berufsschulen werden aus Steuermitteln finanziert

Die Finanzierung der Berufsausbildung ist abhängig von Art und Aufgabe der beteiligten Institutionen. Während Berufsschulen aus Steuermitteln finanziert werden, bringen die meisten Unternehmen die für den betrieblichen Teil der Berufsausbildung entstehenden Kosten selbst auf.
In besonderen Fällen und für spezielle Gruppen von Jugendlichen, z.B. für die Berufsausbildung Behinderter, können Betriebe Zuschüsse nach dem Sozialgesetzbuch (SGB) erhalten.

Es gibt auch Formen der kollektiven Finanzierung von Ausbildungsteilen

Anstelle der einzelbetrieblichen Finanzierung gibt es in einigen Tarifbereichen (z.B. Baugewerbe, Dachdeckerhandwerk, ...) kollektive Finanzierungsregelungen auf der Grundlage von Tarifverträgen. In diesen Fällen zahlen alle Betriebe, ob sie ausbilden oder nicht, in einen gemeinsamen Fond, aus dem ausbildenden Betrieben Ausbildungsaufwendungen (z.B. im Baugewerbe für die Dauer der überbetrieblichen Ausbildungsphasen) erstattet werden.

Die Finanzierung der Berufsausbildung in überbetrieblichen Unterweisungsstätten stellt eine Mischfinanzierung dar. Dabei ist zwischen den Investitionskosten (Bauten und Einrichtungen) und den laufenden Kosten (Personal, Materialien, usw.) zu unterscheiden.
Zu den Eigenmitteln des Trägers einer überbetrieblichen Einrichtung (z.B. IHK) treten Zuschüsse des Bundes und der Länder oder Darlehen der Bundesagentur für Arbeit.
Die laufenden Kosten werden überwiegend aus den Beiträgen der ausbildenden Betriebe gedeckt. Sie sind Entgelt dafür, dass die überbetriebliche Ausbildungsstätte für eine bestimmte Zeit an Stelle des Betriebes die Ausbildung übernimmt.

Kosten- und Nutzenverteilung für die Betriebe

Betriebe analysieren sehr genau, was ein Ausbildungsplatz kostet und was er einbringt. Fest steht: Ausbildung kostet Geld. Es ist jedoch zumeist viel weniger als diejenigen glauben, die aus diesem Grund bisher nicht ausgebildet haben.

Die Beschaffung benötigter Fachkräfte auf dem freien Arbeitsmarkt und deren Einarbeitung in die betrieblichen Spezifika erfordert finanzielle und personelle Ressourcen. Außerdem sind Lohn- bzw. Gehaltskosten i.d.R. höher als bei selbst ausgebildeten Mitarbeitern.

Lohnt es sich auszubilden

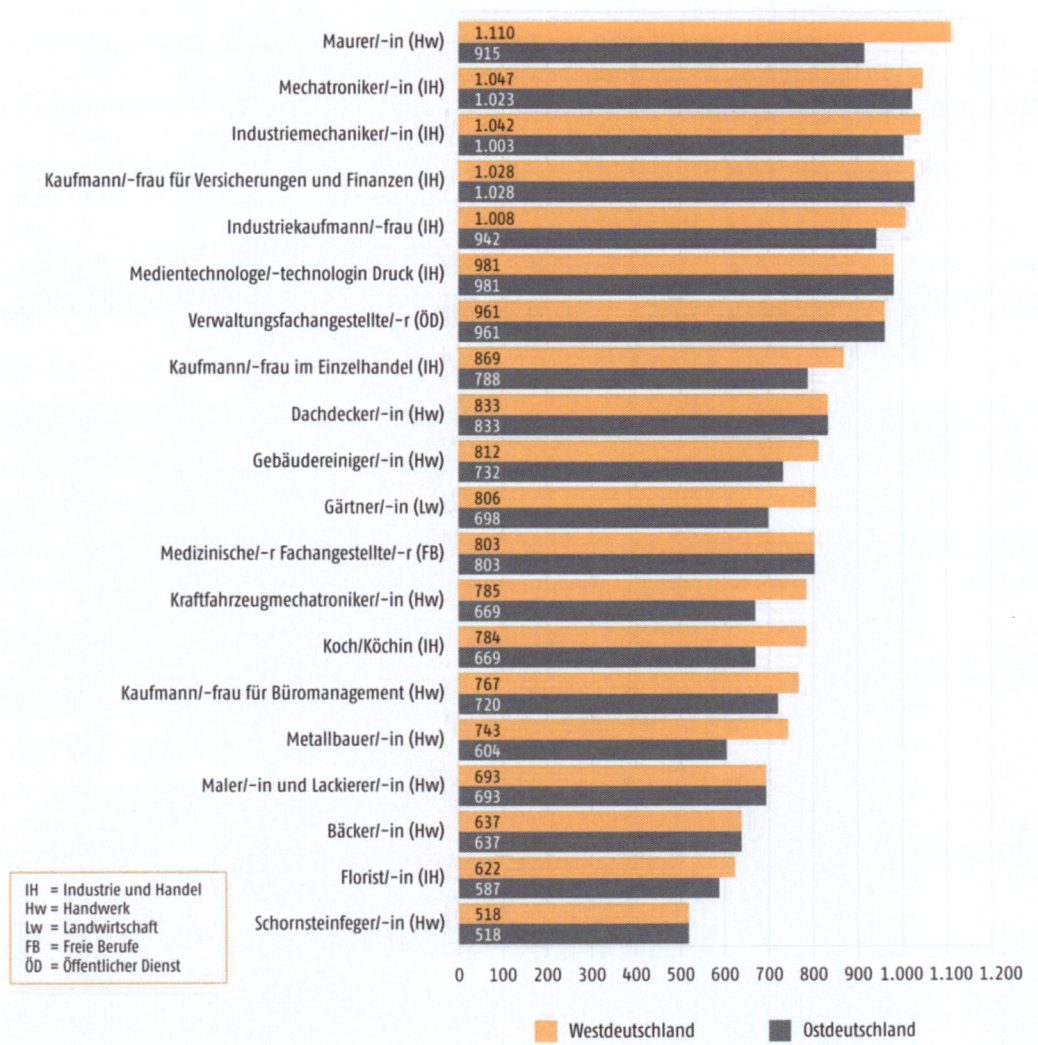

Ausbildungsvergütungen in 20 ausgewählten Berufen 2017
- Durchschnittliche monatliche Beträge in Euro -

Unser Nachwuchs verdient nicht schlecht: Doch die Schwankungen sind sehr groß

Quelle: BIBB *

Inwieweit eine betriebliche Ausbildung sich lohnt ist umstritten. Bei Nennung und Bewertung der Kosten eines Ausbildungsplatzes ist die Berechnung nach dem Vollkosten- oder Teilkostenprinzip einerseits und der Unterschied zwischen Brutto- und Nettokosten andererseits zu berücksichtigen.

Bei der Berechnung nach dem Vollkostenprinzip werden, zusätzlich zu den unmittelbar durch die Ausbildung verursachten Kosten (Teilkostenprinzip: Personalkosten Azubi und Ausbildungspersonal, ...), aus den fixen Sach- und Personalkostenblöcken des Betriebes mit Hilfe bestimmter Schlüssel Kostenanteile kalkulatorisch der Ausbildung zugerechnet.

Der Unterschied zwischen Brutto- und Nettokosten ergibt sich aus der Tatsache, dass Auszubildende durch die produktive Teilnahme an Arbeitsprozessen Erträge erbringen, die entstehende Bruttokosten mindern.

Handlungsfeld 1:
Ausbildungsvoraussetzungen prüfen und Ausbildung planen

Bevor Sie vergleichen: Definieren Sie zuerst die Vergleichsbasis - Vollkosten-, Teilkosten-, Brutto- oder Nettokostenrechnung

Zusammenstellung der Bruttokosten:
- Personalkosten (z.B. Ausbildungsvergütung, Lohnnebenkosten, ...)
- Kosten des Ausbildungspersonals
- Anlage- und Sachkosten (z.B. Arbeitsplatz, Lehrwerkstatt, Lernecke, Ausbildungsmaterial, ...)
- Sonstige Kosten (z.B. Prüfungsgebühren, externe Lehrgänge, Verwaltungskosten, Berufsbekleidung, Lernmaterial, ...)

Zusammenstellung der Erträge:
- Leistungen, die direkt vom Kunden bezahlt werden (z.B. Stundensatz des Auszubildenden)
- Produktive Mitarbeit im Betrieb, die zur Erhöhung der Betriebsergebnisse führt, jedoch nicht direkt an den Kunden weitergegeben werden kann (Mitarbeit in der Produktion, im Lager, in der Verwaltung, im Einkauf, ...)
- Quantifizierbarer indirekter Nutzen (z.B. Einsparungen bei der Personalbeschaffung und der Einarbeitung neuer Fachkräfte). Die übernommenen Auszubildenden haben i.d.R. ein geringeres Anfangsgehalt als Fachkräfte auf dem freien Arbeitsmarkt. Ausbildungskosten sind zudem als Betriebsausgaben steuerlich absetzbar – mindern den steuerpflichtigen Betrag des Unternehmens.
- Nicht quantifizierbarer indirekter Nutzen (z.B. geringere Gefahr der Stellenfehlbesetzung bei Übernahme des Auszubildenden, betriebsspezifische Denk- und Handlungsweisen, Identifikation mit dem Unternehmen)

Kosten entstehen auf der Ausgabenseite durch Ausbildungsabbrüche und durch Verlassen des Ausbildungsbetriebes nach erfolgreichem Abschluss.

Lehrstellenabbrüche: Viel Geld investiert und trotzdem fehlt die künftige Fachkraft

In manchen Berufsfeldern brechen bis zu einem Drittel der Ausbildungsbeginner ihre Ausbildung ab. Die Folge sind zusätzliche Kosten für die Erstellung einer neuen Personalplanung und die Beschaffung von Fremdpersonal.

Da die Hälfte aller Vertragsauflösungen im ersten Ausbildungsjahr erfolgt

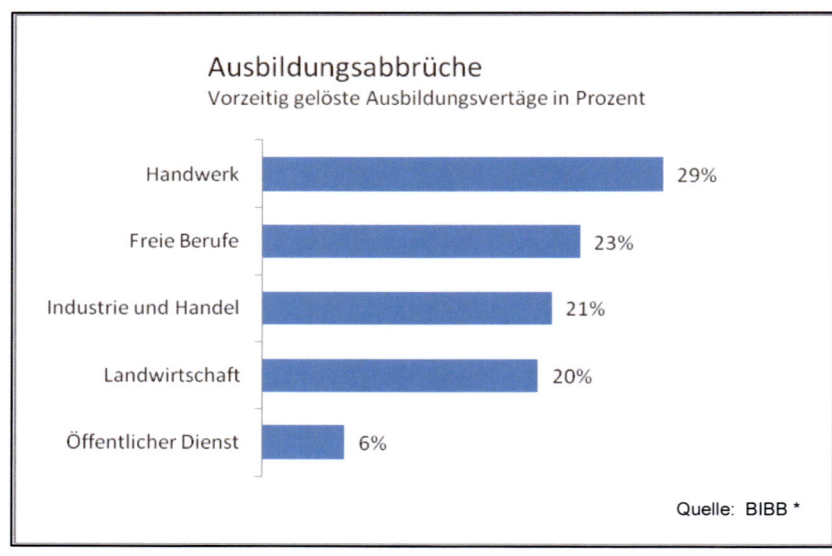

(25 Prozent in der Probezeit) ist es aus betrieblicher Sicht erforderlich, ein erhöhtes Augenmerk auf die Auswahl der Auszubildenden zu legen. Hierbei kann die Berufsberatung der Arbeitsagenturen durch gezielte Informationen zu Arbeitsanforderungen und -bedingungen unterstützen.

Langfristige betriebliche Perspektiven sollten den Kostenfaktor Ausbildung überstrahlen

Berufsausbildung nur unter Kostenaspekten zu betrachten, wird der strategischen Bedeutung, die eine langfristige Personal- und Nachwuchsplanung hat, nicht gerecht. Angesichts einer zunehmenden Globalisierung und des Wandels von der Industrie- zur Dienstleistungs- und Wissensgesellschaft hat die Heranbildung und Qualifizierung eigener Mitarbeiter einen entscheidenden Wettbewerbsvorteil.

Lohnt es sich auszubilden

Sie wissen jetzt, ...
- ✓ dass fast alle Großbetriebe ausbilden, zahlenmäßig die meisten Auszubildenden jedoch in kleinen und mittleren Betrieben qualifiziert werden.
- ✓ warum sich die Durchführung einer eigenen Ausbildung für die meisten Betriebe lohnt.
- ✓ wie die Finanzierung der Berufsausbildung im Dualen System geregelt ist.
- ✓ welche Kosten auf Betriebe zukommen, wenn sie ausbilden.
- ✓ welchen Nutzen die Durchführung von Ausbildung für Betriebe hat.
- ✓ dass Ausbildungsabbrüche keine zu vernachlässigende Kostengröße sind.

Handlungsfeld 1:
Ausbildungsvoraussetzungen prüfen und Ausbildung planen

So planen Sie den Ausbildungsbedarf

Wer sich entschlossen hat auszubilden, hat häufig die Qual der Wahl des richtigen Ausbildungsberufes. In rund 350 staatlich anerkannten Ausbildungsberufen ist eine betriebliche Ausbildung möglich.

Hilfestellungen gibt es von vielen Seiten:

➢ Der Ausbildungsberater der Zuständigen Stelle berät bei der Wahl des Ausbildungsberufes und klärt gemeinsam mit Ihnen die Eignungsvoraussetzungen Ihres Betriebes. Zudem unterstützt er Sie bei der Umsetzung des Ausbildungsrahmenplanes (Teil der Ausbildungsordnung) auf die betrieblichen Gegebenheiten, wie auch auf die individuellen Belange der Auszubildenden.

➢ Die Berufsberater der Arbeitsagenturen klären über Entwicklungen auf dem Ausbildungs- und Arbeitsmarkt auf und helfen Ihnen bei der Suche nach geeigneten Auszubildenden.

Personalplanung und -entwicklung

Die raschen und nachhaltigen Veränderungen in der Weltwirtschaft gehen auch an der Arbeitswelt nicht vorüber. Neue Produkte und Dienstleistungen müssen schneller als bisher entwickelt, Innovation als permanente Aufgabe verstanden werden. Die Anwendung der Informations- und Telekommunikationstechniken eröffnet dabei die Möglichkeit, in einem weltumspannenden Netz Forschung, Entwicklung, Beschaffung und Produktion zu organisieren.

Die Wirtschaft in Deutschland ist gekennzeichnet durch:
➢ Verschiebungen zwischen den Wirtschaftssektoren,
➢ Zunahme der Kunden- und Dienstleistungsorientierung in allen Bereichen,
➢ Abnahme einfacher zu Gunsten qualifizierter Tätigkeiten.

Die Leistungsfähigkeit der Mitarbeiter trägt wesentlich zum Unternehmenserfolg bei

Damit verbunden wachsen und verändern sich auch die Anforderungen an die Menschen, die in diesen Sektoren (Produktion oder Dienstleistung) arbeiten. Ihre Leistungsfähigkeit, fachlichen Kenntnisse und Fähigkeiten bestimmen zu einem wesentlichen Teil den Erfolg eines Unternehmens.

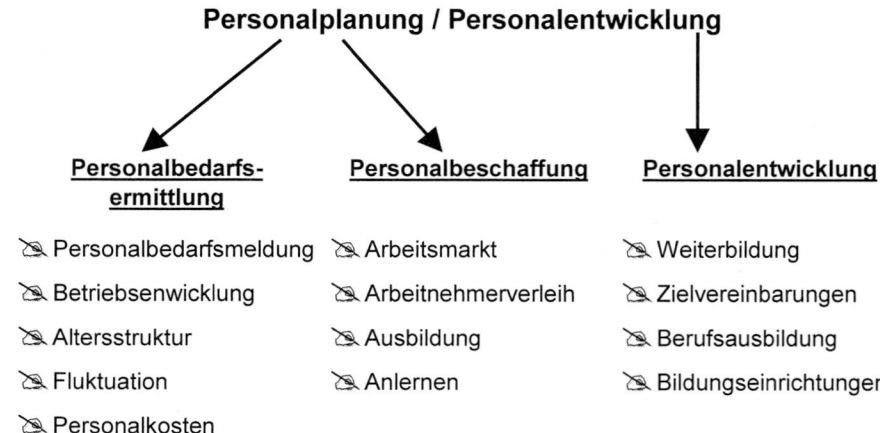

Personalplanung / Personalentwicklung

Personalbedarfs-ermittlung	Personalbeschaffung	Personalentwicklung
Personalbedarfsmeldung	Arbeitsmarkt	Weiterbildung
Betriebsentwicklung	Arbeitnehmerverleih	Zielvereinbarungen
Altersstruktur	Ausbildung	Berufsausbildung
Fluktuation	Anlernen	Bildungseinrichtungen
Personalkosten		

So planen Sie den Ausbildungsbedarf

Deshalb ist eine langfristige Personalplanung (Personalbedarfs-, Personalbeschaffungs-, Personaleinsatz- und Personalentwicklungsplanung) in größeren Unternehmen die Basis der Personalpolitik. Die Personalplanung und damit die Personalpolitik ist an der Unternehmensplanung, den Unternehmenszielen ausgerichtet.

Personalplanung ist immer an Unternehmenszielen ausgerichtet

Da es etwa fünf bis sechs Jahre dauert, bis ausgebildete Fachkräfte vollwertig zur Verfügung stehen und in den Betriebs- und Produktionsablauf integriert sind, sind für Unternehmen mittel- bis langfristige Planungsstrategien unerlässlich. Bei der Einstellung von Nachwuchskräften ist darauf zu achten, dass die Bewerber bezüglich ihrer Eignung und ihres Entwicklungspotentials entsprechend der geplanten Unternehmensperspektiven ausgewählt werden.

Es dauert fünf bis sechs Jahre bis aus einem Azubi ein vollwertiger Facharbeiter wird

In kleineren Unternehmen lassen sich solche Planungsaspekte nicht immer im gewünschten Umfang berücksichtigen.

Dennoch führt kein Weg an einer strategischen Personalplanung vorbei. Manche Entwicklungen (z.B. Auftragslage) sind schwer vorhersehbar.

Der Ausbilder als Personalentwickler

Auch wenn in kleinen und mittleren Betrieben häufig keine Personalabteilung existiert, ist auch hier Personalplanung und -entwicklung überlebenswichtig. Um sich am umkämpften Markt behaupten zu können, sind Planungsperspektiven erforderlich.
Planungen sind hier Chefsache, der Ausbilder wird jedoch beratend tätig.
Als Personalentwickler unterstützt er bei der Auswahl der Ausbildungsberufe und der Auszubildenden und wirkt bei allen Formen der betrieblichen Qualifizierung mit.

In Kleinbetrieben ist Personalplanung Chefsache - unterstützen Sie ihn als Ausbilder bei dieser schwierigen Aufgabe

> **Aufgaben des Ausbilders als Personalentwickler**
> - Unterstützung bei der Ermittlung des Personalbedarfs
> - Auswahl der Ausbildungsberufe
> - Auswahl der Auszubildenden
> - Qualifizierung der Mitarbeiter und Zusammenstellung von Maßnahmen
> - Mitentscheidung beim Ansatz der Nachwuchskräfte nach erfolgreicher Ausbildung

Das Angebot von etwa 350 Ausbildungsberufen eröffnet breite Wahlmöglichkeit. Dies erfordert jedoch eine sorgfältige Vorbereitung der Entscheidung. Neben wirtschaftlichen Veränderungen und der Entwicklung in den Berufen, sind vor allem die im Betrieb vorhandenen Möglichkeiten und Perspektiven für die Wahl des einen oder anderen Ausbildungsberufes entscheidend.

Exkurs Ausbildungsordnungen

Ausbildungsordnungen bilden die Grundlagen für die inhaltliche Planung, Organisation und Durchführung der betrieblichen Ausbildung in einem Ausbildungsberuf.

> **Anerkennung von Ausbildungsberufen § 4 BBiG**
>
> (1) Als Grundlage für eine geordnete und einheitliche Berufsausbildung kann das Bundesministerium für Wirtschaft und Arbeit oder das sonst zuständige Fachministerium im Einvernehmen mit dem Bundesministerium für Bildung und Forschung durch Rechtsverordnung, die nicht der Zustimmung des Bundesrates bedarf, Ausbildungsberufe staatlich anerkennen und hierfür Ausbildungsordnungen nach § 5 erlassen.
> (2) Für einen anerkannten Ausbildungsberuf darf nur nach der Ausbildungsordnung ausgebildet werden.

Handlungsfeld 1:
Ausbildungsvoraussetzungen prüfen und Ausbildung planen

siehe BBiG § 4

Sie regeln die geordnete und bundesweit einheitliche Ausbildung in anerkannten Ausbildungsberufen (§ 4 Abs. 1 BBiG). D.h.: In anerkannten Ausbildungsberufen darf nur nach der Ausbildungsordnung ausgebildet werden = Ausschließlichkeitsgrundsatz (§ 4 Abs. 2 BBiG; siehe auch § 6 BBiG).

Die Inhalte der Ausbildungsordnung

Fünf Elemente:
Die Struktur von Ausbildungsordnungen ist gleich

Ausbildungsordnungen sind strukturiert aufgebaut und weisen nach § 5 Abs. 2 BBiG folgende Mindestinhalte auf:
1. Die Bezeichnung des Ausbildungsberufes
2. Die Ausbildungsdauer, sie soll nicht mehr als drei Jahre und nicht weniger als zwei Jahre betragen
3. Die Fertigkeiten und Kenntnisse, die Gegenstand der Berufsausbildung sind (Ausbildungsberufsbild)
4. Eine Anleitung zur sachlichen und zeitlichen Gliederung der Fertigkeiten und Kenntnisse (Ausbildungsrahmenplan)
5. Die Prüfungsanforderungen

Ausbildungsdauer

siehe HF 2, Seite 60

Verkürzungen der Ausbildungsdauer bedingt durch entsprechende schulische oder betriebliche Vorqualifikationen (Anrechnungsverordnungen) oder schnelleres Lernen sind möglich. Ebenso kann z.B. aufgrund von Krankheit oder Behinderung eine Ausbildung über den vorgesehenen Zeitrahmen hinaus verlängert werden.

Ausbildungsberufsbild

Ausbildungsberufsbild:
Das „Inhaltsverzeichnis" der Ausbildungsordnung

Das Ausbildungsberufsbild stellt eine geordnete Übersicht über die zu vermittelnden Kenntnisse und Fertigkeiten dar. Darüber hinausgehende berufs- oder firmenspezifische Ausbildungsinhalte können vermittelt werden.
Kann ein Ausbildungsbetrieb die im Ausbildungsberufsbild aufgeführten Inhalte nicht erfüllen, so ist die Ausbildung durch zusätzliche Maßnahmen in einer Ausbildungsstätte außerhalb des Betriebes (z.B. überbetriebliche Ausbildung, Ausbildung im Verbund) zu ergänzen.

Ausbildungsrahmenplan

Der Ausbildungsrahmenplan stellt die sachliche und zeitliche Gliederung der Ausbildungsinhalte dar. Er strukturiert die im Ausbildungsberufsbild genannten Inhalte nach sachlichen Gesichtspunkten (was passt vermittlungsmäßig zusammen) und ordnet diese zeitlich ein (in welcher Reihenfolge sind die jeweiligen Inhalte zu vermitteln).

Ausbildungsrahmenplan:
So gliedert sich die Ausbildung inhaltlich und zeitlich

Während das Ausbildungsberufsbild die Ausbildungsinhalte nur grob beschreibt, ist der Ausbildungsrahmenplan in präzisere Lernziele gegliedert. Diese Ziele beschreiben das vom Auszubildenden in bestimmten Ausbildungssituationen erwünschte Verhalten.
Dem Ausbilder dienen sie als Grundlage für die exakte Zuordnung der betrieblichen (und außerbetrieblichen) Lernorte.

Prüfungsanforderungen

Wer weiß, was verlangt wird, kann gut vorbereiten

In der Ausbildungsordnung werden bereits die Grundlagen für Zwischen- und Abschlussprüfung geregelt. Sie beinhalten:
- die Anzahl der Prüfungen und die Prüfungsdauer,
- die Bedingungen über die Verkürzung oder die Verlängerung von Prüfungsteilen,
- die Form der Prüfung und die zugelassenen Hilfsmittel,
- die Gewichtung der Ergebnisse,
- die Anerkennung bereits geleisteter Prüfungen.

So planen Sie den Ausbildungsbedarf

In den einzelnen Ausbildungsordnungen können weitere Zusatzbedingungen wie Probezeit (§ 20 BBiG), Ausbildungsnachweise (§ 14 BBiG), Betrieblicher Ausbildungsplan (§ 14 BBiG), Ausbildungsmaßnahmen außerhalb der Ausbildungsstätte (§ 27 Abs. 2 BBiG) näher geregelt werden.

Hinweis: Für den Auszubildenden besteht kein Prüfungszwang. Nimmt er nicht an der Abschlussprüfung teil, endet die Berufsausbildung mit Zeitablauf (§ 21 BBiG).

Typisierung der Ausbildungsberufe nach der Ausbildungsordnung

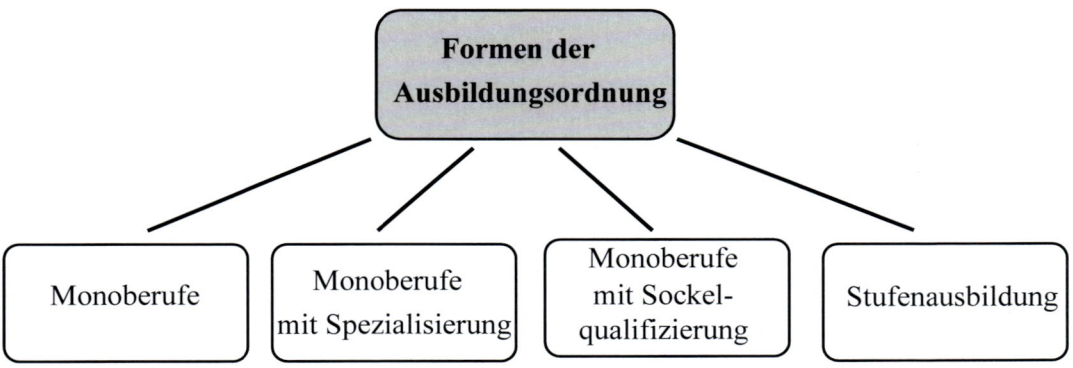

Hinsichtlich ihrer Struktur lassen sich die in den Ausbildungsordnungen niedergelegten Ausbildungsberufe in vier Typen gliedern.

Wer ist an der Entwicklung von Ausbildungsordnungen beteiligt?

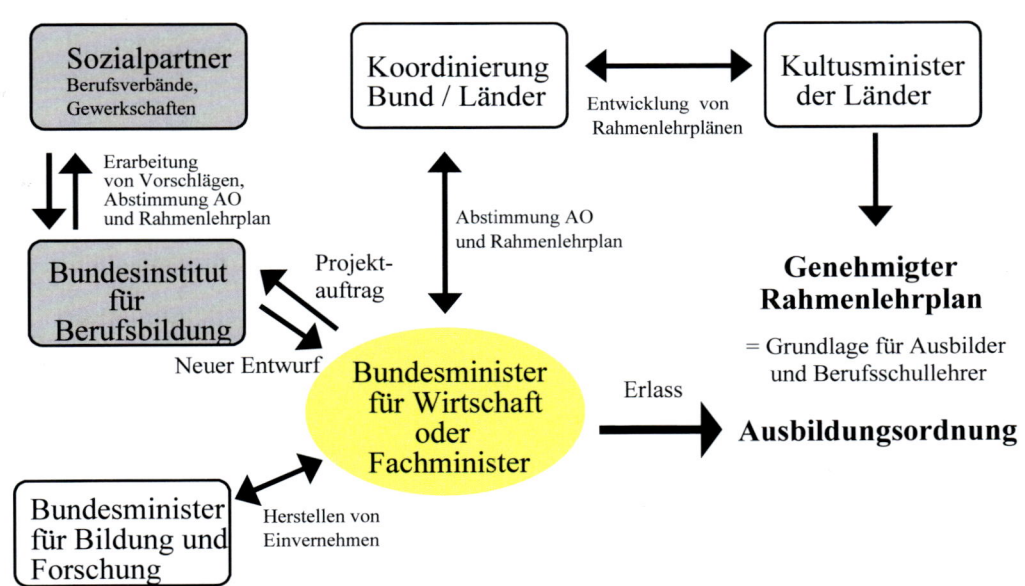

Das BiBB koordiniert die Entwicklung von Ausbildungsordnungen

In Deutschland ist das zentrale, von der Bundesregierung finanzierte, Bundesinstitut für Berufliche Bildung (BiBB) für die Vorbereitung und Erarbeitung von Ausbildungsordnungen zuständig.

Handlungsfeld 1:
Ausbildungsvoraussetzungen prüfen und Ausbildung planen

Diese Zuständigkeit umfasst die Klärung von Grundlagen, Zielen und Inhalten beruflicher Bildung, sowie die Erarbeitung von Vorschläge für Ihre Anpassung an die technische, wirtschaftliche und gesellschaftliche Entwicklung.

Diese Vorschläge werden in Beratungen zwischen Vertretern der Arbeitgeber, Gewerkschaften, Bundesländer und der Bundesregierung erörtert und grundsätzlich einvernehmlich beschlossen. Ausbildungsordnungen werden per Rechtsverordnung erlassen und im Bundesanzeiger veröffentlicht.

Um den aktuellen und künftigen Anforderungen der Berufspraxis gerechte Ausbildungsordnungen entwickeln zu können, ist es notwendig, die Berufsinhalte empirisch zu ermitteln. Es wird wissenschaftlich untersucht, mit welchen Anforderungen sich die Menschen in ihren Arbeitsbereichen konfrontiert sehen und auseinandersetzen müssen.

Expertenbefragungen:
Die Praxis weiß am besten welche Qualifikationen künftig gebraucht werden

Hierfür werden vom BiBB Tätigkeitsanalysen, Betriebs- und Expertenbefragungen sowie Literaturanalysen durchgeführt. Auf deren Grundlage basieren die Eckwerte für den Entwurf einer Ausbildungsordnung. Parallel hierzu entwickeln Sachverständige der Bundesländer einen Rahmenlehrplan für die Berufsschulen. In gemeinsamen Sitzungen werden die Entwürfe von Ausbildungsordnung (Betrieb) und Rahmenlehrplan (Berufsschule) miteinander abgestimmt.

> **Sie wissen jetzt, ...**
> ✓ welche Bedeutung Personalplanung und Personalentwicklung für einen Betrieb haben.
> ✓ welche Aufgaben der Ausbilder im Rahmen der Personalentwicklung hat.
> ✓ warum es nicht immer ganz einfach ist, zu den betrieblichen Anforderungen den richtigen Ausbildungsberuf zu finden.
> ✓ welche Funktionen Ausbildungsordnungen haben und wie sie aufgebaut sind.
> ✓ welche verschiedenen Formen von Ausbildungsordnungen es gibt und wie Entwicklungstrends in diesem Bereich aussehen.
> ✓ wer an der Entwicklung von Ausbildungsordnungen beteiligt ist.

Rechtliche Einflüsse auf die Berufsausbildung

Das Grundrecht der Ausbildung

Das Recht auszubilden bzw. sich ausbilden zu lassen ist auf das Grundgesetz, die Verfassung der Bundesrepublik Deutschland, zurückzuführen. Niedergeschrieben in den Grundrechten, den Artikeln 1 bis 12 der Verfassung. Insbesondere zu erwähnen sind die Artikel 2, 6 und 12.

siehe GG Artikel 1 bis 12

In etlichen Fällen steht die uneingeschränkte Berufsfreiheit jedoch rechtlichen Bestimmungen, schutzwürdigen öffentlichen oder privaten Interessen oder wirtschaftlichen Zwängen entgegen. Es kann sein, dass
- schulische, fachliche oder persönliche Qualifikationen fehlen,
- Gesetze (z.B. BBiG) oder Verordnungen (z.B. AEVO) dies untersagen oder
- die Konkurrenz auf dem Arbeits- oder Ausbildungsmarkt zu groß ist.

Berufswahlfreiheit: Dennoch kann nicht jeder alles werden

Geregelt ist die berufliche Ausbildung im Dualen System durch das Berufsbildungsgesetz (BBiG). Dieses Gesetz gewährleistet Schutz und Sicherheit für Jugendliche und definiert bundesweit einheitliche Mindeststandards in der Ausbildung.

> **§ 1 BBiG**
> (1) Berufsausbildung im Sinne dieses Gesetzes sind die Berufsausbildungsvorbereitung, die Berufsausbildung, die berufliche Fortbildung und die berufliche Umschulung.
> (3) Die Berufsausbildung hat die für die Ausübung einer qualifizierten beruflichen Tätigkeit in einer sich wandelnden Arbeitswelt notwendigen beruflichen Fertigkeiten, Kenntnisse und Fähigkeiten (berufliche Handlungsfähigkeit) in einem geordneten Ausbildungsgang zu vermitteln. Sie hat ferner den Erwerb der erforderlichen Berufserfahrung zu ermöglichen.
>
> **§ 4 BBiG**
> (2) Für einen anerkannten Ausbildungsberuf darf nur nach der Ausbildungsordnung ausgebildet werden.
> (3) In anderen als anerkannten Ausbildungsberufen dürfen Jugendliche unter achtzehn Jahren nicht ausgebildet werden, soweit die Berufsausbildung nicht auf den Besuch weiterführender Bildungsgänge vorbereitet.

Das BBiG bringt Ordnung in die Ausbildung

siehe BBiG §§ 1 und 4

Da auch Behinderte nach den Grundsätzen des Berufsbildungsgesetzes (BBiG) ausgebildet werden, hat der Gesetzgeber im § 48 BBiG bestimmt, dass sie durch Maßnahmen unterstützt werden, die auf die Ausbildung vorbereiten, die Ausbildung unterstützen, durch Verlängerung von Ausbildungszeiten oder Prüfungshilfen.

Trotz Behinderung eine Ausbildung abschließen: Das BBiG ermöglicht es, und Vater Staat hilft mit Geld

> **§ 64 BBiG**
> Behinderte Menschen (§ 2 Abs. 1 Satz 1 SGB IX) sollen in anerkannten Ausbildungsberufen ausgebildet werden.

Handlungsfeld 1:
Ausbildungsvoraussetzungen prüfen und Ausbildung planen

Allgemeine Rechtsgrundsätze

Ohne Gesetze und Verordnungen geht es nicht

Im Rahmen der Ausbildung muss ein Ausbilder mit einer Vielzahl Rechtsvorschriften umgehen und sie anwenden können. Dies beginnt mit der Einstellung und dem damit verbundenen Arbeitsvertrag, geht über die Durchführung der Ausbildung unter Berücksichtigung der Rechte der Auszubildenden und endet mit der Abschlussprüfung und den damit verbundenen Aufgaben.

Auch in Fällen einer vorzeitigen Vertragsauflösung – sei es durch fristgerechte oder außerordentliche Kündigung – ist es für den Ausbilder wichtig, zu wissen, in welchen Rechtsquellen er nachschlagen muss.

Häufig sind, z.B. beim Abschluss des Ausbildungsvertrages, mehrere Rechtsquellen zu berücksichtigen (u.a. Berufsbildungsgesetz, Jugendarbeitsschutzgesetz, Schwerbehindertengesetz, Bundesurlaubsgesetz, Ausbildungsordnungen, Prüfungsordnungen, Tarifverträge, Betriebsvereinbarungen, ...).

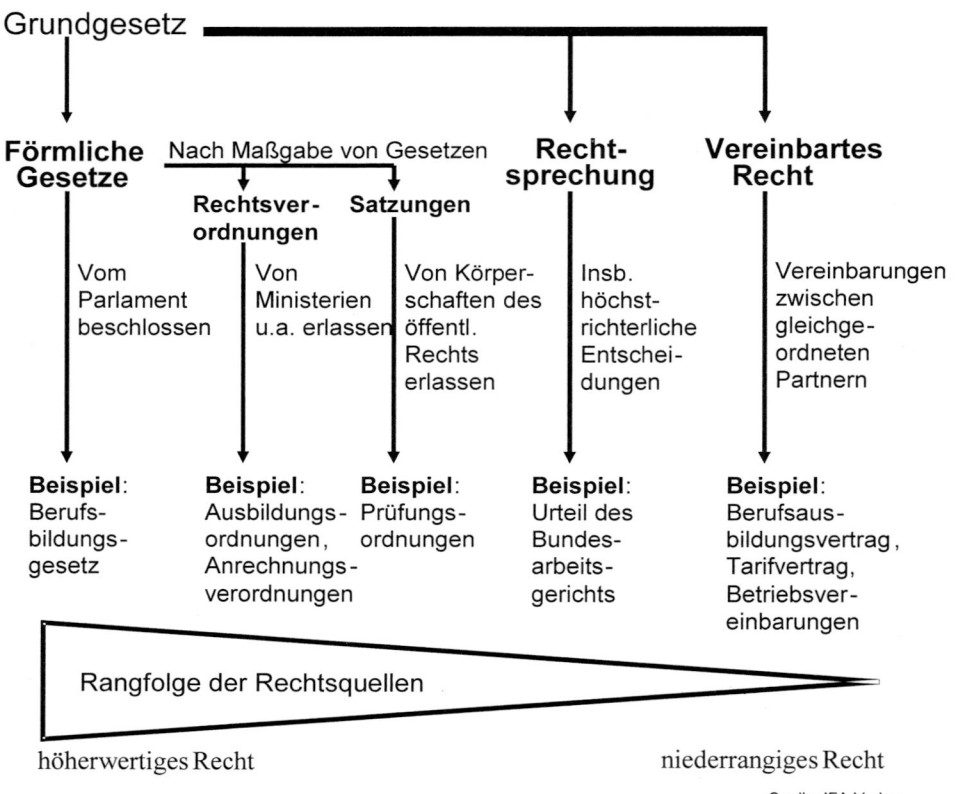

Quelle: IFA-Verlag

Manches Recht zählt mehr als das andere

Bei der Anwendung dieser Rechtsquellen ist deren Rangfolge zu berücksichtigen. Hierbei gilt:

➢ Höherrangiges Recht (z.B. BBiG) vor niederrangigem Recht (z.B. Betriebsvereinbarungen). Das heißt, der Auszubildende darf durch niederrangiges Recht nicht schlechter gestellt sein, als es durch höherrangiges Recht vorgesehen ist.

➢ Gesetzesrecht geht vor Vertragsrecht.

➢ Regeln zwei gleichrangige Vorschriften einen identischen Sachverhalt (z.B. Kündigungsfristen), so gilt das Recht, das dem Sachverhalt am nächsten liegt – dem Auszubildenden den größeren Schutz gewährt (z.B. BBiG gegenüber BGB).

Rechtliche Einflüsse auf die Berufsausbildung

Berufsbildungsgesetz

Für die Berufsbildung in den Betrieben ist das Berufsausbildungsgesetz (BBiG) von zentraler Bedeutung. In ihm sind alle wesentlichen Regelungen für die berufliche Ausbildung, die berufliche Fortbildung und Umschulung enthalten.

Das BBiG:
Die Bibel des Ausbilders

Für das Handwerk regelt der 2. Teil der Handwerksordnung (HwO) anstelle des BBiG die Berufsausbildung. Die Bestimmungen der HwO sind weitgehend identisch mit den Regelungen des BBiG.

siehe BBiG

Gesetz zum Schutze der arbeitenden Jugend (JArbSchG)

Das Gesetz zum Schutze der arbeitenden Jugend (Jugendarbeitsschutzgesetz, abgekürzt JArbSchG) verpflichtet die Betriebe, die Auszubildenden jugendgemäß auszubilden. Dieses Gesetz gilt für Personen unter 18 Jahren. Es enthält umfangreiche und detaillierte Bestimmungen zum Schutz der Heranwachsenden vor gesundheitlichen und sittlichen Gefahren (Beschäftigungsverbote).

Die Überwachung der Bestimmungen des Jugendarbeitsschutzgesetzes liegt bei den Zuständigen Stellen und den Ämtern für Gewerbeaufsicht.

Schulgesetze der Länder: Besonderheit Berufsschulpflicht

Es gibt in allen Ländern der Bundesrepublik eine Berufsschulpflicht, die aufgrund der konkurrierenden Gesetzgebung des Grundgesetzes (Art. 72 GG) in den Schulgesetzen bzw. Schulpflichtgesetzen der Länder geregelt ist.

Die Berufsschulpflicht hat nicht nur Geltung für die Auszubildenden, sondern auch für diejenigen Jugendlichen, die ohne Berufsausbildung ins Erwerbsleben eintreten und noch keine 18 Jahre alt sind. Die Pflicht zum Besuch der Berufsschule hängt also nicht vom Abschluss eines Ausbildungsvertrages ab.

Berufsschule:
Die meisten gehen hin,
doch nicht jeder müsste es

Sozialgesetzbuch

Das Sozialgesetzbuch regelt unter anderem die finanzielle Förderung der Berufsausbildung: Neben der von Personen (individuelle Förderung), auch die von Institutionen (institutionelle Förderung). Außerdem ordnet es die gesetzliche Sozialversicherung (Rentenversicherung, Krankenversicherung, ...).

Betriebsverfassungsgesetz (BetrVG)

Die Arbeitnehmervertretungen in den Betrieben haben eine gesellschaftspolitische Aufgabe. Sie sollen die Beschäftigten an allen Entscheidungsprozessen, die ihre Arbeitsplätze betreffen, beteiligen. Die Institutionen der Arbeitnehmervertretung sind in den Betrieben der Privatwirtschaft die Betriebsversammlung und der Betriebsrat, im Öffentlichen Dienst die Personalversammlung und der Personalrat.

Nicht jeder kann tun, was er will:
Auch bei der Ausbildung gibt es Beteiligungsrechte

Ausbildungsordnungen (AO)

Ausbildungsordnungen (AO) bilden die Grundlage für eine geordnete und bundesweit einheitliche Ausbildung in anerkannten Ausbildungsberufen (§§ 4 und 5 BBiG). Sie sind für den Ausbilder die rechtliche und didaktische Ausgangsbasis für die inhaltliche Organisation, Planung und Durchführung der Berufsausbildung.

siehe BBIG §§ 4 und 5

Handlungsfeld 1:
Ausbildungsvoraussetzungen prüfen und Ausbildung planen

Ausbildungsordnungen listen die Inhalte der Ausbildung auf

Ausbildungsordnungen werden in Form von Rechtsverordnungen vom Bundesminister für Wirtschaft im Einvernehmen mit dem Bundesminister für Bildung und Forschung erlassen. Ausbildungsordnungen werden im Auftrag der Bundesregierung vom Bundesinstitut für Berufliche Bildung (BIBB) erarbeitet und an den technischen und wirtschaftlichen Wandel angepasst.

Ausbildereignungs-Verordnung (AEVO)

Wer ausbilden will braucht Ausbilderwissen: Die AEVO regelt die Inhalte

Die Ausbildereignungs-Verordnungen (AEVO) bestimmen, wer berufs- und arbeitspädagogische Kenntnisse im Rahmen einer Eignungsprüfung nachweisen muss (§ 2 AEVO). In der Meisterprüfung für Handwerker, seit einiger Zeit auch in den Prüfungen für Industriemeister, ist der Nachweis der berufs- und arbeitspädagogischen Kenntnisse eingeschlossen.

Prüfungsordnungen

Prüfungsordnungen: Transparenz für alle Beteiligten

Prüfungsordnungen (z.B. für Abschlussprüfungen, Ausbildereignungsprüfungen) werden als Satzungen von den Körperschaften des öffentlichen Rechts (z.B. Zuständige Stellen, Gemeinden, ...) erlassen, die mit dem Recht der Selbstverwaltung ausgestattet sind.
Sie präzisieren die Inhalte und Modalitäten einer Prüfung, dürfen jedoch nicht die gesetzlich festgelegten Kompetenzen (z.B. Ausbildungsordnungen oder AEVO) überschreiten.

> **Sie wissen jetzt, ...**
> - ✓ was allgemeine Rechtsgrundsätze sind.
> - ✓ welche wichtigen Rechtsquellen im Rahmen der Berufsausbildung zu berücksichtigen sind.
> - ✓ warum Berufsbildungsgesetz und Jugendarbeitsschutzgesetz stark auf die Rechte der Jugend zugeschnitten sind.
> - ✓ dass der Unterricht an der Berufsschule durch Schulgesetze der Länder geregelt ist.
> - ✓ wie Betriebsverfassungsgesetz (Personalvertretungsgesetz) auf die Ausbildung Einfluss nehmen.
> - ✓ wo Ziele, Inhalte und Ablauf eines Ausbildungsberufes geregelt sind.

Das Bildungssystem als Basis der betrieblichen Ausbildung

Wesentliches Merkmal der Berufsausbildung in Deutschland ist die Verbindung von Lernen in der betrieblich-beruflichen Ernstsituation und der schulisch-fachlichen Qualifizierung im Schonraum der Berufsschule.

Vom Dualen System der Berufsausbildung spricht man, weil die Berufsausbildung an zwei verschiedenen Lernorten stattfindet. Am betrieblichen Ausbildungsort mit dem Schwerpunkt Fachpraxis und in den Berufsschulen mit den Schwerpunkten berufstheoretischer und fachpraktischer Unterricht und Allgemeinbildung.

Duales System:
Zwei Lernorte, ein Ziel - erfolgreich ausbilden

Der Begriff Dual kennzeichnet zusätzlich die unterschiedliche verfassungsrechtliche Zuständigkeit. Formal zuständig sind:
- Bund: Berufsbildung in den Betrieben (z.B. Erlass von Ausbildungsordnungen)
- Länder: Unterricht in den Berufsschulen (z.B. Inhalte der Rahmenlehrpläne der Berufsschulen)

Damit im Dualen System die inhaltliche Verzahnung von betrieblicher und schulischer Berufsausbildung sichergestellt ist, werden die für die Berufsschule geltenden Rahmenlehrpläne und die für den betrieblichen Teil der Ausbildung geltenden Ausbildungsrahmenpläne (Ausbildungsrahmenpläne sind ein Teil der Ausbildungsordnung) vom Bundesinstitut für Berufsbildung (BiBB) parallel erarbeitet (indirekte Kooperation der Lernorte).

Ausbildungsordnungen und Rahmenlehrpläne regeln die Zusammenarbeit

Andere Wege zu einer (vollen) beruflichen Qualifizierung

Hochschulen, Fachhochschulen, Berufsfachschulen

Während die Hochschulen und Fachhochschulen ihre Absolventen auf eine wissenschaftliche bzw. höherqualifizierte Tätigkeit vorbereiten, kann neben einer Berufsausbildung im Dualen System auch der Besuch einer Fachschule zu einer vollen beruflichen Qualifizierung führen. Durch die Vereinheitlichung von Abschlüssen (z.B. Bachelor), werden die Grenzen zwischen den Hochschulen fließend. Zunehmend etablieren sich duale Hochschulen und Berufsakademien, die neben einem Bachelor-Diplom auch einen zusätzlichen Berufsabschluss ermöglichen
Im Vergleich zu anderen Ländern (z.B. Frankreich) haben die beruflichen Vollzeitschulen in Deutschland keine große quantitative Bedeutung.

Berufsfachschulen:
Der andere Weg zu einer vollwertigen Ausbildung

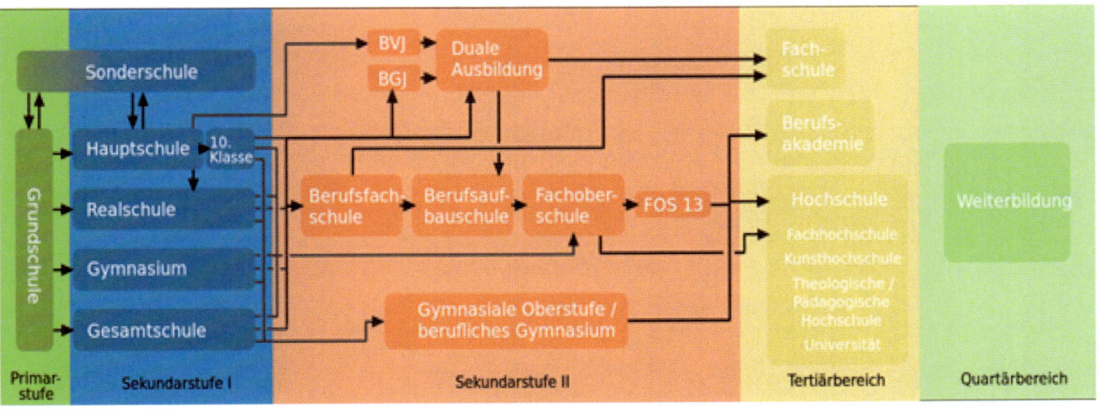

Horizontale und vertikale Durchlässigkeit:
Das Bildungssystem ermöglicht vieles

Quelle: Wikipedia

Handlungsfeld 1:
Ausbildungsvoraussetzungen prüfen und Ausbildung planen

**Berufsfachschulen:
Ausbildung außerhalb des dualen Systems**

 Bei den Berufsfachschulen lassen sich zwei Hauptformen unterscheiden:

> Berufsfachschulen, die i.d.R. in dreijährigen Ausbildungsgängen zu einer vollen beruflichen Qualifizierung führen.

> Berufsfachschulen, die nur eine berufliche Grundbildung auf Berufsfeldbreite, aber gleichzeitig den mittleren Bildungsabschluss vermitteln. Etwa vier Fünftel der Berufsfachschüler durchlaufen diesen Ausbildungsgang. Die meisten Absolventen beginnen später eine Ausbildung im Dualen System, wobei der Besuch der Berufsfachschule unter bestimmten Voraussetzungen auf ihre Ausbildungszeit angerechnet wird.

Beispiele für Berufsfachschul-Berufe/Bereiche
> Umweltschutztechniker
> Kaufmännische Assistenten
> Gestaltungstechnische Assistenten
> Therapeutische Lehrkräfte
> Sozialpflegerische Berufe
> Kosmetik, Körperpflege
> Hauswirtschaftsverwalter
> Gesundheitsdienstberufe

**Der Staat greift ein:
Eine geförderte Ausbildung ist besser als gar keine**

 Ausbildung bei Bildungsträgern

Im Rahmen verstärkter Bemühungen zur beruflichen Qualifizierung junger Menschen und einer zunehmenden Ausbildungsstellenknappheit wurden von staatlicher Seite zusätzliche Ausbildungsstätten geschaffen.
Diese bei Bildungsträgern angesiedelten und staatlich geförderten Ausbildungsgänge finden in Lehrwerkstätten statt und können zur Erreichung eines Abschlusses in einem Ausbildungsberuf des Dualen Systems führen.

Einbettung des Dualen Systems in das Gesamtbildungssystem

Allgemeine und berufliche Bildung gelten heute als gleichwertig. Die Durchlässigkeit zwischen den Bildungsgängen, die Möglichkeit, Qualifikationen im Rahmen eines „zweiten Bildungsweges" oder durch weiterführende Schulungen nachzuholen, stärkt die Bedeutung der betrieblichen Berufsausbildung im Dualen System.

Das Bildungssystem als Basis der betrieblichen Ausbildung

Ausbildungssysteme in Europa

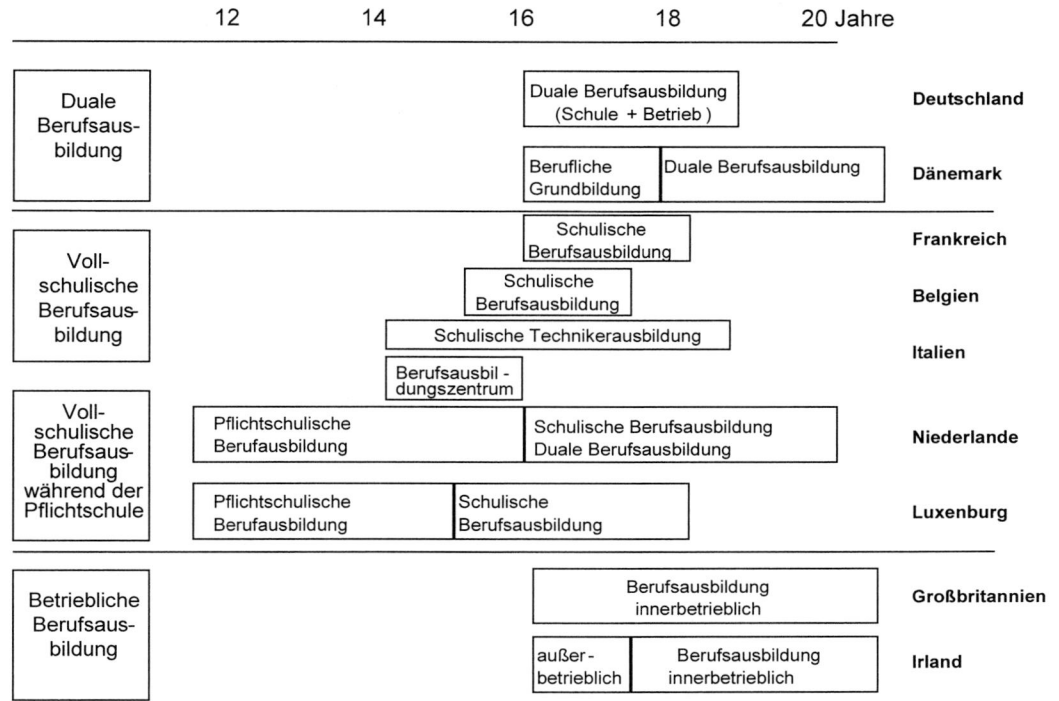

Andere Länder andere Sitten:
Dual ist nicht überall Trumpf

Für die Struktur des beruflichen Bildungssystems eines Landes sind neben wirtschaftlichen vor allem historische, kulturelle, gesellschafts- und bildungspolitische Faktoren ausschlaggebend.

In vielen Ländern sind „nur-schulische" Berufsausbildungs-Systeme anzutreffen. Insbesondere Frankreich und von Frankreich bildungspolitisch beeinflusste Länder verfügen über ein gut entwickeltes, staatlich gefördertes vollschulisches Ausbildungssystem.
Rein betriebliche Ausbildung zum Teil in Form eines Anlernens von Arbeitskräften ist in Ländern anzutreffen, in denen es viele gewerblich-technische Kleinbetriebe gibt, die hauptsächlich für den eigenen Markt produzieren.
Die duale Berufsausbildung (Deutschland, Dänemark, Österreich, Schweiz, ...) entwickelt sich i.d.R. in Ländern, in denen theoretische und praktische Qualifikation der Beschäftigten langfristig von Nutzen sind.

Sie wissen jetzt, ...

✓ wo das Recht auf freie Berufswahl fixiert ist.
✓ welches Gesetz die Basis für eine geordnete Berufsausbildung bildet.
✓ wie die Zuständigkeiten im Dualen System der Berufsausbildung geregelt sind.
✓ welche verschiedenen Möglichkeiten es gibt eine berufliche Qualifikation zu erlangen.
✓ was die Ausbildung an Berufsfachschulen von der im Dualen System unterscheidet.
✓ wofür die Abkürzungen BVJ und BGJ stehen.
✓ wie in unseren Nachbarländern ausgebildet wird.

Handlungsfeld 1:
Ausbildungsvoraussetzungen prüfen und Ausbildung planen

So finden Sie den richtigen Ausbildungsberuf

Rund 350 Berufe stehen zur Wahl

Viele kleinere und mittelständische Betriebe haben noch nie ausgebildet. Die Betriebsinhaber können sich nicht vorstellen, dass sich Ausbildung lohnt bzw. dass es für ihre speziellen Belange einen passenden Ausbildungsberuf gibt.

Grundlage für einen ersten Abgleich ist das Ausbildungsberufsbild der jeweiligen Ausbildungsordnung. Es kann vorkommen, dass für eine Stellenbeschreibung z.B. „Systemmanager" je nach Tätigkeitsschwerpunkt unterschiedliche Ausbildungsberufe in Frage kommen.

Zum Beispiel:

> ➢ Schwerpunkt Anwendungsberatung: → IT-Systemkaufmann
> ➢ Schwerpunkt Anwendungsentwicklung: → Fachinformatiker

Das Angebot der Berufe wird nur unzureichend genutzt: Aufklärung ist angesagt

Dass 40 Prozent der männlichen und 50 Prozent der weiblichen Auszubildenden in nur zehn Berufen ausgebildet werden belegt: Ausbildungsberufe und Tätigkeitsanforderungen am Arbeitsplatz werden nicht immer optimal abgeglichen. Dies beruht zum Teil auf Gewohnheiten.

Fachliche Über- oder Unterdeckung

Ergibt sich beim Abgleich der Anforderungen zwischen künftiger Tätigkeit und Ausbildungsberufsbild eine Überdeckung, d.h. die künftige Tätigkeit am Arbeitsplatz ist enger gesteckt als die Inhalte des Ausbildungsberufes, so eröffnet dies dem Ausbildungsbetrieb einen Spielraum. Der Auszubildende kann später auch für anspruchsvollere Tätigkeiten eingesetzt werden.
Sofern der Ausbildungsbetrieb jedoch nicht alle Inhalte vermitteln kann, ist dieses Manko durch überbetriebliche Ausbildung oder Ausbildung im Verbund auszugleichen.

Mehr oder weniger: Nicht jeder Ausbildungsberuf deckt sich zu 100 Prozent mit den Anforderungen am künftigen Arbeitsplatz

Anforderungsabgleich

```
                    Anforderungen      Inhalt des           Überdeckung
                    am Arbeitsplatz    Ausbildungs-
                                       berufbildes

                    Anforderungen      Inhalt des           Unterdeckung
                    am Arbeitsplatz    Ausbildungs-
                                       berufbildes
```

Sind die Anforderungen der zukünftigen Arbeitsstelle höher als die Mindestanforderungen der Ausbildungsordnung (Unterdeckung), kann das Unternehmen diese zusätzlichen Qualifikationen vermitteln. Die Inhalte der Ausbildungsordnung dürfen dabei nicht vernachlässigt werden.

Die formalen Grundlagen der Eignung

Eignung der Ausbildungsstätte

Wer ausbilden will muss bestimmte gesetzlich festgelegte Rahmenbedingungen erfüllen. Diese Vorschriften - größtenteils zum Schutze des Jugendlichen - gewährleisten, dass die Qualität der Ausbildung eine bestimmte Mindestnorm nicht unterschreitet.

Zum Schutz der Jugendlichen: Nicht jeder Betrieb darf ausbilden

Ein Unternehmen, das erstmals ausbildet oder zum ersten Mal in einem neuen Ausbildungsberuf ausbilden will, wird von der Zuständigen Stelle geprüft.

Es wird ermittelt, ob das Unternehmen überhaupt und speziell für den angestrebten Beruf als Ausbildungsstätte geeignet ist (Eignung der Ausbildungsstätte).

> **§ 27 Abs. 1 BBiG**
> **Eignung der Ausbildungsstätte**
>
> Auszubildende dürfen nur eingestellt werden, wenn
> 1. die Ausbildungsstätte nach Art und Eignung für die Berufsausbildung geeignet ist und
> 2. die Zahl der Auszubildenden in einem angemessenen Verhältnis zur Zahl der Ausbildungsplätze oder zur Zahl der beschäftigten Fachkräfte steht, es sei denn, dass andernfalls die Berufsausbildung nicht gefährdet wird.

siehe BBiG § 27 Abs. 1

Wesentliche Eignungsmerkmale sind:

- Vorhandensein der Ausbildungsordnung
- Art und Umfang der Produktion / Dienstleistungen
- Einrichtung / Ausstattung der Ausbildungsstätte
- Zahl der Ausbildungsplätze
- Angemessenes Zahlenverhältnis zwischen Auszubildenden und Fachkräften

Diese Eignungsmerkmale werden vom Ausbildungsberater überprüft

Nach den Empfehlungen des Bundesinstituts für Berufsbildung (BiBB) gilt folgendes Zahlenverhältnis als angemessen:

Zahl der Fachkräfte	Zahl der Auszubildenden
1 - 2	1
3 - 5	2
6 - 8	3
je weitere 3 Fachkräfte	1 weiterer Auszubildender

Auszubildende brauchen ausreichend Betreuung

- Angemessenes Zahlenverhältnis zwischen Auszubildenden und Ausbildern

  Dabei soll ein
  - hauptberuflicher Ausbilder nicht mehr als 16 Auszubildende,
  - nebenberuflicher Ausbilder nicht mehr als 3 Auszubildende ausbilden.

Handlungsfeld 1:
Ausbildungsvoraussetzungen prüfen und Ausbildung planen

Ausbildungsmaßnahmen außerhalb der Ausbildungsstätte

Wer einen Beruf nicht komplett ausbilden kann, holt sich Unterstützung

Ein Eignungsmangel fachlicher oder ausstattungsmäßiger Art muss nicht zwangsläufig zum Verzicht auf die Einstellung von Auszubildenden führen. Durch Ausbildungsmaßnahmen außerhalb der Ausbildungsstätte kann dieser Mangel ausgeglichen werden (§ 27 Abs. 2 BBiG). Neben der überbetrieblichen und der Ausbildung im Verbund stehen dazu auch ausbildungsbegleitende Lehrgänge und Seminare zur Verfügung.

> **§ 27 Abs. 2 BBiG**
> **Eignung der Ausbildungsstätte**
>
> ...
> Eine Ausbildungsstätte, in der die erforderlichen Fertigkeiten, Kenntnisse und Fähigkeiten nicht in vollem Umfang vermittelt werden können, gilt als geeignet, wenn diese durch Ausbildungsmaßnahmen außerhalb der Ausbildungsstätte vermittelt werden.

Überbetriebliche Ausbildung: Lehrgänge in Einrichtungen der Zuständigen Stellen

Überbetriebliche Ausbildung

Wo es die Inhalte der Ausbildungsordnung erfordern, muss die betriebliche Ausbildung durch überbetriebliche Kurse ergänzt werden. Diese Unterweisungslehrgänge führen in der Regel Kammern, Innungen und Verbände (z.B. Sparkassen- und Giroverband) durch. So wird in spezialisierten Betrieben die Vollausbildung im jeweiligen Ausbildungsberuf sichergestellt.

Gemeinsam ausbilden heißt Ressourcen optimal einsetzen

Ausbildung im Verbund

Zur Durchführung einer „Vollausbildung" können mehrere Betriebe die Ausbildung für einen Beruf gemeinsam übernehmen. Jeder Betrieb ist dabei für einen Teil der Ausbildung zuständig, andere Ausbildungsstätten (z.B. außerbetriebliche Lehrwerkstätten) können mit einbezogen werden. Diese Organisationsform der Ausbildung bezeichnet man als Ausbildungsverbund.

Ein betrieblicher Ausbildungsverbund kommt immer dann in Betracht, wenn ein Betrieb nicht alle Ausbildungssegmente vermitteln kann oder nicht über die entsprechenden räumlichen, materiellen oder personellen Ressourcen verfügt.

Der betriebliche Ausbildungsverbund kann in unterschiedlichen Formen organisiert sein. Immer muss jedoch der Ausbildungsvertrag mit dem Auszubildenden eindeutig regeln, welche Ausbildungsinhalte wo vermittelt werden. Dies gilt auch für die Nutzung von Ausbildungsstätten, die außerhalb des Verbundes stehen.

Mit Geld lässt sich vieles lösen

Betriebliche Auftragsausbildung

Ein Einzelbetrieb schließt den Ausbildungsvertrag mit dem Auszubildenden im Sinne des Berufsbildungsgesetzes. Aus fachlichen Gründen oder wegen fehlender Kapazität übernehmen jedoch ein oder mehrere andere Betriebe gegen die Erstattung der Kosten bestimmte Ausbildungsaufgaben.

Partner unterstützen sich

Leitbetrieb mit Partnerbetrieben

Der Leitbetrieb ist für die Ausbildung insgesamt verantwortlich. Er schließt die Ausbildungsverträge ab und organisiert die phasenweise Ausbildung bei Partnerbetrieben.

Jeder Beteilige übernimmt einen bestimmten Teil der

Konsortium

In einem Konsortium arbeiten mehrere Betriebe gleichberechtigt zusammen. Jeder Betrieb ist für einen bestimmten Ausbildungsanteil oder -inhalt verantwortlich.

Zur Ausbildung wird ein Verein gegründet

Betrieblicher Ausbildungsverein

Zu Ausbildungszwecken wird ein Verein gegründet, der die Funktion des Ausbildenden übernimmt und mit den Auszubildenden Ausbildungsverträge abschließt.

Die formalen Grundlagen der Eignung

Eignung des Ausbildenden und des Ausbildungspersonals

Neben der Eignung des Betriebes müssen auch Ausbildende und Ausbilder ihre Eignung nachweisen.

siehe BBiG §§ 28 - 30

Während Auszubildende nur einstellen darf, wer persönlich geeignet ist, fordert der Gesetzgeber von den Personen, die selbst ausbilden, den Nachweis der persönlichen und fachlichen Eignung (§ 28 bis 30 BBiG).

Ohne Eignung darf niemand ausbilden

Ein Betriebsinhaber, der seine Auszubildenden selbst ausbildet, muss sowohl persönlich als auch fachlich geeignet sein muss. Verfügt er nicht über die fachliche Eignung, muss er einen Ausbilder beschäftigen, der diese fachliche Eignung besitzt.

Es ist nicht unbedingt erforderlich, dass der Ausbilder eine Ausbildung in exakt demselben Beruf absolviert hat, in dem auch Auszubildende ausgebildet werden. Die fachliche Eignung ist vielmehr dann gegeben, wenn der Ausbilder über berufliche Kenntnisse und Fertigkeiten verfügt, die mit denen des Ausbildungsberufes verwandt sind.
Dies setzt in der Regel voraus, dass eine weitgehende qualifikatorische Übereinstimmung zwischen dem Beruf des Ausbilders und dem jeweiligen Ausbildungsberuf besteht.

Fachliche Eignung:
Wer ausbilden will, muss nicht zwangsläufig den gleichen Ausbildungsberuf gelernt haben

Über eine fachliche Eignung verfügt auch, wer eine Hochschul- oder Fachhochschulausbildung in einer jeweils einschlägigen Fachrichtung absolviert hat.

Zur fachlichen Eignung gehören auch die berufs- und arbeitspädagogischen Kenntnisse, die der Gesetzgeber vom Ausbilder fordert (§ 30 Abs. 1 BBiG). Diese Eignungskriterien sind in einer eigenen Rechtsverordnung, der Ausbildereignungs-Verordnung (AEVO) präzisiert worden.

Eignung im weiteren Sinne:
Auch arbeitspädagogische Kenntnisse sind wichtig

Ergänzt werden die Eignungskriterien für den Ausbildenden durch die in den §§ 14, 15 und 17 BBiG festgelegten Pflichten, die er während der Ausbildung zu erfüllen hat.

Dies sind im Wesentlichen:
- Vermittlung von Kenntnissen und Fertigkeiten zur Erreichung des Ausbildungszieles,
- Durchführung einer planmäßigen, zeitlich und fachliche gegliederten Ausbildung,
- Selbst auszubilden oder einen Ausbilder zu bestellen,
- Dem Auszubildenden die erforderlichen Ausbildungsmittel und Werkzeuge zur Verfügung zu stellen,
- Auszubildende zum Besuch der Berufsschule und zum Führen des Berichtsheftes anzuleiten
- Auszubildende vor körperlicher und sittlicher Gefährdung zu bewahren,
- Auszubildende für Berufsschulunterricht und Prüfungen freizustellen,
- Dem Auszubildenden eine angemessene Vergütung zu gewähren.

Eignungsvoraussetzungen für den Ausbildenden und das Ausbildungspersonal in der Übersicht

Die Ausbildungsberater kontrollieren, ob die persönliche und fachliche Eignung, wie auch die Eignung der Ausbildungsstätte über den gesamten Ausbildungszeitraum vorliegen (§§ 32, 33 und 76 BBiG).

Vertrauen ist gut - Kontrolle ist manchmal besser

Handlungsfeld 1:
Ausbildungsvoraussetzungen prüfen und Ausbildung planen

Entzug der Erlaubnis zum Ausbilden

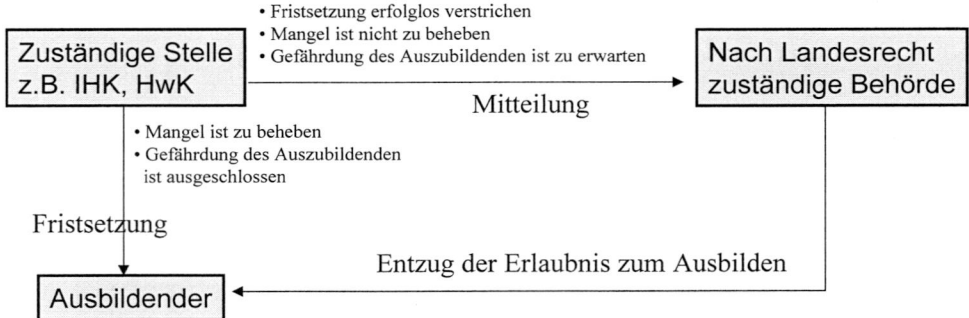

Merke:
Nur die nach dem Landesrecht zuständige Behörde kann die Erlaubnis zum Ausbilden entziehen

Stellt er Mängel fest, die auch nach Festsetzung einer Frist vom Ausbildenden nicht behoben werden, hat die Zuständige Stelle dies der nach Landesrecht zuständigen Behörde (z.B. Gewerbeaufsichtsamt) mitzuteilen. Diese kann bei gravierenden Mängeln dem Unternehmen die Erlaubnis zur Einstellung und Ausbildung von Auszubildenden entziehen.

Anforderungen an die Person des Ausbilders

Im Berufsbildungsgesetz sind die formalen Qualifikationsanforderungen an den Ausbilder festgelegt. Doch wie schaut die Realität aus?

Rollen- und Rollenwahrnehmung des Ausbilders

Der Ausbilder: Ein Multitalent

Die Praxis zeigt, dass die an den Ausbilder gerichteten Anforderungen die formal geforderten Qualifikationen weit überschreiten. Er ist Fachmann, Erzieher, Pädagoge, Vorgesetzter und Mitarbeiter.
In all diesen Rollen ist der Ausbilder nicht immer frei in seinen Entscheidungen. Er muss bei seinen Tätigkeiten mit zahlreichen an der Ausbildung Beteiligten - intern und extern - kooperieren. Unternehmensführung, Führungskräfte, Abteilungen, Fachkräfte und auch die Auszubildenden nehmen auf sein Wirken Einfluss.

Was wirklich zählt: Methoden- und Sozialkompetenz

Neben rechtlichen und formalen Aspekten der Ausbildung wird durch die Ausbilder-Eignungs-Verordnung (AEVO) vor allem die Methoden- und Sozialkompetenz des künftigen Ausbilders erweitert (siehe speziell die Handlungsfeld3).

Zur Methodenkompetenz zählt:
- Systematisches Vorgehen und Planen
- Logisches Denken in Systemen
- Effektives und effizientes Handeln
- Optimierung von Arbeitsabläufen
- Qualitätsbewusstsein
- Zeitmanagement und Arbeitstechniken
- Definition von Lernzielen
- Beherrschung der Lerntechniken und Medieneinsatz
- Fähigkeit Wissen zu vermitteln
- Auffinden von Informationsquellen
- Zusammenfassen und strukturieren von Ergebnissen
- Erkennen und beseitigen von Lernstörungen und Anbieten von Lernhilfen
- Ordnung und Sauberkeit am Arbeitsplatz

Die formalen Grundlagen der Eignung

Zur Sozialkompetenz zählt:
- Kommunikations-, Integrations- und Kooperationsfähigkeit
- Gruppengerechtes und kollegiales Verhalten (Teamfähigkeit), Toleranz
- Soziale Verantwortung/Mitverantwortung
- Positive Einstellung zum Beruf
- Eigeninitiative, Flexibilität
- Selbstbewusstsein/Selbstvertrauen
- Kreativität
- Gewissenhaftigkeit und Zuverlässigkeit
- Kritikfähigkeit und Selbstkritik

Sie wissen jetzt, ...
- ✓ welche Kriterien erfüllt sein müssen, um ausbilden zu dürfen.
- ✓ welche Anforderungen an die Eignung der Ausbildungsstätte gestellt werden.
- ✓ was man unter Maßnahmen außerhalb der Ausbildungsstätte versteht und wozu sie erforderlich sind.
- ✓ warum Ausbildung im Verbund eine sinnvolle Alternative ist.
- ✓ welche unterschiedlichen Eignungsvoraussetzungen für Ausbildende und Ausbilder gelten.
- ✓ dass nicht jeder Betrieb und nicht jeder Mitarbeiter ausbilden darf.
- ✓ in welchen verschiedenen Rollen sich ein Ausbilder gekonnt bewegen muss.
- ✓ über welche Kompetenzen ein Ausbilder, will er qualifiziert ausbilden, verfügen muss.

Handlungsfeld 1:
Ausbildungsvoraussetzungen prüfen und Ausbildung planen

Vorbereitende Maßnahmen in der Berufsausbildung

Nicht jeder kann direkt nach der Schule mit einer Ausbildung durchstarten. Gelegentlich gilt es vorher Qualifikationen zu ergänzen, um so später einen linearen Ausbildungsverlauf sicher zu stellen.

BVJ und BGJ: Schulabschlüsse nachholen und die Ausbildung vorbereiten

Berufsvorbereitungsjahr, Berufsgrundbildungsjahr

Berufsvorbereitungs- und Berufsgrundbildungsjahr führen zu keiner vollen beruflichen Qualifizierung. Sie dienen der Berufsorientierung, dem Nachholen von Schulabschlüssen und zur Überbrückung von Wartezeiten auf einen Ausbildungsplatz.

Das Berufsvorbereitungsjahr (BVJ)

Beim Berufsvorbereitungsjahr handelt es sich um einen einjährigen Ausbildungsgang in schulischer Vollzeitform. Ziel ist es, die Jugendlichen auf eine berufliche Ausbildung vorzubereiten. Berufsorientierung und das Nachholen von Schulabschlüssen (Hauptschulabschluss) stehen im Vordergrund dieser Maßnahme.

siehe HF 1, Seite 27 (Schulpflichtgesetz)

Mit Ableistung des BVJ (und auch des BGJ) gilt i.d.R. die Vollzeitschulpflicht als erfüllt. Absolventen des BVJ und auch des BGJ unterliegen nicht mehr der Berufsschulpflicht.

Das Berufsgrundbildungsjahr (BGJ)

Schüler und Schülerinnen im Berufsgrundbildungsjahr erhalten eine berufsfeldbezogene Grundbildung (Berufsfelder u.a.: Metalltechnik, Elektrik, Wirtschaft und Verwaltung). Der Unterricht wird vollschulisch durchgeführt. Ist der Besuch des BGJ erfolgreich und wurde das Berufsfeld nicht gewechselt, ist das BGJ auf die Berufsausbildung im Dualen System anzurechnen. Geregelt wird dies durch Anrechnungsverordnungen.

Beteiligte und Mitwirkende an der Berufsausbildung

Das Berufsausbildungsverhältnis als besonderer privatrechtlicher Vertrag zwischen Ausbildendem und Auszubildendem wird neben einer Vielzahl rechtlicher Bestimmungen auch von zahlreichen Kooperationsbeziehungen geprägt.

Ausbilden bedeutet auch: Viele Interessen unter einen Hut zu bringen

Ein reibungsloser Ablauf der Ausbildung setzt eine enge Zusammenarbeit aller an der Ausbildung Beteiligten voraus. Jeder muss über die Ziele und Aufgaben seines Kooperationspartners informiert sein.

Der Ausbildende

siehe HF 2; Seite 58

Der Ausbildende (Betrieb, Unternehmer) schließt den Berufsausbildungsvertrag mit dem Auszubildenden (§ 10 BBiG). Als Unternehmer ist er für die ordnungsgemäße Durchführung der Ausbildung und die Wahrnehmung aller Pflichten verantwortlich. Der Ausbildende kann gleichzeitig Ausbilder sein. Bildet er selbst nicht aus, muss er für die Ausbildung einen Ausbilder beschäftigen.

Der Ausbilder

Wer nicht selbst ausbildet, braucht einen Ausbilder

Der Ausbilder (z.B. Ausbildungsleiter, Meister) ist für die ordnungsgemäße Gestaltung der Ausbildung verantwortlich. Dabei hat er die Belange des Betriebes und des Auszubildenden ebenso zu beachten wie rechtliche Vorschriften.

Beteiligte und Mitwirkende an der Berufsausbildung

Seine Funktion kann er hauptberuflich (z.B. in Großbetrieben) oder nebenberuflich (z.B. in Klein- und mittelständischen Betrieben) wahrnehmen. Um eine geordnete Ausbildung sicherzustellen, sollten nach Empfehlungen des Bundesinstituts für Berufliche Bildung (BiBB) nebenberufliche Ausbilder nur für bis zu drei, hauptberufliche für bis zu 16 Auszubildende verantwortlich sein.

siehe HF 1, Seite 33

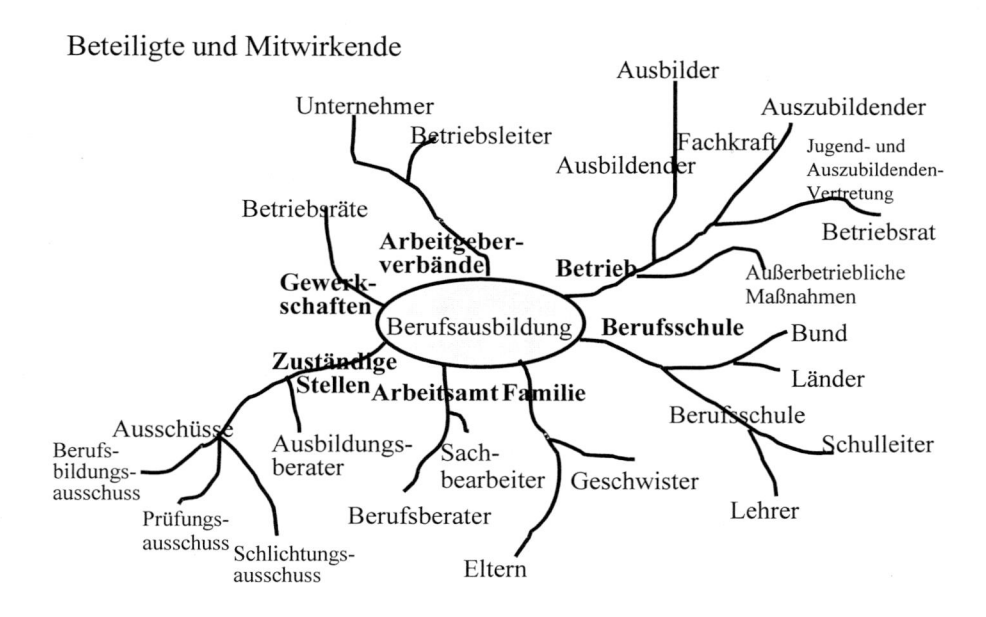

Beteiligte und Mitwirkende

(Mindmap mit zentralem Begriff "Berufsausbildung" und folgenden Zweigen:)
- Unternehmer, Betriebsleiter, Ausbilder, Fachkraft, Auszubildender
- Betriebsräte, Arbeitgeberverbände
- Gewerkschaften
- Betrieb: Ausbilder, Jugend- und Auszubildenden-Vertretung, Betriebsrat, Außerbetriebliche Maßnahmen
- Berufsschule: Bund, Länder, Berufsschule, Schulleiter, Lehrer
- Familie: Geschwister, Eltern
- Arbeitsamt: Sachbearbeiter, Berufsberater
- Zuständige Stellen: Ausschüsse (Berufsbildungsausschuss, Prüfungsausschuss, Schlichtungsausschuss), Ausbildungsberater

Der Ausbildungsbeauftragte

Ausbildungsbeauftragte sind Fachkräfte, die den Ausbilder bei seiner Tätigkeit unterstützen. Sie übernehmen Ausbildungsaufgaben an den verschiedenen Lernorten. Ausbildungsbeauftragte benötigen für ihre Tätigkeit keine formale Qualifikation. In der Praxis handelt es sich um besonders qualifizierte Fachkräfte mit großer Berufserfahrung.

Nicht jede Fachkraft eignet sich als Ausbildungsbeauftragter

Der Betriebsrat

Der Betriebsrat repräsentiert die Belegschaft eines Betriebes. Er erhält sein Mandat im Rahmen einer demokratischen Wahl. Seine Aufgaben umfassen im Wesentlichen:

➢ Überwachung der für Arbeitnehmer geltenden rechtlichen Bestimmungen,
➢ Unterstützung der Arbeitnehmer bei Beschwerden,
➢ Information der Belegschaft über gesetzlich/tarifliche Änderungen/Neuerungen,
➢ Mitwirkung/Mitbestimmung bei personellen und sozialen Angelegenheiten.

Hinweis: Für den Bereich der Öffentlichen Verwaltungen gilt analog das Personalvertretungsgesetz.

Die Jugend- und Auszubildendenvertretung

In Betrieben mit mindesten fünf Jugendlichen oder Auszubildenden unter 25 Jahren kann eine Jugend- und Auszubildendenvertretung (JAV) gewählt werden. Voraussetzung ist die Existenz eines Betriebsrates, da die JAV ihre Interessen nur über den Betriebsrat einbringen kann.
Zu ihren Aufgaben zählen:

➢ Die Vertretung der Interessen der Jugendlichen und Auszubildenden.
➢ Überwachung der Einhaltung der Gesetze und Verordnungen zum Schutze der Jugend.

Nur wo es einen Betriebsrat gibt, kann eine JAV gebildet werden

Handlungsfeld 1:
Ausbildungsvoraussetzungen prüfen und Ausbildung planen

> Anregung von Maßnahmen zur Förderung der Jugendlichen und Auszubildenden.
> Unterstützung der Jugendlichen und Auszubildenden beim Vorbringen von Beschwerden und ähnlichem.

Die Jugend- und Auszubildendenvertretung ist kein eigenständiges Organ mit eigenen Informations- und Mitgestaltungsrechten. Im Interesse einer konfliktfreien und optimalen Ausbildung ist es jedoch für den Unternehmer und den Ausbilder wichtig, die JAV im Rahmen der betrieblichen Berufsausbildung einzubeziehen.

Die Berufsschulen

Die Berufsschulen sind im Rahmen des Dualen Systems Partner der Ausbildungsbetriebe. Sie vermitteln berufliche Qualifikationen nach Maßgabe von Rahmenlehrplänen, die mit den Ausbildungsplänen der Betriebe abgestimmt sind.

Berufsschulen unterstützen die Betriebe bei Fachtheorie und Fachpraxis

Der Schwerpunkt der schulischen Qualifizierung liegt bei der Vermittlung theoretischer Grundlagen und der Vorbereitung der Jugendlichen auf die vorrangig praktische Ausbildung in den Betrieben.

Die bedeutende Rolle der Berufsschulen im Rahmen des Dualen Systems findet ihren Ausdruck darin, dass

> sie eine staatliche Pflichtschule ist und in der Regel von allen Auszubildenden besucht werden muss und
> die Lehrer der Berufsschule Mitglieder der Berufsbildungsausschüsse (mit beratender Stimme) und der Prüfungsausschüsse (mit vollem Stimmrecht) der Zuständigen Stellen sind.

Ausbildungsstätten außerhalb des Betriebes

siehe HF 1, Seite 33

Durch zunehmende Spezialisierung und Outsourcingtendenzen ist in manchen Betrieben trotz eines hohen Fachkräftebedarfs eine vollständige Ausbildung in einem anerkannten Ausbildungsberuf nicht immer realisierbar.

siehe BBiG § 27 Abs. 2

Damit auch diese Betriebe ausbilden können, gibt es nach § 27 Abs. 2 BBiG die Möglichkeit, Eignungsmängel fachlicher und ausbildungsstättenmäßiger Art durch Ausbildungsmaßnahmen außerhalb der Ausbildungsstätte zu beheben. Dabei sind zu unterscheiden:

> Überbetriebliche Ausbildung/Unterweisung (z.B. bei Kammern und Fachverbänden),
> Außerbetriebliche Qualifizierungsmaßnahmen (z.B. bei Bildungsträgern) und
> Ausbildung im Verbund.

Weitere Interessenvertreter

Die Gewerkschaften und die Arbeitgebervertretungen

Mitgestalter im Hintergrund: Gewerkschaften und Arbeitgebervertretungen

Sowohl die Gewerkschaften als auch die Arbeitgebervertretungen wirken auf die Ausgestaltung und Durchführung der Berufsausbildung ein. Sie sind wichtige Akteure, sowohl als Partner und als Kontrahenten.

Gemeinsam mit den politischen Parteien arbeiten sie an der Ausgestaltung und Verabschiedung des Berufsbildungsgesetzes (BBiG).

Beteiligte und Mitwirkende an der Berufsausbildung

Die Zuständigen Stellen

Die Zuständigen Stellen als Körperschaften des öffentlichen Rechts sind Vereinigungen von Gewerbetreibenden, Freiberuflern oder des öffentlichen Dienstes einer Region. Ihr Ziel ist es, ihre Mitglieder in wirtschaftlichen Fragen zu beraten und deren Interessen zu vertreten.

Die Zuständigen Stellen haben wichtige Aufgaben in Sachen Information, Beratung, Überwachung und Prüfung

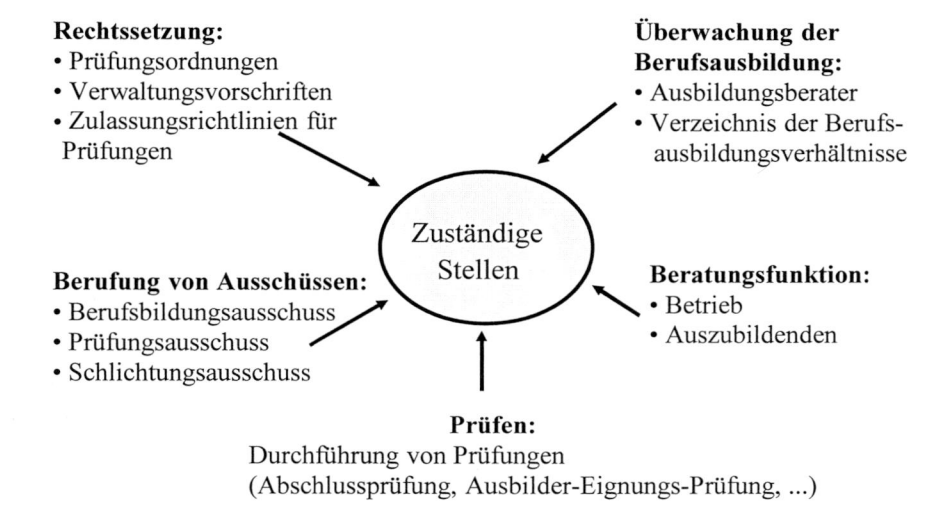

Rechtssetzung:
- Prüfungsordnungen
- Verwaltungsvorschriften
- Zulassungsrichtlinien für Prüfungen

Überwachung der Berufsausbildung:
- Ausbildungsberater
- Verzeichnis der Berufsausbildungsverhältnisse

Berufung von Ausschüssen:
- Berufsbildungsausschuss
- Prüfungsausschuss
- Schlichtungsausschuss

→ Zuständige Stellen ←

Beratungsfunktion:
- Betrieb
- Auszubildenden

Prüfen:
Durchführung von Prüfungen
(Abschlussprüfung, Ausbilder-Eignungs-Prüfung, ...)

In ihrer Region sind sie zudem für die Berufsausbildung in den Betrieben ihres fachlichen Bereiches zuständig.

Der Berater der Zuständigen Stelle

Der Berater hat als Bindeglied zwischen den Zuständigen Stellen und den Unternehmen eine besonders wichtige Funktion. Seine Legitimation erhält er aus § 76 BBiG. Er überwacht die Ausbildung vor Ort und berät alle Beteiligten.

Berater der Zuständigen Stelle: Information und Beratung rund um die Ausbildung

Der Berufsbildungsausschuss

Nach BBiG sind die Zuständigen Stellen für die Regelung der Beruflichen Bildung in ihrem Einflussbereich zuständig. Hierfür sind entsprechende Rechtsvorschriften (Satzungen: z.B. Prüfungsordnungen) zu erlassen.

Die Ausschüsse bei den Zuständigen Stellen erfüllen wichtige Aufgaben

Die Prüfungsausschüsse

Für die Durchführung von Prüfungen richtet die Zuständige Stelle Prüfungsausschüsse ein (§ 39 BBiG). Ein Prüfungsausschuss besteht aus mindestens drei Mitgliedern. Arbeitnehmer- und Arbeitgebervertreter sind paritätisch vertreten. Mindestens ein Berufsschullehrer muss dem Ausschuss angehören. In diesem Ausschuss hat er Stimmrecht.

Der Prüfungsausschuss ist zuständig für

➢ Zulassung von Prüfungsbewerbern in Zweifelsfällen,
➢ Erstellung und Beschluss von Prüfungsaufgaben (ggf. Prüfungsaufgabenausschuss),
➢ Durchführung von Prüfungen,
➢ Bewertung von Prüfungsleistungen.

Die Beschlüsse des Prüfungsausschusses sind Verwaltungsakte.

Handlungsfeld 1:
Ausbildungsvoraussetzungen prüfen und Ausbildung planen

Nicht immer ist das Arbeitsgericht gleich der erste Ansprechpartner

Der Schlichtungsausschuss

Für privatrechtliche Streitigkeiten aus einem bestehenden Berufsausbildungsverhältnis ist das Arbeitsgericht zuständig. Vorab ist jedoch ein Schlichtungsverfahren vor einem Ausschuss bei der Zuständigen Stelle zwischengeschaltet.

Service rund um die Ausbildung: Die Arbeitsagentur bietet mehr als man/frau denkt

Die Arbeitsagenturen

Zur Eingliederung in das Berufsleben unterstützt die Arbeitsagentur Jugendliche und Arbeitgeber.
Berufsberater informieren und beraten über:

- Entwicklungen in den Berufen,
- Lage und Entwicklung auf dem Ausbildungsstellen- und Arbeitsmarkt,
- Berufswahl,
- Möglichkeiten der beruflichen Bildung und deren Förderung.

Zur Eignungsfeststellung kann der Berufsberater mit Zustimmung des Jugendlichen den Psychologischen und Ärztlichen Dienst der Arbeitsagentur einschalten.

Sie wissen jetzt, ...
- ✓ dass Ausbildung nicht nur ein Wechselspiel zwischen Ausbilder und Auszubildenden ist.
- ✓ wer im Betrieb noch mit Ausbildung zu tun hat.
- ✓ welche Stätten außerhalb des Betriebes in Sachen Ausbildung unterstützen können.
- ✓ was unter einer Zuständigen Stelle zu verstehen ist.
- ✓ welche Aufgaben Zuständige Stellen im Rahmen der Berufsausbildung haben.

Handlungsfeld 2

Ausbildung vorbereiten und bei der Einstellung von Auszubildenden mitwirken

- Die Planung der betrieblichen Ausbildung
- Die Lernorte im dualen System der beruflichen Bildung
- Auszubildende gewinnen
- Am Abschluss des Berufsausbildungsvertrages mitwirken
- Ausbildung im Ausland

Handlungsfeld 2:
Ausbildung vorbereiten und bei der Einstellung von Auszubildenden mitwirken

Planung gibt dem Zufall keine Chance

Organisiert ein Unternehmen Ausbildung, geht es von der jeweils gültigen Ausbildungsordnung aus, die in einem betrieblichen Ausbildungsplan umgesetzt werden muss.

Zur Organisation gehört aber auch, den Auszubildenden in der Berufsschule anzumelden, den Vertrag der Zuständigen Stelle zur Aufnahme in das Verzeichnis der Berufsausbildungsverhältnisse zu melden, die Anmeldung zu Zwischen- und Abschlussprüfungen, intensive Vorbereitung auf die Abschlussprüfung und die Entscheidung, ob die Übernahme in ein unbefristetes Beschäftigungsverhältnis erfolgen kann und soll.

Hilfestellungen bei Fragen oder der Lösung auftretender Schwierigkeiten gibt es u.a. bei den Ausbildungsberatern der Zuständigen Stellen.

Zur Planung im erweiterten Sinn zählt, der gesamte Einstellungsprozess. Wer sich entschlossen hat auszubilden und die für seinen Betrieb und für seine Unternehmensziele geeigneten Ausbildungsberufe gefunden hat, steht nun vor weiteren wichtigen Fragen:

- Wie finde ich die besten Bewerber?
- Welche Auszubildenden soll ich einstellen?
- Wie wähle ich unter einer Vielzahl von Bewerbern aus?

Sind die geeigneten Bewerber gefunden, müssen Ausbildungsverträge abgeschlossen werden. Mit dem Vertragsabschluss ist es nicht getan. Die neuen Auszubildenden müssen in den Betrieb integriert werden, eine besondere Herausforderung, da die jungen Menschen bisher meist nur den Schulalltag kennen und an der sog. „ersten Schwelle" erstmals mit dem Berufsalltag konfrontiert werden.

Ausbildung strategisch und operativ planen:
Hier erfahren Sie, was Sie tun müssen und wie Sie es für Ihren Betrieb umsetzen

In diesem Handlungsfeld erfahren Sie:

- Welche Einflussfaktoren auf die Ausbildung wirken.
- Warum Planung Pflicht ist und welche Planungshilfen Ihnen die Arbeit erleichtern.
- Welche Lernorte in Ihrem Betrieb für die Ausbildung geeignet sind und wie Sie die Inhalte der Ausbildung geeigneten Lernorten zuordnen.
- Weshalb Sie Ihre planerischen Entscheidungen nicht alleine treffen können.

Auszubildende einstellen:
Hier erfahren Sie, wie Sie am besten vorgehen

- Wie Sie Auswahlkriterien für Auszubildende aufstellen und geeignete Bewerber für Ihr Unternehmen auswählen.
- Was bei Einstellungsgesprächen wichtig ist.
- Wie man Ausbildungsverträge abschließt und welche gesetzlichen Bestimmungen von Bedeutung sind.
- Wo Auszubildende angemeldet und der Ausbildungsvertrag eingetragen werden müssen.
- Warum ergänzende Auslandsanteile in der Ausbildung sinnvoll sein können.

Die Planung der betrieblichen Ausbildung

Einflüsse auf die Planung der Ausbildung

In ihrer Zielorientierung, inhaltlichen und zeitlichen Struktur leiten sich alle betrieblichen Planungsinstrumente vom Ausbildungsrahmenplan der jeweiligen Ausbildungsordnung ab.

Berücksichtigung finden daneben noch die Bedingungen des Ausbildungsbetriebes (Größe, Spezialisierung, Ausbildungsverbund, ...), die Anforderungen der Berufsschule (ausbildungsbegleitender Teilzeitunterricht oder Blockunterricht) sowie didaktische und betriebsspezifische (Juniorfirma) Ausbildungsprinzipien.

Fremdbestimmung lässt sich nicht vermeiden

Einflüsse auf die Ausbildung

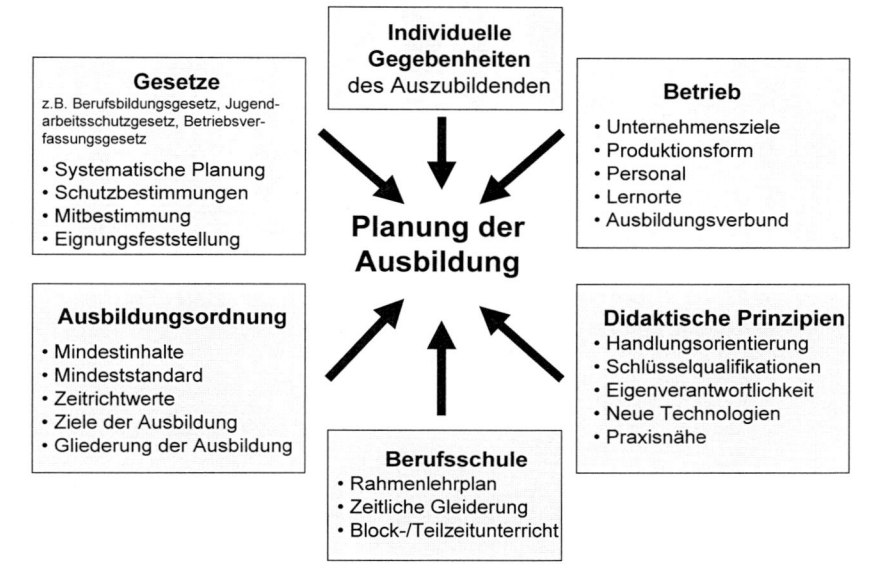

Gesetze
z.B. Berufsbildungsgesetz, Jugendarbeitsschutzgesetz, Betriebsverfassungsgesetz
- Systematische Planung
- Schutzbestimmungen
- Mitbestimmung
- Eignungsfeststellung

Individuelle Gegebenheiten
des Auszubildenden

Betrieb
- Unternehmensziele
- Produktionsform
- Personal
- Lernorte
- Ausbildungsverbund

Ausbildungsordnung
- Mindestinhalte
- Mindeststandard
- Zeitrichtwerte
- Ziele der Ausbildung
- Gliederung der Ausbildung

Planung der Ausbildung

Didaktische Prinzipien
- Handlungsorientierung
- Schlüsselqualifikationen
- Eigenverantwortlichkeit
- Neue Technologien
- Praxisnähe

Berufsschule
- Rahmenlehrplan
- Zeitliche Gliederung
- Block-/Teilzeitunterricht

Bei der Planung der betrieblichen Ausbildung, insbesondere der Entwicklung des Betrieblichen und auch Individuellen Ausbildungsplanes, gilt es, die Vorgaben des Ausbildungsrahmenplanes den betrieblichen Erfordernissen anzupassen.

Planungspflicht

Die Pläne, die der Ausbildende bzw. der Ausbilder zu erstellen hat, haben ihre Verpflichtung im Berufsbildungsgesetz (BBiG).

siehe BBiG § 14

§ 14 BBiG
Berufsausbildung

(1) Ausbildende haben
 1. dafür zu sorgen, dass den Auszubildenden die berufliche Handlungsfähigkeit vermittelt wird, die zum Erreichen des Ausbildungszieles erforderlich ist, und die Berufsausbildung in einer durch ihren Zweck gebotenen Form planmäßig, zeitlich und sachlich gegliedert so durchzuführen, dass das Ausbildungsziel in der vorgesehenen Ausbildungszeit erreicht werden kann.
 ...

Aus § 14 Abs. 1 BBiG ergibt sich für den Ausbildenden der Auftrag, die Ausbildung zielgerichtet, zeitlich und sachlich gegliedert durchzuführen.

Zielplanung

Der Ausbildende bzw. der Ausbilder hat sich an den im Ausbildungsrahmenplan vorgegebenen Zielen zu orientieren. D.h. entsprechend der ausgewiesenen Intensität (Taxonomiestufe) vermitteln und dabei auch die Bedingungen der Zwischen- und Abschlussprüfungen zu berücksichtigen.

Handlungsfeld 2:
Ausbildung vorbereiten und bei der Einstellung von Auszubildenden mitwirken

Zeitplanung
Analog den vorgegebenen Zeitwerten im Ausbildungsrahmenplan sind die Ausbildungsinhalte der Realität anzupassen. Betriebliche Besonderheiten sind ebenso zu berücksichtigen, wie die Lage und Verteilung des Berufsschulunterrichts und die individuellen Bedingungen der Auszubildenden.

Stoffplanung
Die im Ausbildungsrahmenplan aufgeführten Ausbildungsinhalte sind so zu arrangieren, dass sich sinnvolle, sachlogische Ausbildungseinheiten ergeben.

Planungspflicht: Individueller Ausbildungsplan muss auf jeden Fall erstellt werden

Die von den Gesetzen geforderten Planungsgrundlagen sind für jeden Auszubildenden individuell (Individueller Ausbildungsplan) zu erstellen. Der Individuelle Ausbildungsplan ist nach § 11 BBiG eine wichtige Grundlage zur Kontrolle der ordnungsgemäßen Ausbildung seitens der Zuständigen Stelle (§ 32 BBiG).

siehe BBiG §§ 11 und 32

In den meisten kleinen und mittleren Betrieben ist er das einzige Planungsinstrument, das der Ausbildende bzw. Ausbilder erstellt. In größeren Betrieben, in denen die Auszubildenden systematisch durch verschiedene Abteilungen geleitet werden, sind weitere Planungsinstrumente erforderlich. Diese Planungshilfen sorgen dafür, dass

➢ alle zu vermittelnden Kenntnisse und Fertigkeiten den einzelnen Abteilungen und Lernorten zugeordnet werden,

➢ alle Auszubildenden des gleichen Ausbildungsberufes die gleichen Lernstationen, zwar zum Teil in anderer Reihenfolge (Kapazität der Lernorte) und Zeitdauer (Verkürzung der Ausbildung), durchlaufen.

Planungsinstrumente in der Übersicht

Die wichtigsten Planungsinstrumente im Überblick

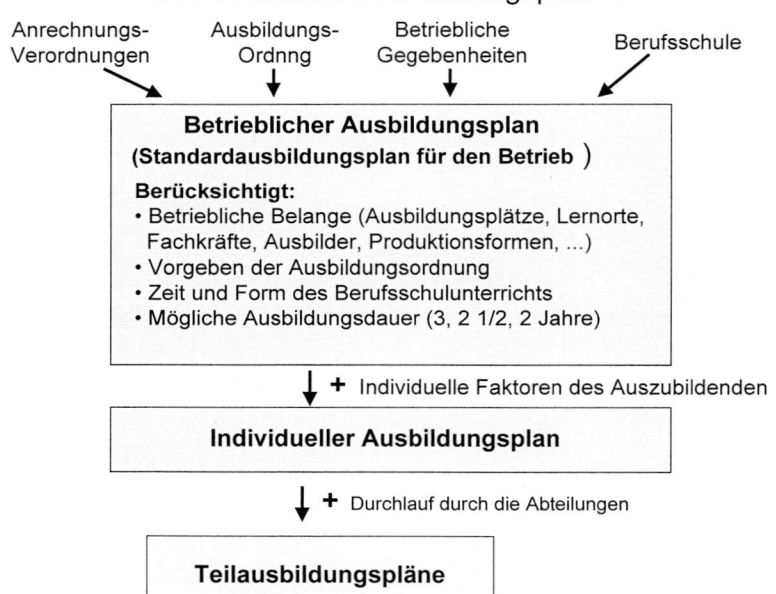

Der Betriebliche Ausbildungsplan

Eingangsgrößen: Anrechnungs-Verordnungen, Ausbildungs-Ordnng, Betriebliche Gegebenheiten, Berufsschule

Betrieblicher Ausbildungsplan
(Standardausbildungsplan für den Betrieb)

Berücksichtigt:
- Betriebliche Belange (Ausbildungsplätze, Lernorte, Fachkräfte, Ausbilder, Produktionsformen, ...)
- Vorgeben der Ausbildungsordnung
- Zeit und Form des Berufsschulunterrichts
- Mögliche Ausbildungsdauer (3, 2 1/2, 2 Jahre)

↓ + Individuelle Faktoren des Auszubildenden

Individueller Ausbildungsplan

↓ + Durchlauf durch die Abteilungen

Teilausbildungspläne

Betrieblicher Ausbildungsplan

Nutzen Sie den Rahmenlehrplan als Planungsgrundlage

Grundlage für die Erstellung des Betrieblichen Ausbildungsplanes ist der Ausbildungsrahmenplan für den jeweiligen Ausbildungsberuf. Neben der Zielplanung (Zwischen- und Abschlussprüfungen), der Stoffplanung (Ausbildungsinhalte) und der Zeitplanung (zeitliche Anordnung der Ausbildungsinhalte), sind die Verhältnisse (Lernorte, Urlaub, Spezialisierungen, ...) des jeweiligen Ausbildungsbetriebes zu berücksichtigen. Der Betriebliche Ausbildungsplan wird auch als sachliche und zeitliche Gliederung der Ausbildung in einem Betrieb bezeichnet. Neben Reihenfolge und Ort der zu vermittelnden Kenntnisse und Fertigkeiten, nennt er die Dauer der einzelnen Ausbildungsabschnitte. Ein Ausbildungsabschnitt sollte 6 Monate nicht übersteigen.

Die Planung der betrieblichen Ausbildung

Belegplan der Lernorte

Der Belegplan der Lernorte nennt die Ausbildungskapazitäten der einzelnen Abteilungen bzw. Lernstationen (Ausbildungswerkstatt, Lernbüro, ...). Aus ihm geht hervor, wie viele Auszubildende zur gleichen Zeit in einer Abteilung ausgebildet werden können und wie viele tatsächlich in einem bestimmten Zeitraum dort ausgebildet werden. Seine Erstellung kann auch als Vorarbeit in Verbindung mit der Zuordnung der Lernorte zu den Lerninhalten erfolgen.

Gesamtversetzungsplan

Der Gesamtversetzungsplan ermöglicht die Planung und Kontrolle des Durchlaufs der (einzelnen) Auszubildenden durch die Abteilungen des Unternehmens.

Abteilung	Ausbilder	Azubi: A	Azubi: B
Einkauf	Specht	Jan. - März	April - Juni
Lager	Braun	Juli	Juli
Verkauf	Hassold	Sept. - Nov.	Jan. - März
Betriebsbüro	Krause	April - Juni	Sept. - Nov.
Urlaub		August	August

Gesamtversetzungsplan: Sie wollen wissen, wo sich Ihre Azubis aufhalten

In großen Unternehmen wird der Durchlauf eines Auszubildenden durch die Abteilungen zusätzlich in einem individuellen Versetzungsplan dokumentiert.

Individueller Ausbildungsplan

Er stellt eine Anpassung des Betrieblichen Ausbildungsplanes an die individuellen Bedingungen (z.B. Verkürzung der Ausbildung, ...) des einzelnen Auszubildenden dar. Er nennt die Reihenfolge der Lernorte, die individuelle Verweildauer am Lernort, berücksichtigt die jeweilige Gesamtausbildungsdauer sowie den Zeitpunkt des Urlaubs.
Im Individuellen Ausbildungsplan können auch besondere Fördermöglichkeiten wie Zusatzangebote für Begabte oder Stützunterricht für Lernschwache vermerkt sein.
Der Individuelle Ausbildungsplan ist als Anlage dem Ausbildungsvertrag beizufügen.

Was für Hänschen Müller gut ist, braucht Max Meier noch lange nicht

(Individuelle) Teilausbildungspläne

Individuelle Teilausbildungspläne konkretisieren die Ausbildung an den einzelnen Lernorten (Ausbildungsabschnitten). Sie beschreiben den Lernort, nennen den Verantwortlichen sowie die zu vermittelnden Kenntnisse/Fertigkeiten und bestimmen das Verfahren der Erfolgskontrolle.

Sie dienen dem Ausbilder bzw. dem Ausbildungsbeauftragten für die Durchführung einer passgenauen Ausbildung/Unterweisung vor Ort. Die Beschreibung der Lerninhalte und –ziele geht über die Genauigkeit des Individuellen bzw. des Betrieblichen Ausbildungsplanes hinaus.

Teilausbildungspläne: Sie konkretisieren die Ausbildung innerhalb einzelner Ausbildungsabschnitte

Individuelle Teilausbildungspläne enthalten zudem Hinweise auf durchzuführende Lernzielkontrollen (mündliche Prüfung, Arbeitsprobe, Programmierte Aufgaben, strukturierte Beobachtungen oder Gespräche, ...). Deren Ergebnisse fließen in das betriebliche Beurteilungssystem ein, bilden somit die Basis für die Gesamtbeurteilung des Auszubildenden.

Sie wissen jetzt, ...

- ✓ wovon die Planung der betrieblichen Ausbildung beeinflusst wird.
- ✓ welche Planungsinstrumente Pflicht, welche Kür sind.
- ✓ warum es Sinn macht, betriebliche Ausbildungspläne zu erstellen.
- ✓ wer den Ausbilder bei seiner Planung unterstützen kann.

Handlungsfeld 2:
Ausbildung vorbereiten und bei der Einstellung von Auszubildenden mitwirken

Die Lernorte im dualen System der beruflichen Bildung

Fachpraxis und -theorie: Beides ist wichtig

Das Duale System der betrieblichen Berufsausbildung in Deutschland ist gekennzeichnet durch die Ausbildungsorte:
- Betrieb: Schwerpunkt ist die fachpraktische Ausbildung.
- Berufsschule: Vermittlung berufstheoretischer Kenntnisse, fachpraktischer Grundlagen und von Allgemeinbildung.

Für Betriebe, die wegen einer zu starken Spezialisierung oder aufgrund fehlender Ressourcen keine eigene vollständige Ausbildung durchführen können, ergibt sich nach § 27 Abs. 2 BBiG die Möglichkeit, die eigene betriebliche Ausbildung durch Ausbildungsmaßnahmen außerhalb der Ausbildungsstätte zu erweitern.
Dieser, an den Betrieb angegliederte, „dritte Ausbildungsort" kann eine überbetriebliche Ausbildungsstätte oder ein anderer Betrieb (Ausbildung im Verbund) sein.

Zur optimalen Organisation der Ausbildung muss der Ausbilder vor der Erstellung des betrieblichen Ausbildungsplanes ermitteln,
- an welchen Lernorten des Betriebes (Arbeitsplatz, Lernecke, Ausbildungswerkstatt, ...) die Ausbildungsinhalte am besten vermittelt werden können,
- welche Inhalte ggf. auf Ausbildungsstätten außerhalb des Betriebes verlagert werden müssen,
- welche Schwerpunkte in der Berufsschule gesetzt werden.

Der Lernort Betrieb

Die Ausbildungsordnungen schreiben den Betrieben in der Regel nicht vor, an welchen Lernorten, in welchem Umfang und welcher genauen Reihenfolge die Berufsausbildung durchzuführen ist. Dies hat zur Folge, dass es je nach Ausbildungsberuf und betrieblichen Gegebenheiten (z.B. Betriebsgröße und Arbeitsorganisation) eine große Variationsbreite des Lernorteinsatzes gibt.

Der weitaus am häufigsten genutzte Lernort ist der Arbeitsplatz. Während in den kaufmännisch-verwaltenden Berufen und in den Handwerksberufen andere Lernorte nur relativ selten den Lernort Arbeitsplatz ergänzen, werden in der Industrie - und hier insbesondere in den gewerblich-technischen Berufen - häufig Lernecken, Ausbildungswerkstätten, Lernbüro, Juniorfirma und innerbetrieblicher Unterricht ergänzend eingesetzt.

Während in Klein- und Kleinstbetrieben mit überschaubaren Arbeitsvorgängen meist der Arbeitsplatz der alleinige Lernort ist, reicht dieser insbesondere in großen Produktions- und Dienstleistungsbetrieben nicht mehr aus. Die Qualifikationsanforderungen am technisierten und von segmentierten Arbeitsabläufen gekennzeichneten Arbeitsplatz erlauben nur in einem begrenzten Umfang die Vermittlung aller Qualifikationselemente eines Berufs.
Deshalb richten größere Unternehmen z.B. Ausbildungswerkstätten oder Unterrichtsräume ein, um die am Arbeitsplatz verlangten Qualifikationen vorzubereiten bzw. verbindende Elemente zwischen den einzelnen Stationen im Betrieb zu schaffen.

Didaktische Überlegungen zur Zuordnung der Lernorte der Praxis

Vor der Zuordnung eines Lernortes zu den Inhalten des Ausbildungsrahmenplanes (sachliche Gliederung) ist es wichtig, die Lernorte auf ihre didaktische Funktion zu durchleuchten.

Auch wenn es keine absolute Funktionstrennung gibt, zeigt sich, dass
- der Lernort Arbeitsplatz vor allem der Fachbildung,
- der Lernort Ausbildungswerkstatt, Lernecke, Lernbüro eher der Grundbildung,
- der Lernort Unterrichtsraum überwiegend der Ergänzung und Vertiefung des Theoriegehaltes der Berufsschule sowie zur Vorbereitung auf Prüfungen dient.

Die Lernorte im dualen System der beruflichen Bildung

Stark beeinflusst wird die Zuordnung der Ausbildungsinhalte auf die zur Verfügung stehenden Lernorte auch von der Anzahl und der Qualifikation von Ausbildern und Ausbildungsbeauftragten.

Nicht jeder Lernort ist für jedes Thema oder Lernziel geeignet

Ausgehend von den Kenntnissen der Vor- und Nachteile des jeweiligen Lernortes lassen sich basierend auf den betrieblichen Gegebenheiten, die Inhalte des Ausbildungsrahmenplans den entsprechenden Lernorten zuordnen. Diese Zuordnung kann im Rahmen separater Vorüberlegungen (Zuordnung zur sachlichen Gliederung), im Zusammenhang mit der Erstellung des Belegplanes der Lernorte oder der Gestaltung des Betrieblichen Ausbildungsplanes erfolgen.

So könnte Ihre Zuordnung der Lernorte aussehen

Beispiel: Mögliche Lernorte beim Ausbildungsberuf Bürokaufmann/Bürokauffrau	
Berufsbildposition	**Lernort**
...	
2 Organisation und Leistungen:	
2.1 Leistungserstellung und Leistungsverwertung,	Lernbüro
2.2 betriebliche Organisation und Funktionszusammenhänge;	Unterrichtsraum, gesamtes Unternehmen
3 Bürowirtschaft und Statistik:	
3.1 Organisation des Arbeitsplatzes,	Einkauf
3.2 Arbeits- und Organisationsmittel,	Einkauf
3.3 bürowirtschaftliche Abläufe,	Einkauf
3.4 Statistik;	Lernbüro, Buchhaltung
4 Informationsverarbeitung:	
4.1 Textverarbeitung,	Lernbüro
4.2 Bürokommunikationstechniken	Unterrichtsraum, Lernbüro, Buchhaltung
4.3 Datenverarbeitung für kaufmännische Anwendungen;	Unterrichtsraum, gesamtes Unternehmen
...	

Da alle Auszubildenden eines Ausbildungsjahres innerhalb eines Betriebes die gleiche Lernort-Kombination durchlaufen, ist eine einheitliche Ausbildung gewährleistet. Gewisse Unterschiede können sich durch die unterschiedliche Verweildauer am Lernort (z.B. Verkürzung der Ausbildung) oder durch die Zuordnung zu unterschiedlichen Ausbildungsbeauftragten ergeben.

Allein vom Vorhandensein verschiedener Lernorte auf eine hohe Qualität der Ausbildung zu schließen, ist jedoch nicht zulässig. Zwar verfügen Großbetriebe eher über Einrichtungen (z.B. Ausbildungswerkstatt, Lernbüro, Unterrichtsraum, ...), die eine strukturierte Ausbildung ermöglichen, doch gleichen viele Kleinbetriebe dieses Manko durch hohe Flexibilität, Praxisnähe und die daraus resultierende Motivation der Auszubildenden wieder aus.

In Kleinbetrieben der Industrie und des Dienstleistungsgewerbes und insbesondere in Ausbildungsbetrieben des Handwerks erfolgt die Berufsausbildung häufig durch Mitwirkung an produktiven Aufgaben und dies in der „Ernstsituation" Arbeitsplatz.
Da hier keine Zuordnung zu Lernorten erfolgen kann, empfiehlt sich der Einsatz von „Ausbildungsprojekten". In diesen Projekten sind mehrere Tätigkeiten (z.B. Tapezieren einer Wand, Erstellen einer Kalkulation, ...) produkt- und ergebnisorientiert zusammengestellt. Oftmals werden reale Kundenaufträge zu Lernaufträgen umformuliert.

Ausbildungsprojekte simulieren die betriebliche Realität

Handlungsfeld 2:
Ausbildung vorbereiten und bei der Einstellung von Auszubildenden mitwirken

Der Lernort Berufsschule

Um ein hohes Ausbildungsniveau im Dualen System sicher zu stellen, ist eine enge Verzahnung der Ausbildungsorte Betrieb und Berufsschule erforderlich. Die historische Trennung in fachpraktische Ausbildung (Betrieb) und fachtheoretische Ausbildung (Berufsschule) ist heute fließend.
Einerseits müssen gerade spezialisierte Betriebe verstärkt theoretische Inhalte vermitteln, andererseits orientiert sich der Berufsschulunterricht eng an betrieblichen Handlungssituationen.

Der Berufsschule kommt im System der parallelen Ausbildung in Betrieb und Schule die Aufgabe zu, in Abstimmung mit der betrieblichen Ausbildung beruflich zu bilden, zu erziehen und die Allgemeinbildung zu fördern. Sie hat dabei die

- allgemeinen,
- berufsübergreifenden und
- speziellen fachtheoretischen

Kenntnisse zu vermitteln und das fachpraktische Wissen zu vertiefen.

Der Ausbilder muss wissen, was in der Berufsschule los ist

Wenngleich eine didaktische Parallelität von Ausbildungsordnung und Rahmenlehrplan erforderlich ist, soll das nicht heißen, dass alle Lerninhalte zeitgleich in Berufsschule und Betrieb vermittelt werden müssen.
Dies funktioniert schon allein deshalb nicht, weil sich im Betrieb häufig Ausbildungsinhalte nicht isoliert von komplexen Arbeitsabläufen betrachten und vermitteln lassen.

Eine enge direkte Kooperation zwischen Berufsschullehrern und Ausbildern in Form von ist für beide Seiten von Vorteil. Sind an der Ausbildung neben Berufsschule und Betrieb weitere Partner (z.B. bei der Ausbildung im Verbund, außer- und überbetriebliche Ausbildung) beteiligt, ist zur Erreichung eines gemeinsamen Ausbildungszieles eine inhaltliche und zeitliche Abstimmung aller Beteiligten erforderlich.

Sie wissen jetzt, ...
- ✓ welche Aufgaben die Lernorte im Dualen System erfüllen.
- ✓ warum es sinnvoll ist, Ausbildung nicht nur am Arbeitsplatz durchzuführen.
- ✓ welche alternativen Lernorte es im Betrieb gibt.
- ✓ welche Überlegungen zur Auswahl geeigneter Lernorte anzustellen sind.
- ✓ dass am Lernort Berufsschule nicht nur Theorie vermittelt wird.
- ✓ weshalb es erforderlich ist, dass Ausbilder und Berufsschullehrer eng zusammen arbeiten.
- ✓ Welche Vorteile die Kooperation in der Ausbildung bringt.
- ✓ Welche Möglichkeiten und Formen der Kooperation und Zusammenarbeit im Rahmen der beruflichen Ausbildung möglich sind

Auszubildende gewinnen

Die Auswahl junger Menschen für die Ausbildung ist nicht zu vergleichen mit der Einstellung erfahrener Fachkräfte.
Junge Menschen, die erstmals mit dem Berufsleben in Kontakt kommen, haben keine Erfahrungen – abgesehen von den inzwischen obligatorischen Praktika während der Schulzeit – mit den Abläufen in einem Betrieb. Sie sind noch in der Entwicklungsphase, die Ausprägung einer eigenen Identität ist in den meisten Fällen noch nicht abgeschlossen.

Es stellt sich die Frage, ist das vorhandene Entwicklungspotential ausreichend, die Ausbildung erfolgreich zu durchlaufen und anschließend einen entsprechenden Arbeitsplatz auszufüllen.
Die scheinbar einfachste Antwort: „Nehmen wir doch die Besten eines Jahrgangs, immer die mit Spitzenergebnissen und Hochschulreife." Die Problematik dabei:

> Findet man für die geplanten Ausbildungsberufe überhaupt solche Bewerber?
> Sind die Bewerber bereit, nach Abschluss der Ausbildung einen Arbeitsplatz im Betrieb zu übernehmen und auch auf längere Sicht zu behalten?

Die Problematik bei der Bewerberauswahl von jungen Menschen für einen Ausbildungsplatz machen die hier kurz angerissenen Fragestellungen deutlich.

Auszubildende gewinnen: Etwas anderes als erwachsene Arbeitnehmer einstellen

Wege zur Gewinnung von Auszubildenden

Woher bekomme ich geeignete Auszubildende für meinen Betrieb?
Verschiedene Wege sind möglich.

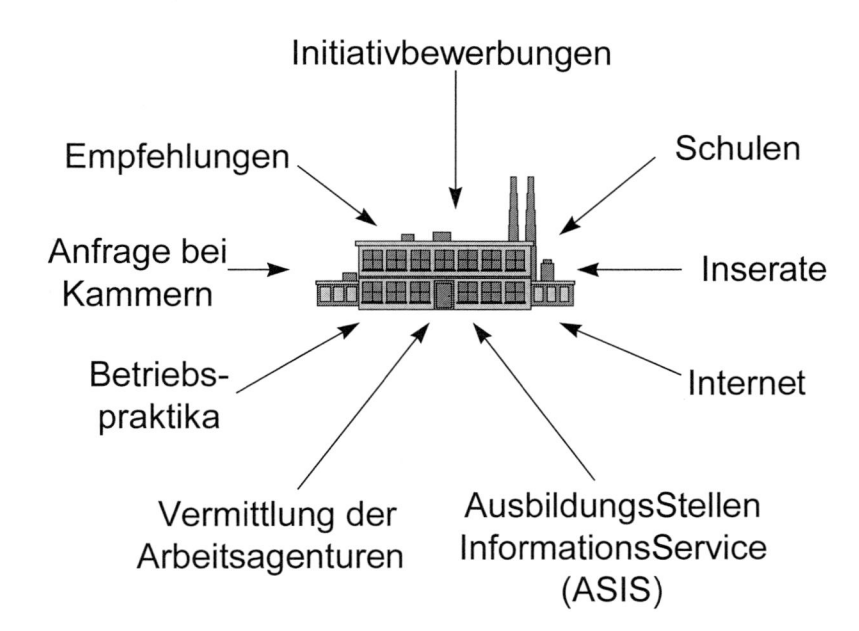

- Initiativbewerbungen
- Empfehlungen
- Schulen
- Anfrage bei Kammern
- Inserate
- Betriebspraktika
- Internet
- Vermittlung der Arbeitsagenturen
- AusbildungsStellen InformationsService (ASIS)

Anders als in manchen EU-Ländern sind in Deutschland die Chancen auf einen Ausbildungsplatz günstig (Stichwort: Fachkräftemangel). So sind die Unternehmen angehalten, ihre Firma auf Messen zu präsentieren, um so potenzielle Auszubildende zu gewinnen.

Handlungsfeld 2:
Ausbildung vorbereiten und bei der Einstellung von Auszubildenden mitwirken

Welche Auszubildenden für das Unternehmen?

Klare Anforderungsprofile erleichtern die Bewerberauswahl

Die Bewerberauswahl lässt sich effektiv gestalten, wenn Kriterien aufgestellt werden, welche die zukünftigen Mitarbeiterinnen und Mitarbeiter erfüllen müssen. Solche einheitlichen Kriterien machen die Vergleichbarkeit von Bewerbern wesentlich einfacher, sie erleichtert bei Eingang der Bewerbungen die Grobdurchsicht und Vorauswahl der Bewerber. Offensichtlich ungeeignete Bewerber können schneller aussortiert werden.

Je genauer das Anforderungsprofil ausgearbeitet ist, desto besser können die Anforderungen in der Stellenausschreibung definiert werden. Bereits über die Ausschreibung erfolgt eine Vorauswahl.

Ist ein aussagefähiges Anforderungsprofil Grundlage für die Ausbildungsplatzausschreibung, kann das die Zahl der eingehenden Bewerbungen verkleinern, der Zeitaufwand für das Sichten von Unterlagen ungeeigneter Bewerber verringert sich. Der Betrieb spart Personalbeschaffungskosten in erheblichem Umfang.

Berufliche Profile: Grundlage für die betrieblichen Anforderungen

Nach einer Befragung betrieblicher Experten hat das Institut für Arbeitsmarkt- und Berufsforschung der Bundesagentur für Arbeit charakteristische Anforderungsprofile zu allen wichtigen Berufen erstellt. Diese Anforderungsprofile zeigen die Bedeutung einzelner Qualifikationsmerkmale für den jeweiligen Beruf. Die Profile, die Durchschnittsgrößen darstellen, dienen als Grundlage für die Erstellung betriebsspezifischer Anforderungsprofile.

Berufliches Anforderungsprofil: Industriekaufmann/-kauffrau

Eigenschaften und Fähigkeiten	sehr wichtig	wichtig	weniger wichtig
Fähigkeit zu planen und zu organisieren		●	
Umstellungsfähigkeit (wechselnde Aufgaben)		●	
Schriftliches Ausdrucksvermögen		●	
Sprachliches Ausdrucksvermögen		●	
Rechnerische Fähigkeiten		●	
Verhandlungsgeschick			●
Verschwiegenheit, Taktgefühl		●	
Denken in Zusammenhängen	●		
Befähigung im Umgang mit Menschen		●	
Einfühlungsvermögen in andere Menschen		●	
Bereitschaft und Fähigkeit zur Teamarbeit	●		
Akzeptieren von / Bereitschaft zur Alleinarbeit			●
Ertragen von Stress (Arbeitsspitzen)	●		
Gepflegtes Äußeres		●	

Quelle: IAB MatAB 2/1994

Auszubildende gewinnen

Auswahl von Bewerbern

Bewerberauswahl erfolgt aufgrund eingehender Bewerbungsunterlagen, dem persönlichen Eindruck im Gespräch und ggf. den Ergebnissen von Einstellungstests. Mit der Bewerberauswahl soll „der Richtige" für das Ausbildungsangebot gefunden werden. Das geschieht in gegenseitigem Interesse. Eine falsche Berufswahl ist eine Fehlinvestition für den Ausbildungsbetrieb ebenso wie für den Auszubildenden. Der Bewerber soll nicht nur für den angestrebten Beruf geeignet sein, er soll auch zum Unternehmen passen.

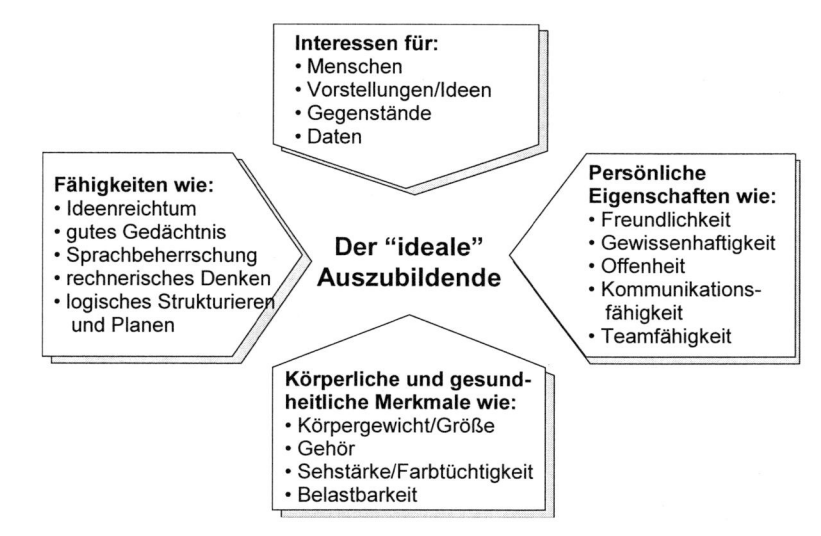

Bewerberauswahl: Für beide Seiten wichtig

Der "ideale" Auszubildende:
- **Interessen für:** Menschen, Vorstellungen/Ideen, Gegenstände, Daten
- **Fähigkeiten wie:** Ideenreichtum, gutes Gedächtnis, Sprachbeherrschung, rechnerisches Denken, logisches Strukturieren und Planen
- **Persönliche Eigenschaften wie:** Freundlichkeit, Gewissenhaftigkeit, Offenheit, Kommunikationsfähigkeit, Teamfähigkeit
- **Körperliche und gesundheitliche Merkmale wie:** Körpergewicht/Größe, Gehör, Sehstärke/Farbtüchtigkeit, Belastbarkeit

Jeder Mensch hat bestimmte Fähigkeiten, Interessen, Eigenschaften, körperliche und gesundheitliche Merkmale, die – unter dem Gesichtspunkt der Bewerberauswahl – ein bestimmtes persönliches Eignungsprofil ergeben.

Eignungsprofil

Bei der Bewerberauswahl geht es darum, das Eignungsprofil des Bewerbers mit dem beruflichen Anforderungsprofil zu vergleichen. Je mehr Übereinstimmungen zwischen Eignungsprofil und beruflichen Anforderungen bestehen, umso besser passen Person und Beruf zusammen. Aber Vorsicht: Die Messlatte darf nicht zu hoch gelegt werden. Bewerber um einen Ausbildungsplatz sind noch keine Fachleute.

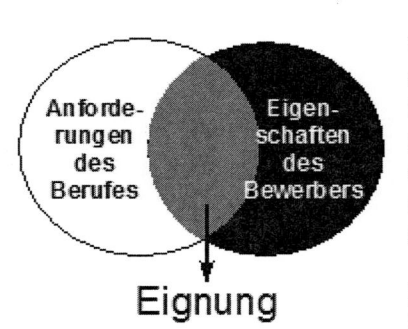

Anforderungen des Berufes ∩ *Eigenschaften des Bewerbers* = **Eignung**

Wirkliches Leistungsvermögen und Begabungen zeigen sich häufig erst im Laufe der Ausbildung. Schließlich befinden sich die Jugendlichen noch in der Entwicklung einer eigenen Identität. Manche Interessen, Fähigkeiten aber auch bestimmte Eigenschaften sind vielleicht nur ansatzweise vorhanden und erkennbar, sie müssen erst ausgeprägt werden.

Eignung: Vergleich von Anforderungen und Eigenschaften des Bewerbers

Die richtige Auswahl ist nur zu treffen, wenn der Einstellungsverantwortliche sich ein möglichst genaues und umfassendes Bild von den Bewerbern macht. Für die Einstellungsentscheidung müssen die einzelnen Auswahlgrundlagen (Bewerbungsunterlagen, persönlicher Eindruck und ggf. Testergebnisse) näher betrachtet werden.

Handlungsfeld 2:
Ausbildung vorbereiten und bei der Einstellung von Auszubildenden mitwirken

Bewerbungsunterlagen

Bewerbungsunterlagen: Der erste Eindruck vom Bewerber

Die erste Vorauswahl wird aufgrund der Bewerbungsunterlagen getroffen. Nur Bewerber, welche diese „erste Hürde" überwinden, kommen für ein Einstellungsgespräch in Frage.

Bewerbungsschreiben

Das Anschreiben: Die Visitenkarte des Bewerbers

Einen ersten Eindruck des Bewerbers liefert das Bewerbungsschreiben. Hat das persönliche Anschreiben eine klare Gliederung, eine ordentliche Gestaltung und sichere Rechtschreibung? Angesichts der Situation auf dem Ausbildungsstellenmarkt kann von Bewerbern erwartet werden, dass sie sich kreativ zeigen, sich etwas Besonderes einfallen lassen. Das zeigt, der Bewerber hat sich intensive Gedanken gemacht und nicht nur eine Standardbewerbung aus irgendeinem Buch abgeschrieben.

Zeugnisse

Zeugnisse: Belege für den Leistungsstand

Zeugnisse sind die Nachweise für die im Lebenslauf aufgeführten Zeiten und Tatbestände. Sie vermitteln einen ersten Eindruck über den Leistungsstand des Bewerbers.
Schulzeugnisse sind nie völlig objektiv, sie sind bei verschiedenen Bewerbern nur bedingt miteinander vergleichbar:

- Schulnoten fallen bei unterschiedlichen Schultypen bei vergleichbarem Leistungsstand unterschiedlich aus.
- Sympathie oder Antipathie zwischen Schüler und Lehrer können die Noten beeinflussen.
- Abschlusszeugnisse können geschönt sein, vermeintlich um den Schülern den Einstieg in das Berufsleben zu erleichtern.

Bei Schulzeugnissen sind auch Angaben über Fehlzeiten und unentschuldigtes Fehlen von Bedeutung. Neben den fachlichen Leistungen sollte – soweit in den Zeugnissen noch vorhanden – Wert auf Noten zu Ordnung, Fleiß, Aufmerksamkeit, Arbeits- und Sozialverhalten gelegt werden.
Aufschlüsse über einen Bewerber geben neben den Schulzeugnissen weitere Nachweise. Hat er erfolgreich ein Praktikum, einen PC-, Maschineschreib- oder Sprachkurs absolviert? Diese zusätzlichen Bescheinigungen sind Zeichen für besonderes Engagement und heben ihn von der breiten Masse der Mitbewerber ab.

Einstellungstests

Einstellungstests ermöglichen eine objektive Beurteilung von Bewerbern

Das Angebot an professionellen Einstellungstests ist groß, die Bücher zum Bestehen dieser Tests ebenfalls. Über Sinn und Unsinn solcher Eignungstests streiten die Experten seit Jahren.

Getestet werden u.a. Arbeitstempo und -genauigkeit, logisches Denken und Abstraktionsvermögen, der Umgang mit Zahlen und Sprache, Kommunikations- und Teamfähigkeit.

Die von Unternehmen eingesetzten Tests gliedern sich meist in die Module:

- Kenntnistest
- Intelligenztest
- Konzentrations- und Belastbarkeitstest
- Persönlichkeitstest

Der Psychologische Dienst der Arbeitsagenturen hilft

Die Arbeitsagenturen verfügen über einen psychologischen Dienst, der mit Ausbildungsplatzbewerbern Berufswahl- und Eignungstests durchführt. Nehmen Sie diesen kostenlosen Service für sich in Anspruch, nutzen Sie die Kenntnisse erfahrener Psychologen.

Auszubildende gewinnen

Einstellungsgespräche führen

Bewerber, die das Auswahlverfahren bis hierhin überstanden haben, werden zu einem Vorstellungsgespräch eingeladen. An diesen Gesprächen sollte neben dem Firmeninhaber oder Personalchef auch der Ausbildungsleiter oder ein Ausbilder teilnehmen.

Einstellungsgespräche: Die letzte Hürde für den Bewerber

Aus der Sicht des Unternehmens werden mit dem Vorstellungsgespräch verschiedene Ziele verfolgt:
- Gewinnung eines persönlichen Eindrucks vom Bewerber.
- Weitere Absicherung des vorhandenen Eignungspotentials des Bewerbers.
- Prüfung des Grades der Übereinstimmung von Interessen, Vorstellungen und Wünschen von Bewerber und Betrieb (Passen Bewerber und Betrieb zusammen?).
- Der Bewerber soll vom Unternehmen – selbst wenn er nicht eingestellt wird – einen positiven Eindruck mitnehmen. Jeder Bewerber wirkt nach einem Gespräch als Multiplikator und kann die PR-Bemühungen des Unternehmens unterstützen.

Ziel des Einstellungsgespräches: Einen persönlichen Eindruck gewinnen

Es bietet sich an, für das Gespräch einen „roten Faden" vorzubereiten, welcher die wichtigsten Themen enthält, die im Laufe der Vorstellung angesprochen werden sollen. Ein „roter Faden" erleichtert die Auswertung des Gespräches und die Vergleichbarkeit von Gesprächsergebnissen und damit der Bewerber.

„Roter Faden" für die Gesprächsführung

Zusatzinformation

Beispiele für Fragen in den einzelnen Gesprächsphasen

Gesprächsphase	Beispiele für Fragen
Aufwärmphase (Befangenheit/Ängste abbauen) Es handelt sich überwiegend um solche Fragen, die der Bewerber relativ leicht beantworten kann.	– Wie fühlen Sie sich? – Haben Sie gut hierher gefunden? – Wie haben Sie sich auf dieses Gespräch vorbereitet? – Wie sind Sie auf diesen Ausbildungsberuf gekommen? – **Woher haben Sie von der Ausbildungsstelle erfahren?** – Was gab den Anstoß sich bei uns zu bewerben? – Welche Berufe üben Ihre Eltern, Geschwister aus? – Arbeiten Bekannte, Verwandte oder Freunde von Ihnen in unserer Firma?
Selbstdarstellung des Unternehmens (Der Bewerber kann zeigen, ob er sich vorbereitet hat)	– Was wissen Sie über unseren Betrieb? – Wie haben Sie sich über unsere Firma informiert? – Was gefällt Ihnen an unserem Unternehmen besonders? – Was möchten Sie über unsere Firma noch erfahren? – Haben Sie sich auch bei anderen Firmen beworben?
Selbstdarstellung des Bewerbers (Stärken, Hobbys, Berufswahl, Firmenwahl)	– Wo liegen Ihre Stärken und Schwächen? – Welche Ihrer Kenntnisse und Fähigkeiten sprechen besonders für Ihre Berufswahl? – Warum sollten wir gerade Sie einstellen? – Wo haben Sie sich über den Ausbildungsberuf informiert? – Wo sehen Sie die Schwerpunkte Ihres künftigen Ausbildungsberufs? – Was schätzen Sie an Ihrem künftigen Beruf besonders? – Können Sie sich auch einen anderen Ausbildungsberuf vorstellen?

Handlungsfeld 2:
Ausbildung vorbereiten und bei der Einstellung von Auszubildenden mitwirken

Gesprächsphase	Beispiele für Fragen
Detailfragen an den Bewerber (Zeugnisse, Praktika, Testergebnisse, Einstellungen, Lücken im Werdegang) Diese Fragen sind abhängig von der Situation und der Person des Bewerbers.	– Welche Zeitungen und Bücher haben Sie in der letzten Zeit gelesen? – Welche Fernsehsendungen sind in Bezug zu Ihrem Beruf besonders informativ? – Welche wirtschaftlichen, politischen und gesellschaftlichen Ereignisse bestimmen das aktuelle Tagesgeschehen? – Haben Sie schon praktische Berufserfahrungen gesammelt? – Hat Sie Ihr Praktikum, Ihre Schnupperlehre in Ihrer Berufswahl bestärkt? – Welche Vorteile hat Ihrer Meinung nach ein Praktikum? – Mit welchen Schulfächern konnten Sie sich am wenigsten anfreunden? – Welche Fächer sind Ihnen in der Schule am leichtesten von der Hand gegangen? – Wie war Ihr Verhältnis zu den Lehrern und Mitschülern? – Warum haben Sie die Schule gewechselt bzw. abgebrochen? – Haben Sie Erfahrung mit Computern und Software? – Haben Sie auch außerhalb der Schule Kurse belegt? – Wie können Sie sich Ihre Leistung im Test erklären? – Was machen Sie in Ihrer Freizeit? Welche Hobbys haben Sie? – Warum haben Sie Ihr Studium/ Ihre Ausbildung abgebrochen? – Wie sehen Sie die Chancen auch ohne Studien- bzw. Lehrabschluss künftig am Arbeitsmarkt zu bestehen? – Haben Sie sich bereits über Ihre Ausbildung hinaus, berufliche Gedanken gemacht? – Haben Sie von anderen Firmen bereits eine Absage erhalten?
Gesprächsabschluss	– Wäre Ihr künftiger Arbeitsplatz für Sie gut erreichbar? – Welche Wegezeit haben Sie von zu Hause bis in unsere Firma? – War das Gespräch für Sie anstrengend? – Wie fanden Sie das Gespräch? Beschreiben Sie kurz Ihre Eindrücke! – Waren Sie sehr nervös?

Auszubildende gewinnen

Mitwirkung und Mitbestimmung der betrieblichen Interessenvertretung

Neben den internen Vorgaben gilt es auch die Rechte der Interessenvertreter zu berücksichtigen.

Der Betriebsrat

Ist ein Betriebsrat (BR) vorhanden, muss bei der Auswahl und Einstellung von Auszubildenden an dessen Beteiligungsrechte gedacht werden.

Beteiligung des Betriebsrates bei Auswahl und Einstellung von Auszubildenden

Die Rechtsgrundlagen für die Arbeitnehmervertretungen finden sich im Betriebsverfassungsgesetz (BetrVG)*. In Betrieben mit in der Regel mindestens fünf ständigen wahlberechtigten Arbeitnehmern, von denen mindestens drei wählbar sind, wird ein Betriebsrat gewählt (§ 1 BetrVG). Die Amtszeit dauert regelmäßig vier Jahre (§ 21 BetrVG). Arbeitgeber und Betriebsrat sollen vertrauensvoll zusammenarbeiten (§ 2 BetrVG).

Können sich Arbeitgeber und Betriebsrat nicht einigen, kann die Einigungsstelle angerufen oder das Arbeitsgericht eingeschaltet werden.

Jugend- und Auszubildendenvertretung

Nur wenn mindestens fünf Mitglieder der folgenden Personengruppen im Unternehmen vertreten sind, kann eine Jugend- und Auszubildendenvertretung (JAV) errichtet werden:

Jugend- und Auszubildendenvertretung (JAV)

> Arbeitnehmer, die das 18. Lebensjahr noch nicht vollendet haben.
> Arbeitnehmer, die zu ihrer Berufsausbildung beschäftigt werden und das 25. Lebensjahr noch nicht vollendet haben.

Die JAV muss mit dem Betriebsrat eng zusammenarbeiten. Sie hat die Aufgabe, die besonderen Belange der jugendlichen Arbeitnehmer und der Auszubildenden zu vertreten. Sie kann nicht selbst mit dem Arbeitgeber verhandeln, ihre Belange werden vom Betriebsrat vertreten.

Sie wissen jetzt, ...
- ✓ wie Sie Bewerber für die freien Ausbildungsplätze zweckmäßig auswählen.
- ✓ welche Bedeutung Bewerbungsunterlagen im Auswahlverfahren haben.
- ✓ was zu vollständigen Bewerbungsunterlagen gehört und wie sie zu beurteilen sind.
- ✓ wann Einstellungstests im Auswahlverfahren weiterhelfen können.
- ✓ was beim Führen von Einstellungsgesprächen zu beachten ist.
- ✓ welche Rechte Betriebsrat und Jugend- und Auszubildendenvertretung beim Auswahl- und Einstellungsverfahren haben.

---

* Die Mitbestimmungsrechte des BetrVG entsprechen in den Grundzügen denen des Personalvertretungsgesetzes (BPersVG) für den öffentlichen Dienst.

Handlungsfeld 2:
Ausbildung vorbereiten und bei der Einstellung von Auszubildenden mitwirken

Am Abschluss des Berufsausbildungsvertrages mitwirken

Der Berufsausbildungsvertrag: Grundlage jedes Berufsausbildungsverhältnisses unterliegt den Bestimmungen des Arbeitsrechts

Der Berufsausbildungsvertrag kommt – wie jeder Arbeitsvertrag – durch zwei übereinstimmende Willenserklärungen zustande. Vertragspartner sind der Ausbildende und der Auszubildende. Ist dieser noch minderjährig, bedarf der Vertrag der Zustimmung des gesetzlichen Vertreters. Mit der Ausbildung ist der Ausbilder – soweit der Ausbildende nicht selbst ausbildet – als Erfüllungsgehilfe beauftragt. Für ihn ist es wichtig, die rechtlichen Grundlagen des Berufsausbildungsvertrages und der am Vertrag beteiligten Parteien zu kennen. Grundsätzlich sind auf den Ausbildungsvertrag die Rechtsvorschriften und Rechtsgrundsätze des Arbeitsrechts anzuwenden.

Der Berufsausbildungsvertrag

Grundsatz der Vertragsfreiheit gilt auch für Ausbildungsverträge

> **§ 10 BBiG (Auszug)**
> (1) Wer andere Personen zur Berufsausbildung einstellt (Ausbildender), hat mit den Auszubildenden einen Berufsausbildungsvertrag zu schließen.
> (2) Auf den Berufsausbildungsvertrag sind, soweit sich aus seinem Wesen und Zweck und aus diesem Gesetz nichts anderes ergibt, die für den Arbeitsvertrag geltenden Rechtsvorschriften und Rechtsgrundsätze anzuwenden.
> (3) ...

Für den Abschluss des Ausbildungsvertrages gilt grundsätzlich die im Arbeitsrecht herrschende Vertragsfreiheit (§ 10 Abs. 2 BBiG). Der Abschluss eines Berufsausbildungsvertrages ist an keine bestimmte Form gebunden, er kann auch mündlich oder durch konkludentes Handeln rechtswirksam erfolgen. Wurde z.B. einem Ausbildungsplatzbewerber nach dem Vorstellungsgespräch zugesagt, dass er seine Ausbildung im Betrieb am 1. September des Jahres beginnen kann und dieser hat zugestimmt, ist dieser mündlich abgeschlossene Vertrag gültig.

Obwohl für den Berufsausbildungsvertrag die für den Arbeitsvertrag geltenden Bestimmungen anzuwenden sind, unterscheidet er sich in einigen wesentlichen Punkten von ihm.

Zusatzinformation

Unterschiede zwischen Ausbildungs- und Arbeitsverträgen

Berufsausbildungsvertrag		Arbeitsvertrag
Berufsausbildung in einem anerkannten Ausbildungsberuf	**Vertragsgegenstand**	Arbeitsleistung
Ausbildender und Auszubildender (bei Jugendlichen unter 18 Jahren gesetzlicher Vertreter)	**Vertragspartner**	Arbeitgeber und Arbeitnehmer (bei Jugendlichen unter 18 Jahren gesetzlicher Vertreter)
Vorgegeben durch die Ausbildungsordnung (je nach Ausbildungsberuf höchstens 3 1/2 Jahre)	**Vertragsdauer**	Liegt im Ermessen der Vertragspartner
Ausbildungsvergütung	**Entgelt**	Lohn und Gehalt
Während der Probezeit jederzeit ohne Einhaltung einer Kündigungsfrist. Nach der Probezeit kann das Berufsausbildungsverhältnis nur gekündigt werden: • aus einem wichtigen Grund ohne Einhaltung einer Kündigungsfrist • vom Auszubildenden mit einer Kündigungsfrist von 4 Wochen, wenn der die Berufsausbildung aufgeben oder sich für eine andere Berufstätigkeit ausbilden lassen will	**Kündigung**	Fristgerecht (ordentlich) Fristlos (außerordentlich)

Am Abschluss des Berufsausbildungsvertrages mitwirken

Berufsausbildungsvertrag	Vertragsformen	Arbeitsvertrag
Der Ausbildende hat unverzüglich nach Abschluss des Berufsausbildungsvertrages, spätestens vor Beginn der Berufsausbildung den wesentlichen Inhalt des Vertrages schriftlich niederzulegen. Der Berufsausbildungsvertrag ist in das Verzeichnis der Berufsausbildungsverhältnisse der zuständigen Stelle einzutragen.		Mündlich oder Schriftlich

Das Berufsbildungsgesetz (BBiG) regelt in den §§ 10 bis 26 einheitlich für das Bundesgebiet die formellen und inhaltlichen Mindestanforderungen an einen Berufsausbildungsvertrag. Nach dem BBiG hat die Berufsausbildung aufgrund eines Vertrages zu erfolgen (§ 10 BBiG).

siehe BBiG §§ 10 bis 26

Nach erfolgter Einigung, spätestens vor Beginn der Berufsausbildung ist der wesentliche Inhalt schriftlich niederzulegen (§ 11 BBiG).
Diese Niederschrift muss vom Ausbildenden, dem Auszubildenden und – bei Minderjährigen – dessen gesetzlichem Vertreter unterschrieben werden. Jeder erhält eine Ausfertigung der Niederschrift.
Gleiches gilt für alle Änderungen des Ausbildungsvertrages.

Musterausbildungsverträge halten die Kammern bereit

Aus Wesen und Zweck der Berufsausbildung ergeben sich bezüglich der Gestaltungsfreiheit des Vertrages Einschränkungen, die insbesondere in den §§ 12 und 25 BBiG festgelegt sind.
So sind bestimmte Vereinbarungen in einem Berufsausbildungsvertrag nichtig (§ 12 BBiG). Enthält ein Berufsausbildungsvertrag

> **§ 12 BBiG**
> **Nichtige Vereinbarungen**
> (1) Eine Vereinbarung, die Auszubildende für die Zeit nach Beendigung des Berufsausbildungsverhältnisses in der Ausübung ihrer beruflichen Tätigkeit beschränkt, ist nichtig. Dies gilt nicht, wenn sich Auszubildende innerhalb der letzten sechs Monate des Berufsbildungsverhältnisses dazu verpflichtet, nach dessen Beendigung mit den Ausbildenden ein Arbeitsverhältnis einzugehen.
> (2) ...

Nichtige Vereinbarungen bei Ausbildungsverträgen

solche nichtigen Vereinbarungen, hat dies keine Folgen für die Gültigkeit des Berufsausbildungsvertrages. Es ist trotz solcher Bestimmungen ein gültiger Vertrag zustande gekommen. Die nichtigen Vereinbarungen erlangen keine Rechtsgültigkeit.
Gleiches gilt für Vereinbarungen in einem Berufsausbildungsvertrag, die für den Auszubildenden überwiegend Nachteile bringen (§ 25 BBiG).

> **§ 25 BBiG**
> **Unabdingbarkeit**
> (1) Eine Vereinbarkeit, die zuungunsten Auszubildender von den Vorschriften dieses Teils des Gesetzes abweicht, ist nichtig.

Zudem wird die Vertragsfreiheit und somit inhaltliche Gestaltung des Berufsausbildungsverhältnisses durch zahlreiche arbeits- und ausbildungsrechtliche Bedingungen eingeschränkt.
Dieser Eingriff des öffentlichen Rechts in den privatrechtlichen Gestaltungsspielraum (Vertragsfreiheit nach dem BGB) dient dem besonderen Schutz des Auszubildenden (die häufig noch Jugendliche sind). Verstöße gegen diese Schutzbestimmungen unterliegen den Straf- und Bußgeldvorschriften.

Einschränkung der Gestaltungsfreiheit durch rechtliche Bestimmungen

Es sollte zwar grundsätzlich versucht werden, Meinungsverschiedenheiten zwischen den Beteiligten direkt zu klären, doch ist es auch möglich, die Jugend- und Auszubildendenvertretung oder den Betriebsrat einzuschalten.

Schlichtungsausschuss bei der Zuständigen Stelle

Handlungsfeld 2:
Ausbildung vorbereiten und bei der Einstellung von Auszubildenden mitwirken

Als Externer kann bei Streitigkeiten im Rahmen der Berufsausbildung auch der Ausbildungsberater der Zuständigen Stelle hinzugezogen werden. Lassen sich Streitigkeiten auch durch dessen Vermittlung nicht klären, ist vor einem Verfahren beim Arbeitsgericht ein Schlichtungsverfahren bei den Zuständigen Stellen durchzuführen (Schlichtungsausschuss). In den meisten Fällen befasst sich der Schlichtungsausschuss mit Kündigungen, gegen die sich die betroffenen Auszubildenden wehren.

Zuständigkeit des Verwaltungsgerichtes

Treten im Rahmen der Ausbildung zwischen einem Auszubildenden und der zuständigen Stelle (z.B. Anfechtung einer Prüfung) Meinungsverschiedenheiten auf, so ist nach einem erfolglosen Widerspruchsverfahren das Verwaltungsgericht für die Klärung des Sachverhaltes zuständig.

Verkürzung der Berufsausbildung

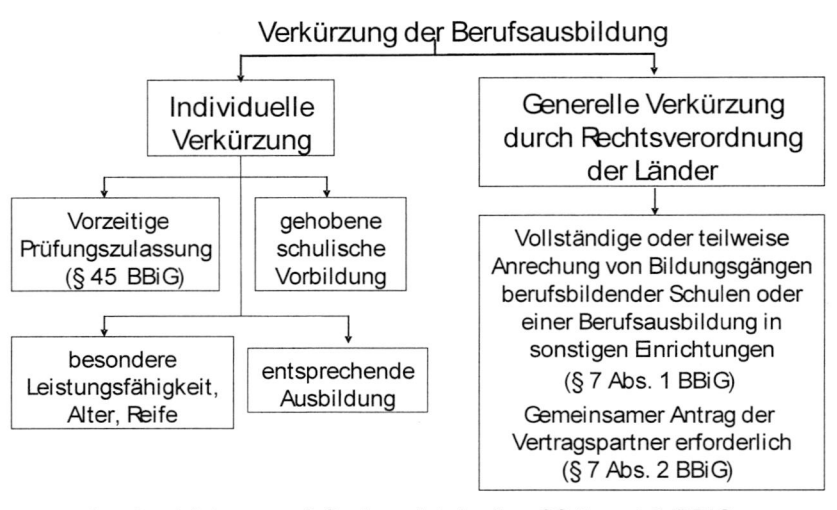

Die Dauer der Berufsausbildung kann von Anfang an vertraglich verkürzt werden.

Bei Abschluss eines Berufs-Ausbildungsvertrages ist zu klären, ob es möglich ist, eine kürzere als die in der Ausbildungsordnung vorgesehene Zeit zu vereinbaren.

Gesetzliche Regelungen zur Verkürzung der Ausbildungszeit finden sich in den §§ 7 und 8 BBiG.

siehe BBiG §§ 7 und 8

Dabei ist zu unterscheiden zwischen einer Verkürzung durch Rechtsverordnung einer Landesregierung und der Möglichkeit die Berufsausbildung individuell zu verkürzen. Dies geschieht i.d.R. durch gemeinsamen Antrag von Ausbildenden und Auszubildenden bei der Zuständigen Stelle.

Teilzeitberufsausbildung § 8 Abs. 1 Satz 2 BBiG

Bei berechtigtem Interesse kann sich der Antrag auf die Verkürzung der täglichen oder wöchentlichen Ausbildungszeit beziehen (Teilzeitberufsausbildung). Ein solches Interesse liegt z.B. bei Betreuung eines Kindes oder pflegebedürftiger naher Angehöriger vor.

Eine Verlängerung der Ausbildungszeit ist in Ausnahmefällen durch die Zuständige Stelle möglich, sie kommt in Frage bei

- nicht bestandener Abschlussprüfung,
- längeren Krankheitsausfällen seitens des Auszubildenden,
- bei Schwangerschaft einer Auszubildenden während der Ausbildung.

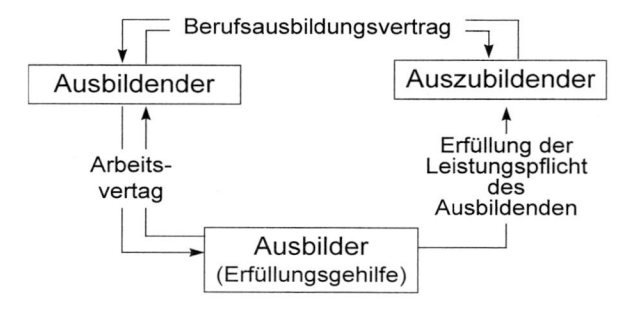

Rechte und Pflichten der Vertragsparteien

Wer Rechte hat, der hat auch Pflichten. Mit Abschluss des Berufsausbildungsverhältnisses wird ein „Dauerschuldverhältnis" zwischen dem Ausbildenden und dem Auszubildenden begründet. Dadurch werden beiden Vertragspartnern bestimmte Leistungspflichten auferlegt. Die gegenseitigen Abhängigkeiten zeigt die nebenstehende Übersicht.

Auszubildende gewinnen

Der Ausbilder fungiert dabei als Erfüllungsgehilfe des Ausbildenden, wenn dieser nicht selbst die Ausbildung durchführt.

Rechte und Pflichten des Ausbildenden und des Auszubildenden ergeben sich im Wesentlichen aus dem BBiG (insbesondere aus den §§ 13 bis 19), den arbeits- und tarifrechtlichen Vorschriften, dem Berufsausbildungsvertrag und dem Bürgerlichen Gesetzbuch (BGB). Eine Pflicht auf der Seite eines Partners bedeutet in aller Regel ein Recht für den anderen Partner.

siehe BBiG §§ 13 – 19

Folgen von Vertragsverletzungen

Grundsätzlich muss jeder Vertragspartner, der vorsätzlich oder fahrlässig seine Vertragspflichten verletzt, für den daraus dem anderen Vertragspartner entstehenden Schaden haften.

Haftung bei Pflichtverletzungen

Unter Haftung ist die Verpflichtung zu verstehen, dass man für einen Schaden, dem man einem anderen zugefügt hat, einstehen muss. Beim Berufsausbildungsverhältnis ergeben sich dabei zwei Fragen:
- Wer haftet in einem konkreten Schadensfall?
- Für welche Fälle muss in welchem Umfang gehaftet werden?

Grundsätzlich gilt: Jeder haftet für den von ihm selbst angerichteten Schaden. Darüber hinaus können allerdings noch Fälle auftreten, in denen jemand für andere Personen haftet.

Fall A: Haftung des Aufsichtspflichtigen.
Der Ausbildende hat gegenüber dem minderjährigen Auszubildenden eine Aufsichtspflicht (§ 832 BGB). Damit haftet er grundsätzlich auch für Schäden, die Minderjährige anderen widerrechtlich zufügen.

siehe BGB § 823

Fall B: Haftung für Gehilfen.
Der Ausbildende haftet gegenüber dem Auszubildenden, wenn der Ausbilder (als Erfüllungsgehilfe) die Ausbildungspflichten verletzt. Gleiches gilt, wenn der Auszubildende einem Kunden einen Schaden zufügt.
Nach § 278 BGB hat der Ausbildende für einen Schaden, den seine Erfüllungsgehilfen verursachen; in gleichem Umfang zu haften, als habe er ihn selbst verursacht.

siehe BGB § 278

Im Rahmen eines Berufsausbildungsverhältnisses kommen insbesondere zwei Haftungsgründe in Frage:
- Haftung wegen Nichterfüllung von Vertragspflichten
- Haftung aus unerlaubter Handlung (§ 823 BGB)

Verantwortlichkeiten/Haftungsansprüche

Verantwortlichkeiten und Haftungsansprüche in einem Ausbildungsverhältnis

Die Übersicht verdeutlicht die gegenseitigen Verantwortlichkeiten und Haftungsansprüche im Rahmen eines Berufsausbildungsverhältnisses.

Die Pfeile geben dabei die Blickrichtung an, in der die Haftung für verschuldete Schäden wirksam wird.

Dabei leiten sich die Verantwortlichkeiten des Ausbildenden und des Ausbilders gegenüber dem Auszubildenden weitgehend aus arbeitsvertragsrechtlichen Bestimmungen ab. Die Verantwortlichkeiten gegenüber Dritten beschränken sich in erster Linie auf privatrechtliche Bestimmungen auf dem Gebiet des Schadensersatzes.

Handlungsfeld 2:
Ausbildung vorbereiten und bei der Einstellung von Auszubildenden mitwirken

Die Verantwortlichkeiten gegenüber dem Staat beziehen sich auf öffentlich-rechtliche Verpflichtungen. Im Wesentlichen auf die Einhaltung der einschlägigen gesetzlichen Bestimmungen (z.B.: BBiG, JArbSchG, etc.).

Verstöße gegen die Ordnung der Berufsausbildung

siehe BBiG § 102

An einer fundierten Berufsausbildung besteht ein öffentliches Interesse. Das BBiG macht dies mit einer Reihe ordnungsrechtlicher Vorschriften deutlich. § 102 BBiG enthält einen Katalog von Ordnungswidrigkeiten.

Die dort aufgenommenen Tatbestände beziehen sich im Wesentlichen auf drei Bereiche:
- die Vertragsniederschrift und deren Eintragung bei der zuständigen Stelle
- die Eignung von Ausbildenden, Ausbildern und der Ausbildungsstätte
- den Pflichten des Ausbildenden gegenüber dem Auszubildenden

> **§ 102 BBiG Bußgeldvorschriften (Auszug)**
>
> (1) Ordnungswidrig handelt, wer
> 1. entgegen § 11 Abs. 1 Satz 1, auch in Verbindung mit Absatz 4, den wesentlichen Inhalt des Vertrages oder seine wesentlichen Änderungen nicht, nicht richtig, nicht vollständig, nicht in der vorgeschriebenen Weise oder nicht rechtzeitig niederlegt,
> 2. entgegen § 11 Abs. 3, auch in Verbindung mit Absatz 4, eine Ausfertigung der Niederschrift nicht oder nicht rechtzeitig aushändigt.,
> 3. entgegen § 14 Abs. 2 Auszubildenden eine Verrichtung überträgt, die dem Ausbildungszweck nicht dienen,
> 4. ...

siehe JArbSchG, JuSchG

Verstöße können mit Geldbußen bis zu 5.000 Euro geahndet werden.
Weitere Ordnungswidrigkeiten, die insbesondere die Verletzung der Aufsichtspflicht berühren, enthält das Jugendarbeitsschutzgesetz (JArbSchG), das Jugendschutzgesetz (JuSchG) und das Ordnungswidrigkeitengesetz.

Gesetz zum Schutze der arbeitenden Jugend

siehe JArbSchG

Die Bestimmungen des Jugendarbeitsschutzgesetzes (JArbSchG) sollen den Jugendlichen vor Gefahren in der Arbeitswelt für die Gesundheit sowie die körperliche und geistig-seelische Entwicklung schützen. Diesem Schutzgedanken liegen gesicherte Erkenntnisse zugrunde: Bis zum Abschluss des Wachstums verfügen Jugendliche über eine geringere Leistungsfähigkeit, insbesondere die Muskelkraft ist geringer als bei Erwachsenen.
Aus diesen Erkenntnissen wurden die wesentlichen Bestimmungen des Jugendarbeitsschutzes abgeleitet.

Geltungsbereich des JArbSchG

Das JArbSchG gilt für Kinder und Jugendliche:
- Kinder sind Personen, die noch nicht 15 Jahre alt sind (§ 2 Abs. 1 JArbSchG). Im Sinne des JArbSchG sind auch diejenigen Jugendlichen, die ihre Vollzeitschulpflicht noch nicht erfüllt haben, Kinder (§ 2 Abs. 3 JArbSchG).
- Jugendliche sind alle Personen, die 15, aber noch nicht 18 Jahre alt sind (§ 2 Abs. 2 JArbSchG).

siehe JArbSchG

Das JArbSchG enthält eine Vielzahl von Regelungen welche die Beschäftigung von Kindern und Jugendlichen verbieten. Dies sind neben der sog. Beschäftigung von Kindern (§ 2 Abs. 1 und § 5 JArbSchG) auch Beschäftigungsverbote bzw. Beschäftigungsbeschränkungen für Jugendliche z.B. bei der Akkordarbeit oder der Arbeit unter Tage. Geregelt ist dies in den §§ 22 – 25 JArbSchG.
Neben diesen Beschäftigungsverboten für Kinder und Jugendliche enthält das JArbSchG eine Reihe von Regelungen (§§ 8 – 19 JArbSchG), die der Arbeitgeber bei der Beschäftigung von Jugendlichen zu beachten hat. Dies sind u.a. Regelungen bezogen auf die Dauer der Arbeitszeit, Berufsschule, Prüfungen und Ruhepausen, Aufenthaltsräume, Schichtzeit, tägliche Freizeit, Nacht-/Samstags-/ Sonntags-/Feiertagsruhe, Fünf-Tage-Woche und Urlaub.

Gesundheitsfürsorge

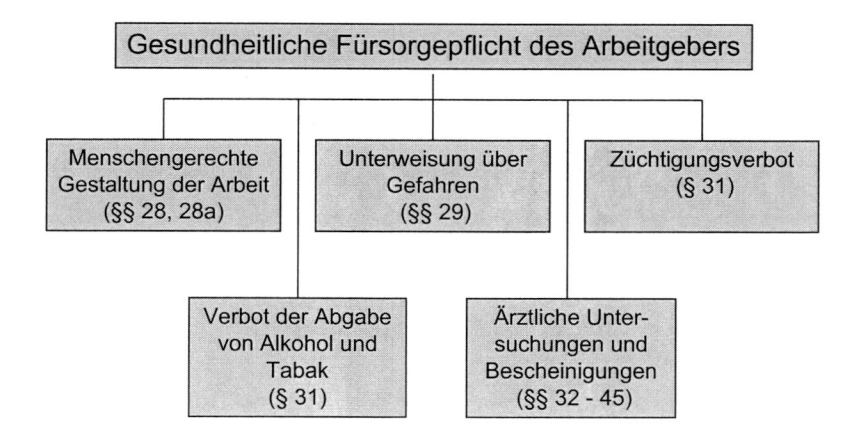

```
            Gesundheitliche Fürsorgepflicht des Arbeitgebers
            ┌──────────────────────┬──────────────────────┐
   Menschengerechte        Unterweisung über        Züchtigungsverbot
   Gestaltung der Arbeit        Gefahren                 (§ 31)
      (§§ 28, 28a)                (§§ 29)
            │                       │
   Verbot der Abgabe         Ärztliche Unter-
   von Alkohol und           suchungen und
        Tabak                 Bescheinigungen
        (§ 31)                  (§§ 32 - 45)
```

Gesundheitliche Fürsorgepflicht des Ausbildenden

Zudem wird im JArbSchG großer Wert auf die gesundheitliche Vorsorge der Jugendlichen gelegt. Da sich Jugendliche noch in der körperlichen Entwicklung befinden, kommt der Gesundheitsfürsorge und der ärztlichen Überwachung eine besondere Bedeutung zu.
Jeder Jugendliche muss sich innerhalb der letzten 14 Monaten vor Eintritt in das Berufsleben ärztlich untersuchen lassen (§ 32 JArbSchG) und dem Arbeitgeber eine entsprechende Bescheinigung vorlegen. Die Untersuchungen werden vom jeweiligen Bundesland gezahlt. Entsprechende Berechtigungsformulare zur Vorlage beim Arzt sind bei der unteren kommunalen Behörde (Stadt- oder Verbandsgemeindeverwaltung) erhältlich.

siehe JArbSchG § 32 Erstuntersuchung

Zwar ist diese Untersuchung freiwillig, ohne eine solche Untersuchung kann der Jugendliche jedoch keine Ausbildung aufnehmen, der Arbeitgeber darf ihn nicht beschäftigen.
Ein Jahr nach Aufnahme der ersten Beschäftigung ist eine Bescheinigung über die erste Nachuntersuchung vorzulegen. Wird dies versäumt, darf der Jugendliche nach Ablauf von 14 Monaten nach Aufnahme der ersten Beschäftigung nicht weiterbeschäftigt werden, solange er die Bescheinigung nicht vorgelegt hat (§ 33 Abs. 3 JArbSchG). Dieses Beschäftigungsverbot hat auf den Fortbestand des Ausbildungsverhältnisses keinen Einfluss. Das bedeutet, der Ausbildungsvertrag läuft während dieser Zeit normal weiter.

Vor Beginn eines Beschäftigungsverhältnisses (auch einer Berufsausbildung) ist der Arbeitgeber verpflichtet, Jugendliche über die Unfall- und Gesundheitsgefährdungen, denen sie bei der Beschäftigung ausgesetzt sind, zu unterweisen (§ 29 JArbSchG). Dazu gehören auch Unterweisungen über Einrichtungen und Maßnahmen zur Gefahrenabwehr und über Verhalten bei Gefahr. In angemessenen Zeitabständen (mindesten halbjährlich) sind solche Unterweisungen zu wiederholen.

siehe JArbSchG § 29

Mutter- und Elternschutz

Aufgrund längerer Schulausbildung nimmt das Alter der Absolventen stetig zu. Es kommt häufiger vor, dass Auszubildende während der Ausbildung schwanger werden. Ausbildender und Ausbilder müssen sich daher mit den Bestimmungen des Gesetzes zum Schutze der erwerbstätigen Mütter (Mutterschutzgesetzes - MuSchG) auseinandersetzen.

Mutterschutz auch für Auszubildende

Sobald eine Arbeitnehmerin ihre Schwangerschaft dem Arbeitgeber mitgeteilt hat, hat dieser unverzüglich die Aufsichtsbehörde (Gewerbeaufsichtsamt) zu unterrichten (§ 5 Abs. 1 Satz 3 i.V.m. § 20 Abs. 1 MuSchG).
Ergänzt wird das MuSchG durch das Gesetz über die Gewährung von Erziehungsgeld und Erziehungsurlaub (BErzGG), durch welches die persönliche Betreuung und Erziehung des Kindes in der ersten Lebensphase durch die Eltern sichergestellt wird. Die Rechte können von beiden Elternteilen in Anspruch genommen werden.

siehe BErzGG

Handlungsfeld 2:
Ausbildung vorbereiten und bei der Einstellung von Auszubildenden mitwirken

Schutz der Jugend in der Öffentlichkeit

siehe JuSchG

Das Jugendschutzgesetz (JuSchG) soll den Jugendlichen im Freizeitbereich vor sittlichen und gesundheitlichen Gefahren schützen. Im JuSchG gelten die gleichen Begriffsbestimmungen (Kind und Jugendlicher) wie im JArbSchG. Im Rahmen der Berufsbildung kommen die Bestimmungen des JuSchG immer dann zum Tragen, wenn der Arbeitgeber für die im Betrieb beschäftigten Jugendlichen auch Freizeitaktivitäten anbietet.

Die Bestimmungen des JuSchG beziehen sich im Wesentlichen auf
- den Aufenthalt von Jugendlichen in Gaststätten, Spielhallen und anderen jugendgefährdenden Orten (§§ 4 bis 8 JuSchG),
- Erwerb, Abgabe und Genuss von alkoholischen Getränken (§ 9 JuSchG),
- Rauchen in der Öffentlichkeit (§ 10 JuSchG) und dem
- Jugendschutz im Bereich der Medien (§§ 11 bis 16 JuSchG).

Arbeitszeitgesetz

siehe AZG Mindestanforderungen bei täglicher Arbeitszeit, Pausen und Ruhezeiten

Bei immer länger dauerndem Schulbesuch und der Tendenz zu höherwertigen Schulabschlüssen sind viele Bewerber um einen Ausbildungsplatz keine Jugendlichen mehr. Sie haben das 18. Lebensjahr bei Beginn einer Berufsausbildung bereits vollendet. Für diesen Personenkreis findet das JArbSchG keine Anwendung, sondern das Arbeitszeitgesetz (ArbZG).

siehe AZG §§ 3 und 6

Das ArbZG legt gesetzlich tägliche Höchstarbeitszeiten fest und regelt gleichzeitig mögliche Sonderfälle. Es enthält ebenfalls Regelungen zur Nachtarbeit.

siehe AZG §§ 4 und 5

Das ArbZG unterscheidet zwischen den Ruhepausen während der Arbeitszeit und den Ruhezeiten, die nach Ende der täglichen Arbeitszeit vorgeschrieben sind.

siehe AZG §§ 9 bis 15

Grundsätze zur Beschäftigung an Sonn- und Feiertagen werden ebenfalls im ArbZG geregelt. Für Auszubildende über 18 Jahren (die nicht mehr unter das JArbSchG fallen) besteht an Sonn- und gesetzlichen Feiertagen gem. § 105b Gewerbeordnung (GewO) ein grundsätzliches Beschäftigungsverbot. Die GewO regelt auch Ausnahmen von diesem Verbot.

Verordnung über Arbeitsstätten (Arbeitsstättenverordnung – ArbStättV)

siehe ArbStättV Die Begrifflichkeiten und Anforderungen sind in den §§ 1 bis 9 der ArbStättV dargelegt

Mit fortschreitender Digitalisierung verändert sich die Arbeitswelt tiefgreifend. Die Einführung neuer technischer Geräte und Fertigungsverfahren sowie daran angepasste neue Arbeitsformen beschleunigen diese Änderungsprozesse.
Die Arbeitsstättenverordnung (ArbStättV) regelt die Sicherheit und den Schutz der Gesundheit der Beschäftigten in Arbeitsstätten und enthält Anforderungen an die menschengerechte Gestaltung der Arbeit.
Mit der Berücksichtigung der psychischen Belastungen im Rahmen der Gefährdungsbeurteilung (Novelle zur Änderung der ArbStättV vom 3. Dezember 2016) wird künftig diesem wichtigen Belastungsschwerpunkt bei der Arbeit der Beschäftigten gezielt entgegengewirkt.

Wesentliche Elemente der ArbStättV sind
- § 3 Gefährdungsbeurteilung
- § 3a Einrichten und Betreiben von Arbeitsstätten
- § 4 Besondere Anforderungen an das Betreiben von Arbeitsstätten
- § 5 Nichtraucherschutz
- § 6 Unterweisung der Beschäftigten
- § 7 Ausschuss für Arbeitsstätten

Auszubildende gewinnen

Anmeldungen und Eintragungen

Bei der Einstellung von Auszubildenden – gleichgültig ob jugendlich oder erwachsen – sind vom Ausbildenden einige Anmeldungen und Eintragungen zu beachten:

- Der Auszubildende ist bei der Sozialversicherung und der Berufsschule anzumelden.
- Die Eintragung des Berufsausbildungsvertrages bei der zuständigen Stelle muss beantragt werden.

Verzeichnis der Berufsausbildungsverhältnisse

Der Ausbildende hat gem. § 36 BBiG unverzüglich nach Abschluss des Berufsausbildungsvertrages bei der Zuständigen Stelle die Eintragung in das Verzeichnis der Berufsausbildungsverhältnisse mit einer Ausfertigung der Vertragsniederschrift zu beantragen (entsprechende Vordrucke gibt es bei der Zuständigen Stelle).

Die Eintragung des Ausbildungsvertrages muss unverzüglich bei der Kammer beantragt werden

Die Nichteintragung in das Verzeichnis der Berufsausbildungsverhältnisse hat zwar keine Auswirkungen auf den rechtlichen Bestand des Ausbildungsverhältnisses, kann aber bei der Anmeldung zur Abschlussprüfung zu Schwierigkeiten führen.

Sie wissen jetzt, ...

- ✓ was beim Abschluss eines Berufsausbildungsvertrages alles zu beachten ist.
- ✓ welche wichtigen Bestandteile im Berufsausbildungsvertrag unbedingt schriftlich zu regeln sind.
- ✓ welche wesentlichen rechtlichen Bestimmungen bei einem Berufsausbildungsverhältnis zu beachten sind.
- ✓ dass beide Vertragsparteien Rechte und Pflichten aus dem Ausbildungsverhältnis ableiten können.
- ✓ welche Folgen Vertrags- und Pflichtverletzungen haben.
- ✓ welche besonderen Regelungen das JArbSchG beinhaltet.
- ✓ was die ArbStättV bezogen auf die Ausstattung der Arbeitsplätze regelt.
- ✓ wie Streitfragen aus einem bestehenden Ausbildungsverhältnis geregelt werden.
- ✓ wo und wie Sie einen Auszubildenden anmelden müssen.

Handlungsfeld 2:
Ausbildung vorbereiten und bei der Einstellung von Auszubildenden mitwirken

Ausbildung im Ausland

Wer mit dem Gedanken spielt, seine berufliche Erstausbildung komplett im Ausland zu absolvieren, benötigt exakte Informationen über das jeweilige Ausbildungssystem, aber auch über den Stellenwert und das Niveau sowie über die Anerkennung dieser Ausbildung in Deutschland.

Einige Berufsausbildungen sehen schon jetzt internationale Komponenten als integrativen Bestandteil der Ausbildung vor. Über das BERUFENET der Bundesagentur für Arbeit können detaillierte Informationen zu den einzelnen Berufen abgefragt werden.

Beispiele sind:

- Europa-Wirtschaftsassistent/in
- Eurokaufmann/-frau
- Internationale/-r Marketingassistent/-in
- Europa-Wirtschaftsassistent/-in
- Euro-Fremdsprachenkorrespondent/-in
- Europa-Sekretär/-in

Zunehmend bieten Firmen den Auszubildenden im Rahmen ihrer Ausbildung auch Auslandspraktika an. Zudem wächst durch EU-Verordnung die Ausbildung in Europa immer mehr zusammen, was sich in der gegenseitigen Anerkennung von Ausbildungs- und Studienabschlüssen äußert.

Sie wissen jetzt, ...

✓ was Sie bei der Planung von Ausbildungsabschnitten im Ausland beachten müssen.

✓ welche Berufe bereits jetzt Auslandsaufenthalte grundsätzlich vorsehen.

✓ Wohin Sie sich mit Fragen zur Thematik Ausbildung im Ausland wenden können.

Handlungsfeld 3

Ausbildung durchführen

- Start in die Ausbildung
- Grundlagen der Lernpsychologie
- Führungsstil und Führungsmittel
- Methodische Aspekte der Handlungskompetenz
- Veränderungen in der Arbeitsorganisation
- Am Arbeitsplatz ausbilden
- Gruppen- und teamorientierte Ausbildungsmethoden
- Medien und Präsentationstechniken in der Ausbildung
- Lernschwierigkeiten und Verhaltensauffälligkeiten
- Soziale und persönliche Entwicklung Auszubildender fördern
- Lernerfolgskontrollen in der Ausbildung
- Zwischenprüfung
- Beurteilen
- Kulturelle Unterschiede

**Handlungsfeld 3:
Ausbildung durchführen**

Ausbildung, geprägt vom gesellschaftlichen Wandel

Der schnelle gesellschaftliche und technologische Wandel verlangt von Arbeitnehmern, Ausbildern und Auszubildenden ständige Anpassung an sich ändernden Bedingungen. Permanente Lernprozesse sind erforderlich. Das Wissen – insbesondere das berufliche – veraltet schnell. In immer kürzeren Abständen muss neues Wissen aufgenommen werden, Lerninhalte werden abstrakter. Betriebliche Ausbildung muss sich diesem Wandel stellen und sich den Erfordernissen des Marktes anpassen.

Kundenorientierung und Teamarbeit stehen im Vordergrund des unternehmerischen Denkens und Handelns. Handlungsabläufe in Unternehmen sind vielfach so komplex, dass ein Einzelner alle Details kaum mehr bewältigen kann. Nur durch effiziente Zusammenarbeit aller Beteiligten an einem Produkt, einer Entwicklung oder einem Projekt können Synergieeffekte entstehen. Hierdurch ist es möglich, dass die Gesamtleistung besser ist als die Summe der Einzelleistungen.

Organisationsformen wie Projekt- und Teamarbeit stellen hohe Anforderungen an kommunikative Kompetenz und Koordinationsfähigkeit. Teamarbeit ist nicht durch Einzelkämpfertum sondern das Zusammenspiel von Mitarbeitern, die um ihre Stärken und Schwächen wissen und sich gegenseitig im Team ergänzen, geprägt.

Ob für die Heranbildung der erforderlichen Qualifikationen neue Lernformen notwendig sind? Nicht unbedingt. Oftmals reicht es, Lernaufträge offener zu gestalten, so dass sie mehr Eigenständigkeit und Entscheidungskompetenz zulassen. Manchmal genügt es, bisher praktizierte Methoden um den Faktor Selbstkontrolle zu erweitern. Auch in Kleinstbetrieben lassen sich Kundenaufträge zu Ausbildungsprojekten umgestalten und durchführen.

Moderne Ausbildungsordnungen reagieren auf die Anforderungen der Wirtschaft: Sie beinhalten neben einem breiten Fachwissen auch fachübergreifende Aspekte und außerfachliche Elemente (Schlüsselqualifikationen). Betriebe, die auf „Hochleistungsteams" bauen, müssen in der Ausbildung verstärkt ein Augenmerk auf Gruppen-, Projekt- und Teamarbeit richten. Kommunikations- und Kooperationsfähigkeit sind rechtzeitig heranzubilden. Abteilungsegoismen und Einzelkämpfertum sind entgegenzusteuern.

Ausbilder müssen sich diesen Anforderungen stellen. Es erfordert Mut, den Auszubildenden etwas mehr loszulassen, durch Anwendung entsprechender Methoden und Sozialformen den „Teamarbeiter" für das Unternehmen zu kreieren. Soziales Lernen steht dabei im Vordergrund. Will der Ausbilder eigenständig agierende Mitarbeiter, muss er Freiräume in der Ausbildung vorsehen. Der Rollenwandel von der „allwissenden Fachkraft" zum „Lernbegleiter und Moderator" ist eine wichtige Voraussetzung. Moderne Ausbildungsmethoden, wie Projektarbeit und Leittextmethode zu beherrschen, gehören ebenso zum Repertoire eines guten Ausbilders, wie die Fähigkeit erfolgreich zu kommunizieren und durch geschickte Fragestellungen die Auszubildenden bei ihren Problemlösungen voranzubringen.

Auch bei noch so viel Eigenständigkeit im Lernprozess, Lernerfolgskontrollen sind nach wie vor wichtig. Sie unterstützen Ausbilder und Auszubildenden auf dem Weg zum Ausbildungsziel. Sie zeigen auf, wo die Stärken des Auszubildenden, aber auch seine Schwachpunkte liegen. In Beurteilungsgesprächen werden diese erörtert und zu Zielen für den nächsten Ausbildungsabschnitt definiert.

Immer wieder treten bei Lernprozessen Störungen auf. Ausbilder und Auszubildende haben mit Lernschwierigkeiten zu kämpfen, Lernen wird durch Verhaltensauffälligkeiten beeinflusst. Immer häufiger machen ausländische Jugendliche eine Ausbildung. Kulturelle Unterschiede, verschiedene Sozialisationsprozesse der Jugendlichen beeinflussen die Ausbildung. Das sind für den Ausbilder ebenso Herausforderungen wie die Probleme von Jugendlichen mit Alkohol- und Drogenkonsum. All das kann Einfluss auf die Lehr- und Lernprozesse in der Ausbildung haben, der Ausbilder muss diese Probleme meistern.

Der Start in die Ausbildung

In diesem Handlungsfeld erfahren Sie,
- was beim Start in die Ausbildung zu beachten ist,
- Wichtiges über Grundlagen der Lernpsychologie,
- wie sich Führungskompetenz auf die Ausbildung auswirkt,
- wie erfolgreiche Kommunikation abläuft,
- wie Ausbildungsziele und -methoden voneinander abhängen,
- wie sich gesellschaftliche, wirtschaftliche und technologische Veränderungen auf die Ausbildung auswirken,
- warum Lernen am Arbeitsplatz für die Entwicklung der beruflichen Handlungskompetenz immens wichtig ist,
- wie man Lernprozesse in der Ausbildung gestalten muss, um erfolgreich zu sein,
- warum Moderieren zum Repertoire eines Ausbilders gehören muss,
- welche Rolle Medien um Lernprozess spielen
- wie bei Lernschwierigkeiten und Verhaltensauffälligkeiten unterstützt wird,
- wie Gruppen in Gesellschaft und Unternehmen aufgebaut sind und funktionieren,
- wem und wozu Lernerfolgskontrollen dienen,
- wie Prüfungen als Element der Rückmeldung dienen,
- wie Beurteilungssysteme und -gespräche zu gestalten sind, damit sie zum Erfolg der Ausbildung beitragen und
- warum die Entwicklung interkultureller Kompetenz von Bedeutung ist.

Durchführung der Ausbildung: in diesem Handlungsfeld erhalten Sie alle dafür wichtigen Informationen.

Handlungsfeld 3:
Ausbildung durchführen

Der Start in die Ausbildung

**Die „erste Schwelle":
Ein schwieriger Schritt für die neuen Auszubildenden**

Sind alle Formalitäten erledigt, alle gesetzlichen und sonstigen Vorschriften beachtet, kommt ein weiterer wesentlicher Punkt für eine erfolgreiche Ausbildung: Die Einführung der neuen Auszubildenden in den Betrieb.

Alles ist jetzt anders als in der Schule. Der Wechsel von der bisher „heilen" Welt, in der alles schön geordnet und strukturiert ablief, in die unbekannte Realität einer Berufsausbildung bedeutet für Jugendliche eine große Umstellung. Es gilt, sich an einen anderen Tagesablauf zu gewöhnen, mit neuen Lehr- und Lernformen fertig zu werden, sich in ein anderes Gruppen- und Führungsgefüge einzuordnen. Ein Arbeitstag hat jetzt 7 bis 9 Stunden und eine andere als die bisher gewohnte Pausengestaltung. In den Betrieben herrscht Teamarbeit vor.

Die Auszubildenden müssen sich an neue Regeln und Tagesabläufe erst gewöhnen

Die grundlegendste Änderung, die eine Ausbildung für die Jugendlichen mit sich bringt, ist die starre Bindung an Zeit und Ort. Die relative Freiheit der Gestaltung des Tagesablaufes weicht einem festgelegten immer gleichen Tagesrhythmus. Zudem bleibt wegen des geringeren Freizeitanteiles weniger Zeit für Hobbys, Freunde und Bekannte. Hierauf müssen sich die Ausbildungsanfänger erst psychisch und physisch einstellen.

Die Einführung planen

Projektteams zur Planung und Gestaltung von Einführungsveranstaltungen haben sich bewährt

In der Praxis hat sich der „sanfte" Übergang vom Schulalltag in das Berufsleben bewährt. Die Jugendlichen sollten langsam den Betrieb und ihre Bezugspersonen kennen lernen. Als sinnvoll hat sich erwiesen, ein Projektteam zu gründen, welches eine „Einführungswoche" oder – in kleinen Betrieben – auch nur eine Einführungsveranstaltung plant und gestaltet. Positive Wirkung auf die „Neuen" hat die Beteiligung von Auszubildenden älterer Ausbildungsjahrgänge oder Mitarbeitern, die gerade oder vor nicht allzu langer Zeit ihre Ausbildung im Betrieb abgeschlossen haben. Solche Personen können sich am besten in die Situation der Ausbildungsanfänger versetzen. Zu ihnen können die „Neuen" schnell ein Vertrauensverhältnis aufbauen.

Die Auszubildenden benötigen Zeit für die Erledigung eigener Angelegenheiten

Nicht zu vergessen bei solchen Einführungsveranstaltungen ist genügend Zeit für Angelegenheiten, die die Jugendlichen noch zu erledigen haben. Es müssen z.T. noch Unterlagen für die Personalverwaltung beschafft werden. Zu Beginn der Ausbildung muss auf jeden Fall Zeit für solche Eventualitäten eingeplant werden.

Unfallverhütung

Der hohen Bedeutung der Unfallverhütung wird Rechnung getragen: Die Auszubildenden sind vor Beginn der Ausbildung darüber aufzuklären

Die Unfallverhütung hat im heutigen Betriebsalltag eine besondere Bedeutung. Der Ausbildungsbetrieb ist verpflichtet, die Auszubildenden vor Beginn der Ausbildung über gesundheitliche Gefährdungen, denen sie während der Ausbildung ausgesetzt sind, aufzuklären und über Unfallschutzvorschriften zu unterweisen. Jugendliche sind mit den Gefahren in der Arbeitswelt noch nicht vertraut, der Ausbildungsbetrieb muss daher auf diesen Aspekt besonderen Wert legen.

Das Arbeitsschutzrecht umfasst die Gesamtheit aller Rechtsvorschriften, die den Arbeitnehmer vor den Gefahren schützen sollen, die ihm in der besonderen Situation des Betriebes durch Überforderung, Unfallgefahren, Klima, Lärm und andere Umwelteinflüsse drohen.

siehe BGB § 618

Privatrechtlich (Arbeitsvertrag) hat der Arbeitgeber die Verpflichtung, umfassende Schutzmaßnahmen zu ergreifen (§ 618 BGB). Darüber hinaus hat aber der Gesetzgeber zahlreiche gesetzliche Regelungen in Form von Gesetzen und Verordnungen erlassen. Die Einhaltung dieser Bestimmungen wird durch staatliche Aufsichtsbehörden (Gewerbeaufsichtsamt, Berufsgenossenschaften) überwacht und bei Verstößen sanktioniert.

siehe JArbSchG und AZG

Neben den gesetzlichen Bestimmungen des JArbSchG und des ArbZG gibt es eine Reihe weiterer Bestimmungen zum Gefahren- und Unfallschutz im Betrieb.

Der Start in die Ausbildung

Der Unternehmer muss

- für unfallsichere Betriebsanlagen sorgen,
- seine Mitarbeiter über Unfallgefahren belehren und
- Vorkehrungen treffen, um bei Unfällen Hilfe leisten zu können.

Auf die Einhaltung von Unfallverhütungsvorschriften ist ständig zu achten

Die Probezeit

Die Probezeit bietet beiden Vertragspartnern die Möglichkeit, ihre Berufsausbildungsentscheidung noch einmal eingehend zu überprüfen:

- Für den Auszubildenden bietet sie Gelegenheit, seine Entscheidung für einen bestimmten Beruf und Betrieb zu überprüfen und ggf. zu korrigieren.
- Für den Ausbildenden besteht die Möglichkeit, die Eignung des Auszubildenden für die angestrebte Ausbildung zu überprüfen und ggf. die Bewerberauswahl nachträglich zu korrigieren.

Probezeit dient der Überprüfung der Ausbildungsentscheidung

Planung und Durchführung der Probezeit

In vielen Betrieben bleiben die neuen Auszubildenden direkt in der ersten Ausbildungsabteilung. Auf diese Weise kann die Probezeit nicht in ihrem eigentlichen Sinne genutzt werden.
Der Auszubildende muss in der Probezeit möglichst viele der berufstypischen Aufgaben kennen lernen. Sie sollte einen Querschnitt der gesamten Ausbildungszeit repräsentieren. Nur so kann er – und damit auch seine Ausbilder – abschätzen, ob er die richtige Berufs- und Betriebswahl getroffen hat.
Besonders wichtig in der Probezeit ist aus diesen Gründen die genaue Beobachtung und Beurteilung des Auszubildenden. Jeder Ausbilder sollte während der Probezeit einen – einheitlichen – Beobachtungsbogen konsequent für jeden Auszubildenden führen. Vor Ende der Probezeit kann so ein schlüssiges und dokumentiertes Bild vom Auszubildenden erstellt werden. Durch dieses Vorgehen erfahren die Auszubildenden frühzeitig ihre Stärken und Schwächen. Im Falle der Beendigung der Ausbildung in der Probezeit können dem Jugendlichen aufgrund der Beobachtungen der Ausbilder Hinweise für seinen weiteren Berufsweg gegeben werden.
Auch wenn die Trennung hart erscheint, in dieser Phase der Ausbildung ist es für alle Betroffenen das Beste, eine Ausbildung zu beenden, wenn eindeutig feststeht, dass Betrieb und/oder Beruf und Auszubildender nicht zueinander passen.

Zur effektiven Nutzung der Probezeit muss der Auszubildende die Möglichkeit haben, möglichst viele berufsspezifische Tätigkeiten kennen zu lernen

In der Probezeit ist Beobachtung und Beurteilung der Auszubildenden besonders wichtig.

Dauer der Probezeit

§ 20 BBiG legt eindeutige Grenzen für die Dauer der Probezeit fest, die weder über- noch unterschritten werden dürfen. Abweichende Vereinbarungen im Berufsausbildungsvertrag sind nichtig.
Zeitlich und sachlich ist die Probezeit Bestandteil des Berufsausbildungsverhältnisses.

siehe BBiG § 20

Wird die Ausbildung während der Probezeit um mehr als ein Drittel der vorgesehenen Zeit unterbrochen (z.B. durch ärztliches Attest nachgewiesene Krankheit des Auszubildenden), kann die Probezeit um den Zeitraum der Unterbrechung verlängert werden. Nach einem Urteil des Bundesarbeitsgerichtes (BAG) aus dem Jahre 1981 ist es zulässig, eine solche Vereinbarung in den Berufsausbildungsvertrag aufzunehmen, sie widerspricht nicht § 25 BBiG.
Hat allerdings der Ausbildende die Unterbrechung der Ausbildung durch ein vertragswidriges Verhalten selbst herbeigeführt, kann er sich auf eine solche Vereinbarung zur Verlängerung der Probezeit nicht berufen.

Verlängerung der Probezeit ist in Ausnahmefällen möglich

Handlungsfeld 3:
Ausbildung durchführen

Kündigung während der Probezeit

siehe BBiG § 22

Während der Probezeit kann das Berufsausbildungsverhältnis jederzeit ohne Einhaltung einer Kündigungsfrist und ohne Angabe von Gründen gekündigt werden (§ 22 Abs. 1 BBiG). Der Gesetzgeber zieht die Grenze bei einer sittenwidrigen Kündigung, z.B. wenn Betriebe regelmäßig einstellen und die Auszubildenden dann während der Probezeit wieder kündigen.

Kündigung vor Beginn der Probezeit

Kündigung vor Beginn des Ausbildungsverhältnisses wird behandelt wie eine Kündigung während der Probezeit

Manchmal unterschreibt ein Ausbildungsaspirant mehrere Ausbildungsverträge und kündigt dann noch vor Beginn der Ausbildung alle bis auf einen. Zweifelsfrei ist, dass in allen Fällen ein Ausbildungsvertrag zustande gekommen ist.
Es stell sich die Frage: Kann ein Ausbildungsvertrag vor Beginn der Probezeit gekündigt werden?

Das BBiG oder andere Gesetze regeln diesen Sachverhalt nicht. Das Bundesarbeitsgericht hat dazu in einem Urteil aus dem Jahre 1987 drei Leitsätze formuliert:

> Ein Berufsausbildungsverhältnis kann bereits vor dessen Beginn ohne Frist ordentlich gekündigt werden, ohne dass hierfür ein Grund hätte vorliegen müssen.

> Unzulässig ist die ordentliche Kündigung vor Antritt der Berufsausbildung allerdings dann, wenn sie von den Vertragsparteien ausdrücklich ausgeschlossen worden ist oder wenn sich aus ihren Abreden oder den für die Auslegung verwertbaren Umständen ergibt, dass sie während der Probezeit eine bestimmte befristete feste Bindung angestrebt haben.

> Eine derartige Bindung darf sich allerdings nicht zum Nachteil des Auszubildenden auswirken.

Kündigung nach Ablauf der Probezeit

Nach der Probezeit ist eine Kündigung durch den Ausbildenden nur noch schwer möglich

siehe BGB § 623

Wegen der Bedeutung der beruflichen Ausbildung steht das Ausbildungsverhältnis unter dem besonderen Schutz des Gesetzgebers. Eine ordentliche Kündigung gesteht dieser nur dem Auszubildenden in zwei genau definierten Fällen zu). Der Ausbildende hat unter normalen Umständen keine Möglichkeit, das Ausbildungsverhältnis durch ordentliche Kündigung zu beenden. Aufgrund der Vertragsfreiheit können jedoch beide Vertragspartner jederzeit in gegenseitigem Einvernehmen das Ausbildungsverhältnis beenden (Auflösungsvertrag). Allerdings schreibt § 623 BGB zwingend die Schriftform solcher Verträge vor. Minderjährige brauchen die Einwilligung des gesetzlichen Vertreters.

Die fristlose Kündigung - Kündigung aus wichtigem Grund

Bei der Durchführung des Berufsausbildungsverhältnisses können Umstände auftreten, unter denen einem der Vertragspartner eine Fortsetzung nicht zuzumuten ist. Fachleute sprechen von einem „wichtigen Grund", der eine fristlose Kündigung ermöglicht.

siehe Grundsatzurteil des BAG

Bevor es zur „Ultima Ratio", der fristlosen Kündigung kommt, ist wegen der besonderen Bedeutung des Berufsausbildungsverhältnisses eine gütliche Einigung anzustreben (Grundsatzurteil des Bundesarbeitsgerichts). Das Gericht verlangt bei verhaltensbedingten Kündigungen als „letztes Mittel" i.d.R. die Erfolglosigkeit vorausgegangener milderer Maßnahmen.

Der Start in die Ausbildung

Sie wissen jetzt, ...
- ✓ dass der Start in die Ausbildung für beide Seiten eine wichtige Grundlage für eine erfolgreiche Ausbildung darstellt.
- ✓ wie Sie den Start in die Ausbildung zweckmäßig gestalten können.
- ✓ dass die Unfallverhütung einen bedeutenden Stellenwert bei der Ausbildung einnimmt.
- ✓ welche Bedeutung die Probezeit für beide Vertragsparteien hat.
- ✓ was bei Kündigungen vor und während der Probezeit zu beachten ist.
- ✓ unter welchen Bedingungen Sie auch nach der Probezeit das Ausbildungsverhältnis beenden können und welche Besonderheiten bei einer fristlosen Entlassung zu beachten sind.

Handlungsfeld 3: Ausbildung durchführen

Grundlagen der Lernpsychologie

Das Lernen von Fachwissen allein reicht heute nicht mehr. Wichtiger ist das Erlernen von Techniken, um sich ständig neues Wissen anzueignen

Jeder Ausbilder steht vor der Frage, wie schaffe ich es, meine Auszubildenden dazu zu bringen, den für ihre Ausbildung notwendigen Stoff möglichst schnell und sicher zu erlernen, ihn zu behalten und dann auf andere Situationen zu übertragen. Dazu reicht es nicht, den Auszubildenden fachliches Wissen zu vermitteln. Fachwissen veraltet in einer Zeit schnellen technologischen und organisatorischen Fortschritts sehr rasch. Das Wissen über Arbeitsinhalte und -techniken muss ständig erneuert werden. Für Auszubildende wird es immer wichtiger das Lernen zu erlernen.

Dabei tauchen im wesentlichen drei Fragen auf:
- Was ist eigentlich Lernen?
- Was bewirkt Lernen?
- Was wirkt auf den Lernprozess ein?

Definition des Lernbegriffs

Lernen: Erwerb von Kenntnissen und Fertigkeiten

Im Allgemeinen versteht man unter Lernen den Erwerb von Kenntnissen und Fertigkeiten. Zum Begriff Lernen gibt es eine Fülle von Definitionen. Wem nützt es, sie zu kennen, zu vergleichen oder gar auswendig zu wissen? Trotzdem ist es sinnvoll, sich auf einige griffige Definitionen zu einigen.

Diese Definition reicht aber für die Belange der betrieblichen Ausbildung nicht aus. Die Informationstheorie bezeichnet Lernen als eine Veränderung des Verhaltens aufgrund neuer Informationen. Das bedeutet, das Individuum verhält sich nach einem Lernprozess anders als vorher. Es begründet oder interpretiert einen Sachverhalt anders, es kann mehr Verantwortung zeigen, ein Schaltelement reparieren oder eine Zeichnung lesen.

Bei dieser Definition sind alle Formen des Lernens, die auf Reifung, Wachstum, klimatische Einflüsse oder Reflexion beruhen, ausgeschlossen.
Lernen kann als Prozess beschrieben werden, durch den ein Organismus sein Verhalten als Resultat von Erfahrung ändert.

Verhalten: Ein umfassender Begriff

Was ist in diesem Zusammenhang unter Verhalten zu verstehen?
Verhalten ist die allgemeine Bezeichnung für die Gesamtheit aller beobachtbaren, feststellbaren oder messbaren Aktivitäten des lebenden Organismus. Meist aufgefasst als Reaktionen auf bestimmte Reize und Reizkonstellationen, mit denen der Organismus in experimentellen oder alltäglichen Situationen konfrontiert wird.

Bedingungen des Behaltens und Vergessens

In allen pädagogischen Lernmodellen spielt das Gedächtnis eine bedeutende Rolle. Es muss mit all seinen Funktionen eingesetzt werden.

Zur besseren Anschaulichkeit hat sich in der Praxis ein Drei-Speicher-Modell des Gedächtnisses (Ultra-Kurzzeit, Kurzzeit- und Langzeitgedächtnis) durchgesetzt.

Grundlagen der Lernpsychologie

Das Drei-Speicher-Modell

Über die Sinnesorgane einfließende Informationen

- Wahrnehmungsspeicher
- Ultra-Kurzzeit-Gedächtnis
- 1. Filter
- Kurzzeitgedächtnis
- 2. Filter
- Langzeitgedächtnis

Nur besonders hervorgehobene Informationen können die Filter passieren und gelangen auf die nächste Stufe.

Hervorgehoben werden Informationen durch:
- Interesse / Emotionen
- Assoziationen / Sinnhaftigkeit
- Lernaktivitäten (z.B. Wiederholen)

nach Gerrit Hoberg

Filter spielen bei der Informationsspeicherung im menschlichen Gehirn eine bedeutende Rolle

Das Ultra-Kurzzeit-Gedächtnis (Wahrnehmungsspeicher)

Alle aus der Umwelt durch unsere Sinne (Sehen, Hören, Fühlen, Schmecken, Riechen) aufgenommenen Informationen kreisen zunächst in Form von elektrischen Strömen und/oder Schwingungen im Gehirn und lassen dort für Sekunden Bilder entstehen.

Der Ausbilder muss wissen, dass immer dann, wenn Neugierde, Interesse, positive Einstellungen, Anreize und Faszination beim Lernprozess dabei sind, Informationen besser behalten werden. Die Chance, dass sie den ersten und zweiten Filter passieren und damit dauerhaft gespeichert werden, ist höher.

Ultra-Kurzzeit-Gedächtnis: Nur flüchtige Eindrücke

Das Kurzzeitgedächtnis (Kurzzeitspeicher)

Informationen, die im Wahrnehmungsspeicher – sozusagen dem „Pförtner" des menschlichen Gedächtnisses – hervorgehoben wurden, landen über den 1. Filter im Kurzzeitgedächtnis. Die hier entstehenden Verbindungen sind noch nicht dauerhaft. Das bedeutet, die Informationen können nach wenigen Minuten oder auch Stunden unwiderruflich vergessen oder gelöscht werden.

Dem Vergessen entgegen wirkt ein weiteres Hervorheben und Wachhalten von Informationen.

Kurzzeitgedächtnis: Eine wichtige Stufe im Lernprozess

Handlungsfeld 3:
Ausbildung durchführen

Das Langzeitgedächtnis (Langzeitspeicher)

Das Langzeitgedächtnis: Dort gespeicherte Informationen gehen nicht mehr verloren

Informationen, mit denen sich das Individuum länger und intensiv beschäftigt, werden im Gehirn als chemische Verbindung aufgebaut. Diese Informationen sind im Langzeitgedächtnis gelandet. Sie werden dauerhaft – oft lebenslang – behalten.
Gehirnforscher gehen davon aus, dass nur gehirnorganische Schäden (Gehirnverletzungen) zum tatsächlichen Verlust dieser Informationen führen.

Es kann geschehen, dass dauerhaft gespeicherte Informationen durch mangelnde Übung und Wiederholung „verschüttet" werden.

Jeder kennt die Situation, man versucht verzweifelt, sich an einen Namen zu erinnern, der einem aber im Moment partout nicht einfallen will. Der Mensch glaubt, sich nicht mehr zu erinnern, tatsächlich sind die Informationen lediglich zurzeit nicht abrufbar.
Die Grafik zeigt, wie Frederic Vester den Behaltensprozess erklärt.

Informationen	Ultra-Kurzzeit-gedächtnis	Kurzzeit-gedächtnis	Langzeit-gedächtnis
Quellen: von außen: Sinneswahrnehmungen von innen: Gedanken, Gefühle	Speicherart: Elektrische Schwingungen, Ionenströme (Nervenimpulse)	Speicherart: Nukleinsäuren-Kette (RNS), die wieder zerfällt	Speicherart: Eiweiß-Moleküle und ihre feste Einlagerung
	Dauer: Sekunden	Dauer: Minuten	Dauer: Stunden bis Jahre
	Erlischt: durch Überlagerung mit neuen Informationen, starke Nervenreizung	Erlischt: wenn Wiederholung und Sinnverbindung ausbleibt, durch schweren Schock	Erlischt: eigentlich nie, wird jedoch überdeckt, wenn Wiederholung und Anwendung ausbleiben

Quelle: Gerrit Hoberg

Vergessen ist nicht gleich Vergessen

Ob Informationen wirklich vergessen werden, hängt davon ab, in welchem Maße die Informationen ins Gedächtnis eindringen konnten

Aus der Eigenheit der drei Gedächtnisstufen (Ultrakurzzeit-, Kurzzeit- und Langzeitgedächtnis) erklärt sich, dass es unterschiedliche Arten von Vergessen gibt.
- Das unwiderrufliche Vergessen von Informationen im Ultrakurzzeitgedächtnis
- Ein langsames Verblassen von Informationen im Kurzzeitgedächtnis
- Ein Vergessen als „Nicht-mehr-Finden" von dauerhaft gespeicherten, aber zugeschütteten Informationen im Langzeitgedächtnis.

Die Nutzung von „Speicherhilfen" erleichtert das dauerhafte Behalten von Lerninhalten

Ein Ausbilder, der die wichtigsten „Speicherhilfen" kennt und nutzt, kann davon ausgehen, dass „sein" Lehrstoff dauerhaft behalten wird. Die Informationen werden verstärkt und im Langzeitgedächtnis gespeichert durch Wiederholung oder Vertiefung.

Auch das passive Wissen gehört zum Wissensbestand eines Auszubildenden. Mit Hilfe von Assoziationen, Wiederholungen und Lernzielkontrollen kann passives Wissen aktiviert und aktualisiert und für weitere Lernprozesse genutzt werden. Die Tagesleistungskurve wie die Beachtung des Lerntyps spielt dabei eine wichtige Rolle.

Grundlagen der Lernpsychologie

Lernfördernde Bedingungen

1. Beachtung biologischer Gegebenheiten (Tagesleistungskurve)

Eine wichtige Rolle bei Lernprozessen kommt der Leistungskurve des Menschen zu. Es ist allgemein bekannt, dass man nicht zu jeder Tageszeit gleichermaßen leistungsfähig ist. Die Leistungsfähigkeit ist abhängig von der Tageszeit aber auch von der körperlichen und seelischen Verfassung.

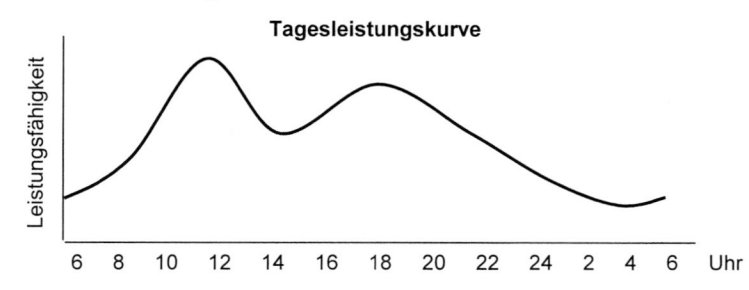

Tagesleistungskurve

Im Tagesverlauf schwankt die physiologisch vorgegebene Leistungsbereitschaft des Menschen.

Die Beachtung der Tagesleistungskurve sichert Lernerfolge

Neben der Tagesleistungskurve müssen für einen optimalen Lernerfolg die Gesetzmäßigkeiten psychischer Ermüdung beachtet werden:

- Ermüdung nimmt stärker zu, je länger eine Tätigkeit bei bereits eingetretener Ermüdung noch ausgeführt wird.
- Erholung tritt bereits beim Wechsel zu einer andersartig belastenden Tätigkeit ein.
- Erholung ist zu Beginn einer Pause am stärksten, sie nimmt mit zunehmender Dauer der Pause ab (lohnende Pausen).
- Mehrere kurze Pausen verhindern Ermüdung besser, als eine oder wenige lange.

2. Optimale Lernwiederholung

Bekannt aus den Mechanismen des Vergessens ist, dass nicht „herausgehobene" Informationen nur schwer ins Langzeitgedächtnis gelangen. Sie werden vergessen oder gelöscht. Das Gegenmittel: Wiederholung und Übung verbessern den Lernerfolg.

Wiederholung und Übung verbessert den Lernerfolg

3. Beachtung von Lerntypen

Nicht jeder Mensch lernt gleich. Der eine kann Aufgaben durch Nachschlagen in der Literatur lösen, ein anderer braucht Hilfestellung durch jemanden, der ihm die Lösung vormacht. Vor allem im Zusammenhang mit den verschiedenen Eingangskanälen, durch welche Informationen aufgenommen werden, ist häufig von Lerntypen die Rede. Allgemein wird gesagt, dass Menschen, die besondere Stärken für bestimmte Lernwege entwickelt haben, einen bestimmten Lerntyp verkörpern.

Je nach Lerngewohnheiten unterscheidet man verschiedene Lerntypen

Lerntyp	Informationsaufnahme vorwiegend durch:
➢ visueller Lerntyp	Auge (Sehen)
➢ auditiver Lerntyp	Ohr (Sprache, Hören)
➢ haptischer/motorischer Lerntyp	Handlung (selber machen)

Die Mehrheit der Menschen verkörpert nun allerdings keinen reinen Lerntyp der genannten Art, sie sind „Mischtypen", die für die eine oder andere Art der Informationsaufnahme Vorlieben entwickelt haben.

Die meisten Menschen sind „Misch-Lerntypen" mit Schwerpunkt auf dem visuellen Lerntyp

Handlungsfeld 3:
Ausbildung durchführen

Unstrittig ist auch, dass die visuellen überwiegen. Dafür gibt es eine einleuchtende Erklärung. Das Auge (also der optische Kanal) kann pro Zeiteinheit die meisten Informationen aufnehmen.

Zuflussmenge der Sinnesorgane

Optischer Kanal	Akustischer Kanal	Taktiler Kanal	Andere Kanäle
10 Millionen bit/s	1 Million bit/s	400.000 bit/s	5.000 bit/s

→ Wahrnehmungsspeicher / Ultra-Kurzzeit-Gedächtnis

Der optische Kanal hat die größte Aufnahmekapazität

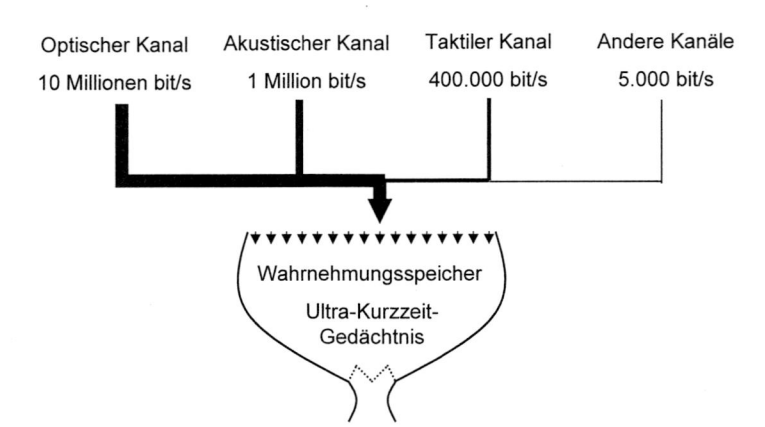

Es wird vermutet, dass das visuelle Speichersystem des menschlichen Gehirns eine größere Zuflussgeschwindigkeit und Aufnahmekapazität hat als der verbale Speicher. Außerdem werden visuelle Informationen vermutlich in zwei verschiedenen Speichern abgelegt.

Das alles hat natürlich Konsequenzen für jegliche Lernsituation, also auch für die Arbeit mit Auszubildenden:

Die Nutzung unterschiedlicher Eingangskanäle beim Lernprozess erhöhen den Lernerfolg

> Die Lern- und Behaltensleistung von Menschen ist im Durchschnitt dann am besten, wenn an einer Informationsübermittlung mehrere Eingangskanäle beteiligt sind.

Die Möglichkeiten, in Unterweisungs- oder Lernsituationen mehrere Eingangskanäle anzusprechen, sind im Zeitalter von Multimedia besser denn je. Neben den traditionellen Mitteln wie Buch und Tafel stehen heute Overheadprojektor, Video-Beamer, PC, Flip-Chart und viele andere Medien in der Ausbildung zur Verfügung.

4. Störungen bei der Informationsspeicherung

Die Informationsspeicherung im Gehirn ist abhängig von äußeren Ereignissen. Tagesleistungskurve, Ermüdungsprozesse und Biorhythmus beeinflussen den Lernvorgang.
Daneben existieren Faktoren, die die Informationsaufnahme hemmen können. Dies sind u.a.

Lernhemmungen beeinträchtigen die Informationsaufnahme beim Lernprozess

- psychische Lernhemmung (z.B. Angst, Stress),
- zeitliche Hemmung (z.B. Lernstoff in zu geringen Abständen),
- Ähnlichkeitshemmung (z.B. ähnliche Inhalte zu dicht hintereinander).

Grundlagen der Lernpsychologie

Lerntheorien (Exkurs)

Lerntheorien versuchen Kenntnisse bzw. Auffassungen über das Lernen in einem einheitlichen System zusammenzufassen und somit Randbedingungen für weitere didaktische Überlegungen abzustecken. Diese Randbedingungen sind als Grundsatz für die Gestaltung jeglicher Lehr- und Lernsituationen zu verstehen.

Kenntnis lerntheoretische Ansätze als Grundlage für die Gestaltung von Lernprozessen

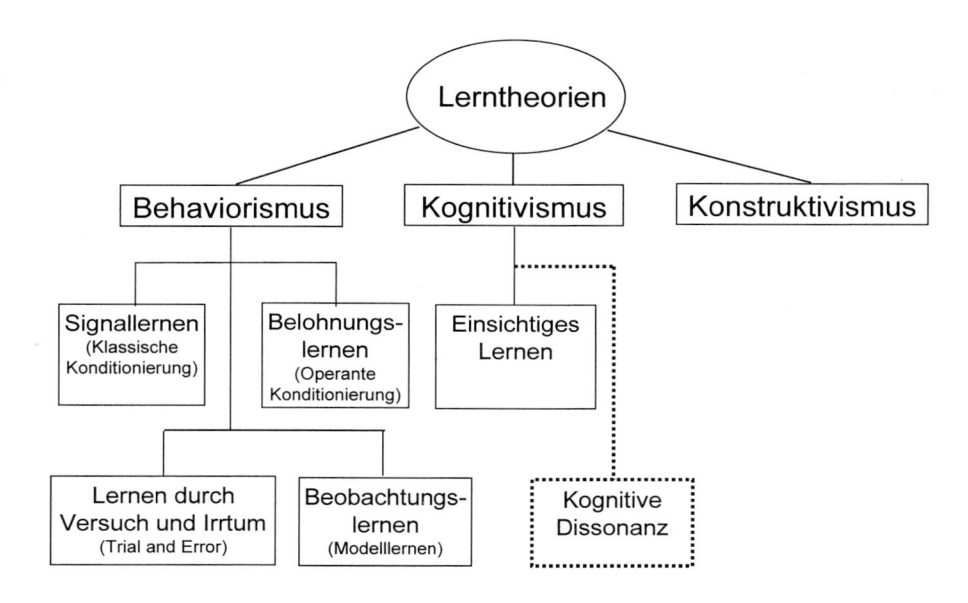

```
                        Lerntheorien
              ┌──────────────┼──────────────┐
        Behaviorismus   Kognitivismus   Konstruktivismus
          ┌─────┴─────┐        │
    Signallernen  Belohnungs-  Einsichtiges
    (Klassische    lernen         Lernen
 Konditionierung) (Operante
               Konditionierung)
      ┌─────────┴─────────┐          ┊
 Lernen durch        Beobachtungs-   Kognitive
 Versuch und Irrtum    lernen        Dissonanz
 (Trial and Error)  (Modelllernen)
```

Bei der Gestaltung von Lernsituationen spielen besonders drei grundlegende Positionen eine Rolle:

> **Der Behaviorismus** (engl. behavior = Verhalten):

Die Grundidee der behavioristischen Lerntheorie geht davon aus, dass sich der komplexe Vorgang des Lernens aus einfachen, isoliert ablaufenden Prozessen aufbaut. Durch kleine Lernschritte, die erfolgreich zu bewältigen sind, wird sukzessive ein Gesamtzusammenhang aufgebaut. Der Erfolg des Lernens ist nicht auf im Gehirn ablaufende, spezifische Prozesse zurückzuführen, vielmehr auf Rückschlüsse aus dem Probierverhalten (Versuch und Irrtum):
- Verhaltensweisen, denen befriedigende Zustände folgen, werden wiederholt.
- Verhaltensweisen, denen unerwünschte Zustände folgen, werden vermieden.

Kleine Lernschritte, Belohnungen und Vorbildfunktionen sind wichtige Elemente im Lernprozess

In den Grundgedanken computerunterstützter Lernformen (CUL) spiegeln sich Aspekte dieser lerntheoretischen Ansätze wieder. Der Grundsatz, Gesamtzusammenhänge durch das erfolgreiche Bewältigen kleiner Lernschritte zu verstehen, findet im Rahmen von Lernsoftware seine Anwendung.

> **Der Kognitivismus**

Hier stehen beim Lernen die geistigen Prozesse des Menschen, insbesondere das Begründen und das logische Denken im Vordergrund. Lernen erfolgt nicht in kleinen Lernschritten, sondern durch selbständiges und bewusstes Denken. Das Denken stützt sich dabei auf in der Vergangenheit gewonnenes Wissen und kombiniert dieses mit neuen Informationen: Neues Wissen wird erworben.

Lernen ist ein bewusster Prozess, der Neues mit bereits Bekanntem verknüpft

Handlungsfeld 3:
Ausbildung durchführen

**Neuerer Ansatz:
Jeder Mensch konstruiert sein subjektives Wissen ständig neu**

> **Der Konstruktivismus**
> Konstruktivismus ist keine Lerntheorie im eigentlichen Sinne. Es handelt sich um einen Ansatz, der die Erkenntnisse verschiedener wissenschaftlicher Disziplinen wie Hirnforschung, Neurobiologie, Kognitionspsychologie, Linguistik und Informatik miteinander verbindet.
> Die konstruktivistische Lerntheorie geht von einem subjektiven Wissen aus. Im Kern sagt diese Theorie, dass Wissen als Prozess und Produkt von jedem Menschen persönlich individuell konstruiert wird. Neben den kognitiven Aspekten des Lernens spielen die Umwelt, in der sich das Individuum reflektierend bewegt, Gefühle und persönliche Identifikation beim Wissenserwerb eine maßgebende Rolle.
> Einer der bekanntesten Vertreter dieses Ansatzes ist der amerikanische Psychologe Paul Watzlawick.

Lernen funktioniert auf unterschiedliche Art und Weise und ist von den individuellen Voraussetzungen abhängig

Für den Nicht-Wissenschaftler ist es wichtig zu wissen, dass Lernen als vielschichtiger Prozess auf unterschiedlichste Art und Weise ablaufen kann. Die aufgeführten Theorien – und diese sind nur ein kleiner repräsentativer Querschnitt – treffen sicherlich, wie man an den aufgeführten Beispielen leicht nachvollziehen kann, auf die eine oder andere Lernsituation zu. Eine dieser Theorien zu generalisieren hieße, Lernen bzw. Lernprozesse stark zu vereinfachen. Das Wissen um die verschiedenen Lerntheorien ist wichtig für die Planung und Gestaltung von Unterweisungen.

Sie wissen jetzt, ...
- ✓ was unter Lernen zu verstehen ist.
- ✓ wie das menschliche Gedächtnis funktioniert und Lerninhalte gespeichert werden.
- ✓ was man gegen das Vergessen von Lerninhalten tun kann.
- ✓ wie Sie lernfördernde Bedingungen in Ausbildungsprozessen schaffen.
- ✓ welche Lerntypen es gibt und warum das bei Lernprozessen wichtig ist.
- ✓ welche Störungen beim Lernprozess auftreten können und wie Sie diesen begegnen müssen.
- ✓ einiges über die wichtigsten Lerntheorien, deren Erkenntnisse in der Ausbildung von Bedeutung sind.

Führungsstile und Führungsmittel

Das soziale Miteinander ist ein hoher Erfolgsfaktor im Rahmen der Ausbildung.

Führungsstil des Ausbilders

Neben dem Lernen selbst kommt bei Lehr- und Lernsituationen der Lehrende (Ausbilder) ins Spiel. Er und sein Führungsstil (Ausbildungsstil) stellt eine wichtige Komponente bei jeglichem Unterricht bzw. Unterweisung dar. Es stellt sich das Problem, wie soll er führen? Auch dies kann Auswirkungen auf Lernverhalten und das soziale Miteinander haben. Natürlich spielt der Führungsstil auch beim Umgang mit Lernschwierigkeiten und Verhaltensauffälligkeiten eine entscheidende Rolle.

Grundlage für das Führungsverhalten sind u.a. die Wertschätzung bzw. Geringschätzung gegenüber den Auszubildenden und das Maß an Freiräumen, das der Ausbilder seinen Auszubildenden lässt.

Das konkrete Verhalten in den genannten Dimensionen prägt den Führungsstil des Ausbilders. Die Wissenschaft hat versucht, die verschiedenen Verhaltensweisen von Führungspersonen, Ausbildern usw. in Führungsstilen zusammenzufassen. Man unterscheidet im wesentlichen drei Führungsstile:

- den autoritären,
- den demokratischen und
- den laissez-faire Stil.

Der autoritäre Führungsstil

Auch bekannt als autokratischer oder dirigistischer Führungsstil. Ausbilder mit diesem Führungsstil haben in etwa das folgende Bild von ihren Auszubildenden:

Der autoritäre Führungsstil setzt auf Befehl und Gehorsam

- Der durchschnittliche Auszubildende hat eine angeborene Abneigung gegen Arbeit und Lernen. Er versucht sich davor zu drücken, wann immer dies möglich ist.
- Aufgrund dieser Arbeits- und Lernunlust muss der Mensch durch Lenkung, Führung, Zwang und letztlich auch Sanktionen zur Erreichung seiner Ziele bewegt werden.
- Der durchschnittliche Auszubildende möchte lieber gelenkt werden, als selbständig Verantwortung zu übernehmen. Er hat wenig Ehrgeiz und ist vor allem auf Sicherheit bedacht.

Folge ist: Entscheidungen werden vom Ausbilder getroffen, Absprachen sind überflüssig. Gehorsam und striktes Befolgen von Anweisungen sind Grundlage dieser Vorstellung von Unterweisung und Anleitung. Beiträge der Auszubildenden werden nicht aufgenommen, ja sogar unterdrückt. Das Interesse der Auszubildenden wird erstickt.

Andererseits kann dieser Führungsstil für Ordnung und Disziplin sorgen, den Auszubildenden maximale Lernzeit zugestehen. Eigenständiges Lernen und Arbeiten im Sinne einer beruflichen Eigenständigkeit und Handlungskompetenz können sich in diesem Lernklima nicht entwickeln.

Handlungskompetenz kann sich bei den Auszubildenden nur schwer entwickeln

Handlungsfeld 3:
Ausbildung durchführen

Der demokratische Führungsstil

Der demokratische Führungsstil geht von einem positiven Menschenbild aus

Diesem Führungsstil (auch partnerschaftlicher oder kooperativer Führungsstil genannt) liegt ein positives Menschenbild zugrunde:

> Der Auszubildende ist Arbeit und Lernen gegenüber weder negativ noch positiv eingestellt. Er entwickelt seine Einstellung aufgrund seiner individuellen Erfahrungen.
> Der Auszubildende ist leistungsbereit und bereit seine Begabungen zu erkennen und zu entwickeln. Er will Verantwortung übernehmen und sich für Ziele einsetzen.
> Der Auszubildende benötigt Hilfen, damit er seine Anlagen und Fähigkeiten erkennt und weiterentwickeln kann.

Die Folge: Der Ausbilder nimmt den Auszubildenden als Menschen und Sozialpartner ernst. Das Gefälle zwischen beiden wird so weit wie möglich aufgehoben. Beiträge der Auszubildenden werden aufgenommen und bearbeitet, ja sie werden gerade dazu angehalten, eigene Ideen zu entwickeln. Das erhöht Interesse und Motivation der Auszubildenden und führt sie zur Selbstständigkeit.

Ein demokratischer Führungsstil führt bei mündigen Auszubildenden zu den besten Ergebnissen

Dieser Führungsstil ist sehr zeitaufwendig, zurückhaltende Auszubildende können ihn benachteiligt werden. Eine besondere Herausforderung für den Ausbilder besteht darin, dass er sich auf die Anforderungen und Wünsche der Auszubildenden einlässt, sich den wechselnden Bedingungen anpasst und Lernen eher moderierend begleitet anstatt zu dirigieren.

Der Laissez-faire-Führungsstil

Der Laissez-faire-Führungsstil birgt für alle Beteiligten große Chancen aber auch Gefahren

Ausbilder mit einem solchen Führungsstil gehen davon aus, dass die Auszubildenden ihre Ausbildung weitgehend allein organisieren können, nicht ständig „regiert" werden müssen. Dieser Stil steht im Grunde im krassen Gegensatz zum autoritären. Wird die daraus resultierende Toleranz falsch verstanden, kann dieser Führungsstil leicht in Gleichgültigkeit umschlagen. Die Einstellung des Ausbilders ist dann gleichzusetzen mit Interesselosigkeit. Ist das der Fall, kann von einem Führungsstil nicht mehr gesprochen werden. Dieser Führungsstil erfordert von den Auszubildenden ein hohes Maß an Selbstverantwortung und Selbststeuerung.

Negativ betrachtet schieben Ausbilder, die ein solches Verhalten an den Tag legen, Entscheidungen häufig lange auf, überlassen sie vielleicht vollständig Anderen. Delegieren bedeutet für sie, Sachen loszuwerden, Gespräche mit Auszubildenden sind oft lästig, werden für überflüssig gehalten.

Dieser Führungsstil kann leicht zu Unordnung führen. Die Auszubildenden verlieren die Orientierung, Lernergebnisse leiden darunter.
Richtig angewandt kann er jedoch den Ausbilder entlasten und den Auszubildenden große Chancen eröffnen, sich zu entwickeln, selbstständiges und selbstverantwortliches Lernen fördern.

Führungsstile und Führungsmittel

Gibt es den richtigen Führungs- (Ausbildungs-)stil?

Die Frage nach dem „richtigen" oder angemessenen Führungsstil kann nicht ohne weiteres beantwortet werden. Es braucht nicht extra begründet zu werden, dass der demokratische oder ein moderater Laisser-faire Führungsstil besonders erstrebenswert sind und bei der Unterweisung wahrscheinlich die größten Erfolge bringt.

Den richtigen Führungsstil gibt es nicht

Bei der praktischen Anwendung gibt es für jeden Führungsstil eine gewisse Bandbreite. So kann der demokratische Stil durchaus autoritäre Elemente enthalten und der autoritäre partnerschaftliche. Auch kann es sein, dass einige Auszubildende sehr wohl mit dem Laisser-faire-Stil zurechtkommen, während andere „autoritärer" angefasst werden müssen. Unterschiedliche Situationen und Personen erfordern auch verschiedene Führungsstile. Am erfolgreichsten sind Ausbilder, die ihren Führungsstil der jeweiligen Situation anpassen, man spricht von einem personen- und situationsgerechten Führungsstil – und das ist häufig eine Mischung aus den beschriebenen Führungsstilen.

Unterschiedliche Situationen erfordern angemessenes Führungsverhalten

Wichtig in diesem Zusammenhang: Ein Ausbilder wirkt nur, wenn er „er selbst" ist. Der Ausbilder muss zu seiner eigenen Authentizität finden, seiner Mentalität, seinem Temperament entsprechend agieren. Er sollte nicht versuchen, Verhaltensweisen zu übernehmen, die nicht zu seinem Naturell passen. Er muss sich über die Konsequenzen seines Verhaltens, seiner Schwächen und Stärken, auf den Lernprozess im Klaren sein.

Führungsmittel

Die Führungsstile, die mehr die personenbezogenen Eigenschaften des Ausbilders formulieren, wirken sich auch auf die Anwendung der Führungsmittel, d.h. das jeweilige situationsabhängige Führungsverhalten aus. Führungsmittel dienen in der Ausbildung nicht nur zur Erreichung der fachlichen Ziele der Ausbildung, sondern auch dazu, den Jugendlichen zu einem selbstständigen, kooperativen, mitdenkenden und mitverantwortlichen Mitarbeiter zu erziehen. Falsch angewendet führen sie zu Lernschwierigkeiten und Verhaltensproblemen.

Der Führungsstil hat Auswirkungen auf die eingesetzten Führungsmittel

Beispiele für Führungsmittel sind:
- Motivation
- Aufträge, Gebote und Verbote
- Kontrolle, Lob und Tadel

Erfolgreich kommunizieren in der Ausbildung

Kommunikation ist das A und O in der Ausbildung. Ohne sie läuft nichts: Keine Fachinformationen, keine Diskussionen, keine Zusammenarbeit in Projekten, kein Feedback, keine soziale Integration und keine Konfliktlösungen.

Der Austausch von Informationen bringt einer Gruppe/einem Team Orientierung und Stabilität. Anerkennung, Motivation aber auch konstruktive Kritik sind für betriebliche Ausbildung und Integration im Arbeitsteam immens wichtig. Der Aufbau eines Beziehungsnetzes ist ohne Kommunikation undenkbar.

Kommunikation sorgt für den Informationsaustausch und die soziale Integration im Betrieb

Kommunikation sollte nicht nur auf sachlich-arbeitsspezifische Aspekte reduziert werden. Viel wichtiger für die soziale Integration sind die „privaten Gespräche" in den Pausen mit anderen Auszubildenden und Mitarbeitern. Kommunizieren heißt im betrieblichen Zusammenhang, informiert sein und diese Informationen zur Bewältigung der Aufgaben gezielt einzusetzen. Kommunikation fördert den Zusammenhalt in der Gruppe und hilft Arbeitsabläufe zu koordinieren. Über Kommunikation lässt sich zudem Zuneigung oder Ablehnung ausdrücken.

Handlungsfeld 3:
Ausbildung durchführen

Störungen im Kommunikationsprozess: Die Ursachen können vielfältig sein

Die zwischenmenschliche Kommunikation ist nicht nur für Auszubildende schwer zu durchschauen. Störungen, die im Kommunikationsprozess auftreten, haben viele Ursachen:

- Ängste
- Neid
- Fehlwahrnehmungen
- Egoismus

So motivierend und belebend eine funktionierende Kommunikation für die Arbeit in der Ausbildungsgruppe ist, so störend und hemmend können sich Kommunikationsstörungen auswirken. Sie machen die Zusammenarbeit zur Qual und minimieren die Arbeitsergebnisse und die Arbeitszufriedenheit. Für den Ausbilder ist es sehr wichtig darüber Bescheid zu wissen,

- welche Probleme die Kommunikation und somit die Zusammenarbeit in der Gruppe/im Team beeinträchtigen,
- wie er die Kommunikationsprozesse in der Gruppe fördern kann und
- wie er sich selbst durch Beachtung der wichtigsten Kommunikationsregeln bei Kurzvorträgen, Lehrgesprächen, Diskussionen oder Moderationen geschickt in Szene setzen kann.

Sich verständlich ausdrücken will gelernt sein. Kommunikation ist abgesehen von den Monologen unserer Politiker keine Einbahnstraße. Kommunikation ist das Wechselspiel zwischen einem Sprecher und einem Zuhörer oder allgemein ausgedrückt zwischen einem Sender und einem Empfänger.

Jede Nachricht hat vier Seiten

Mit nonverbalen Botschaften (Gestik, Mimik, siehe Exkurs) wird das gesprochene Wort zusätzlich verstärkt.

Die vier Seiten einer Nachricht:

Sachinhalt („Es ist")
Sprecher (Sender) — Selbstoffenbarung („Ich bin") — Nachricht — Appell („Ich will, du sollst") — Zuhörer (Empfänger)
Beziehung („Du bist, wir sind")

nach Schulz von Thun

Jeder sieht es anders: Subjektive Eindrücke spielen in der Wahrnehmung eine große Rolle

Subjektive Eindrücke spielen bei der Kommunikation eine große Rolle. Die gesamte Wahrnehmung und somit das Ergebnis aller individuellen Erfahrungen, Einstellungen und Werte basiert hierauf. Jeder nimmt Signale anders auf. Was der eine als freundliches Lächeln interpretiert, kann ein anderer als hämisches Grinsen auffassen.

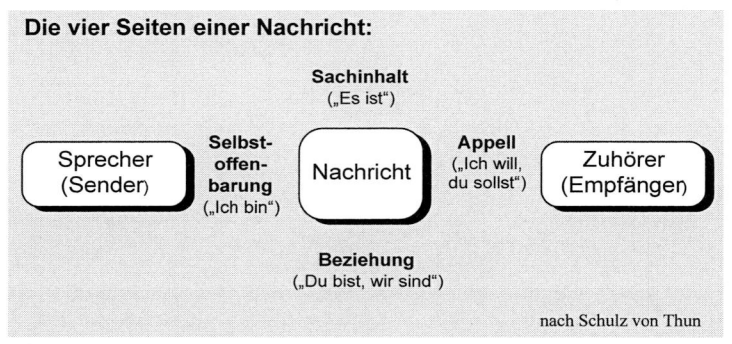

Menschen nehmen mit Vorliebe Informationen auf, die ihre Vorinformationen bestätigen. Dabei spielt die eigene Norm als Wertmaßstab eine wichtige Rolle.
Die Kenntnis typischer Wahrnehmungs- und Beurteilungsfehler hilft dem Ausbilder, Gesprächssituationen genauer zu analysieren und die eigene „vorgefertigte Meinung" nochmals zu überdenken und gegebenenfalls zu revidieren.

Regeln für eine erfolgreiche Kommunikation in der Ausbildung

Wer erfolgreich kommunizieren will, muss diese Regeln beherrschen

Kommunikation ist in Betrieb und Ausbildung ein zentrales Element. Erfolgreich kommunizieren heißt Regeln zu kennen, die es einem ermöglichen, Wissen, Einstellungen und Verhalten zu vermitteln. Der Ausbilder soll auch in Sachen „Kommunikation" Vorbild sein. Wie er Kollegen anspricht, wie er Diskussionen und Mitarbeitergespräche führt, sind für Auszubildende Anhaltspunkte, an denen sich Nachahmung orientiert.

Führungsstile und Führungsmittel

Wichtige Kommunikationsregeln sind:

- richtig zuhören
- verständlich formulieren
- positiv formulieren
- Killerphrasen vermeiden
- Feedback geben und nehmen

Sie wissen jetzt, ...
- wie der Führungsstil des Ausbilders die Ausbildungssituation beeinflusst und welche Führungsstile für die Ausbildung förderlich sind.
- wie der Ausbilder Führungsmittel zielgerichtet einsetzt.
- dass man nicht „nicht kommunizieren" kann.
- warum Kommunikation in Betrieben so wichtig ist und weshalb Störungen im Kommunikationsprozess auftreten können.
- warum jede Nachricht vier Seiten hat.
- dass Wahrnehmung subjektiv ist und von den eigenen Normen, Werten und Erwartungen abhängt.
- welche Regeln eine erfolgreiche Kommunikation fördern.
- warum es wichtig ist, die richtigen Fragen zu stellen.

**Handlungsfeld 3:
Ausbildung durchführen**

Methodische Aspekte der Handlungskompetenz

Gibt es die richtige Methode?

Die Fachkraft der Zukunft ist durch die zunehmende Automatisierung immer weniger in den unmittelbaren Arbeitsprozess eingebunden. Sie übernimmt vermehrt planerische, vorbereitende, überwachende und korrigierende Aufgaben.
Dieser Trend der Relativierung des Fachlichen stellt auch die herkömmlichen Unterweisungs- und Vermittlungsformen in Frage.

Durch eine verstärkte Ausrichtung auf die berufliche Handlungskompetenz und eine Fokussierung auf Methoden des Selbstgesteuerten oder Selbstorganisierten Lernens wird der Eindruck erweckt, andere Formen der Unterweisung und Qualifizierung sind für die betriebliche Praxis ungeeignet.

Die Kehrseite der Medaille: Selbstbestimmende Lernformen sind zeit- und kostenaufwändig

Fest steht, dass sich Ausbildung ausschließlich über autonome Lernformen nicht realisieren lässt. Zu zeit- und kostenaufwendig sind diese Methoden, zu wenig sind sie, teilweise aus organisatorischer Sicht, für kleine und mittlere Betriebe geeignet.

In der pädagogischen Diskussion macht es deshalb wenig Sinn, sich über geeignete und ungeeignete Methoden zu streiten. Welche Methoden im Rahmen der Ausbildung in einem Betrieb zum Einsatz kommen, ist abhängig von

Auch die Betriebsgröße spielt bei der Wahl der Methode eine entscheidende Rolle

> den Lernzielen und den Lerninhalten.
> der Größe des Betriebes, und
> den Rahmenbedingungen.

Hieraus ergibt sich, ob eher selbstständig oder instruiert, individuell oder in Gruppen, am Arbeitsplatz, arbeitsplatznah oder im Unterrichtsraum oder der Lehrwerkstatt ausgebildet wird.

Um verstärkt die Eigenaktivität des Auszubildenden anzusprechen, ist es sinnvoll, die betrieblichen Ausbildungsmethoden nach dem Grad der „Aktivierung" der Auszubildenden zu systematisieren.

Strukturierung der Methoden nach dem Aktivitätsgrad des Auszubildenden:
> Ausbilderzentrierte Methoden (darbietend-erklärend)
> Methoden mit verteilter Aktivität (fragend-erarbeitend)
> Lerner orientierte Methoden (suchend-entwickelnd-gestaltend)

siehe HF 3, Seite 112

Das zentrale Ziel der Ausbildung, die Fähigkeit zum selbstständigen und eigenverantwortlichen Handeln, kann nur mit Methoden erreicht werden, die das Einüben dieser Selbstständigkeit erlauben.

Die „Erfolgsmethode" gibt es nicht

Die betriebliche Erfahrung zeigt, dass es „die Methode" zur Förderung der Selbstständigkeit nicht gibt. Zu unterschiedlich sind neben den betrieblichen Gegebenheiten auch die individuellen Ausgangsbedingungen und Potentiale der Auszubildenden. So kann eine Überbetonung der Formen des Selbstgesteuerten und Selbstorganisierten Lernens Leistungsschwächere überfordern.

Methodische Aspekte der Handlungskompetenz

Methoden		
ausbilderzentrierte Methoden		**lernerorientierte Methoden**
darbietend-erklärend	fragend-erarbeitend	suchend-entwickelnd-gestaltend
• Vortrag • Vorlesung • Demonstration • Vormachen • Lehrgespräch (Frage-Antwort-Lehrgespräch) --- 4-Stufen-Methode	• Diskussion • Brainstorming • Mind-Mapping • Meta-Plan-Methode • Lehrgespräch (Impulsgebendes Lehrgespräch)	• Diskussion • Rollenspiel • Planspiel • Fallmethode/-studie • Einzelarbeit • Partnerarbeit • Gruppenarbeit • Selbststudium • Programmiertes L. • • CBT --- - Projekt - Leittext-Methode

✎ **Methoden in Struktur und Überblick**

Man muss sich bewusst machen, dass auf Selbstständigkeit ausgerichtete Methoden als Reaktion auf die relative Praxisferne der Ausbildung in Lehrwerkstätten entwickelt wurden. Die stärker arbeitsplatzbezogene Ausbildung in kleinen und mittleren Betrieben hat durch die praktische Mitarbeit von jeher Spielraum für Selbstständigkeit gelassen.

✎ **Auch lernen am Arbeitsplatz fördert Selbstständigkeit und soziale Kompetenz**

Der Ausbilder weiß, dass eine qualifizierte Ausbildung nur über einen wohlabgestimmten Methodenmix erreicht werden kann.
Die Bedingungen des Betriebes und des Auszubildenden müssen dabei ebenso Berücksichtigung finden, wie die in den Ausbildungsordnungen enthaltenen Lernziele und -inhalte.

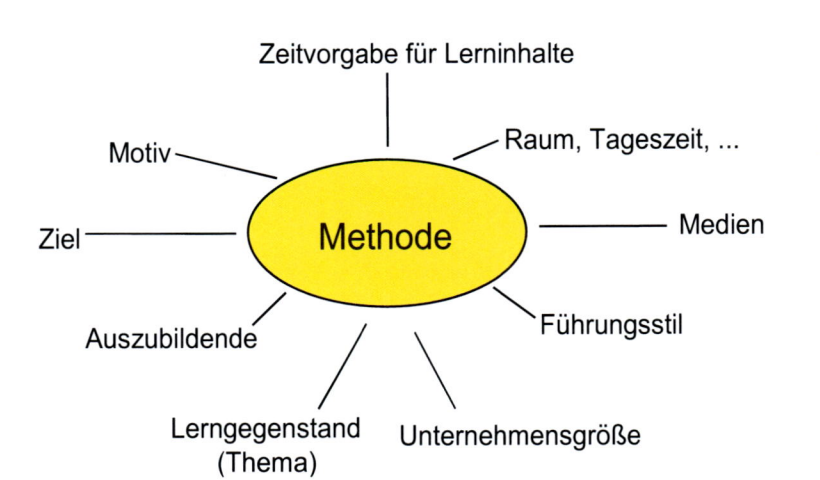

Einflussfaktoren auf die Methode: Zeitvorgabe für Lerninhalte, Raum/Tageszeit, Medien, Führungsstil, Unternehmensgröße, Lerngegenstand (Thema), Auszubildende, Ziel, Motiv.

✎ **Gute Ausbilder setzen auf einen Methodenmix**

Dabei ist von Fall zu Fall zu prüfen, welche Methode in der jeweiligen Situation am besten geeignet erscheint. So werden, wenn es um die reine Vermittlung fachlicher Grundlagenkenntnisse und -fertigkeiten geht, eher ausbilderzentrierte Methoden eingesetzt. Je mehr Sozial- und Methodenkompetenz bei der Erreichung der Lernziele erforderlich sind, je fortgeschrittener die Ausbildungszeit ist, desto wichtiger ist es Lerner orientierte, die Aktivität fördernde Methoden einzusetzen.

✎ **Jede Situation erfordert ihre Methode**

Handlungsfeld 3:
Ausbildung durchführen

Die richtige Gestaltung von Lernprozessen - Grundlagen des Lernens

Für den Ausbilder reicht es nicht, viel über die Lerntheorien und Prozesse bei der Informationsverarbeitung zu wissen, wichtig ist für ihn die Kenntnis, welche konkreten Maßnahmen er treffen kann, um Auszubildenden das Lernen zu erleichtern.

So lernt man richtig:
- Motivation
- Strukturierung
- Visualisierung

Aus den Erkenntnissen der Lerntheorien lassen sich Hilfen ableiten, die den Auszubildenden unterstützen neuen Lernstoff zu verarbeiten und zu behalten. Gerrit Hoberg spricht in diesem Zusammenhang von den Speicherhilfen:

➢ Motivation,
➢ Strukturierung und
➢ Visualisierung.

Diese Speicherhilfen werden von verschiedenen Autoren zu Didaktischen Lernmodellen verknüpft, die das Verständnis von Lerntheorie und Praxis (Wie mache ich es?) vereinen.

Motivation, die Basis des Lernerfolgs

Das Motiv:
Die Grundlage jeglichen Denkens und Handelns

Motivation ist der Antrieb, der Motor für Lernprozesse. Ohne Motivation sind Lernerfolge eher unwahrscheinlich. Fehlt beim Auszubildenden das Interesse, ist kein Anreiz vorhanden, wird er kaum aktiv werden, um die Lösung einer Aufgabe anzugehen.

Aus pädagogischer Sicht ist es unerlässlich, zu Beginn eines Lernprozesses für Motivation zu sorgen. Wird Lernen mit einem Erfolgserlebnis abgeschlossen, ist die Motivation für die nächste Lerneinheit höher.

Bei der Lernmotivation spielen folgende Fragen eine Rolle:
➢ Reizt mich das überhaupt?
➢ Macht mir das Freude?
➢ Bringt mir das etwas?
➢ Fühle ich mich dabei wohl?
➢ Ist die Aufgabe zu leicht?
➢ Ist die Aufgabe für mich lösbar?

Von ihrer Beantwortung hängt entscheidend ab, ob beim Auftreten von „Schwierigkeiten" aufgegeben oder durchgehalten wird.

Strukturierung des Lernstoffes - Ohne Struktur entsteht Chaos im Kopf

Es ist unerlässlich, den Lernverlauf zu planen, dem Stoff eine Struktur zu geben. Im Kurzzeitgedächtnis ist relativ wenig Speicherplatz vorhanden. Man spricht davon, dass lediglich 7 Informationseinheiten gleichzeitig Platz finden. Deshalb gilt es, diesen begrenzten Speicherplatz optimal auszunutzen.

Unser Gehirn braucht Ordnung

Der Ausbilder muss den Lernstoff in einen übersichtlichen Aufbau bringen, damit Informationen nicht isoliert bleiben. Günstig ist es, zusammengehörende Dinge in kleinen „Wissenspäckchen" darzubieten. Sie müssen so gestaltet sein, dass der Auszubildende eine transparente Ordnung erkennen kann.

Methodische Aspekte der Handlungskompetenz

Bei der Strukturierung des Stoffes spielt auch der Faktor Zeit eine wichtige Rolle. Neuere Forschungen haben ergeben, dass Vermittlungsphasen nicht zu lang, aber auch nicht zu kurz sein dürfen. Sind sie

- zu lang, entstehen Langeweile, Desinteresse, Abschalten.
- zu kurz, kommen leicht Hektik, Unruhe und Überforderung auf.

Den Aktivitätenwechsel kann der Ausbilder durch den Einsatz verschiedener Lehr- und Sozialformen sicherstellen. So greifen Vier-Stufen-Methode, Fallmethode, aber auch Leittext und Projekt die Grundsätze wechselnder Aktivitäten auf.

Lernen erfordert Abwechslung

Pädagogische Prinzipien - Faustregeln zur Gestaltung der Ausbildung

Die Arbeitswelt ist kompliziert und in vielen Bereichen abstrakt. Viele Erkenntnisse sind deshalb für die Auszubildenden nicht unmittelbar oder funktional zu gewinnen. Sie müssen systematisch gelernt werden. Wie funktioniert z.B. ein Computer? Wie führe ich ein Beratungsgespräch? Wie sind rechtliche Bestimmungen anzuwenden?

Sachverhalte sind in der Realität häufig zu unübersichtlich und kompliziert, als dass Auszubildenden sie als Einheit erfassen könnten. Es ist sinnvoll einzelne Teile herauszulösen, den Sachverhalt zu vereinfachen, ihn in einzelne Schritte zu zerlegen. Erst zu einem späteren Zeitpunkt werden die Teilstücke wieder zu einer Einheit zusammengeführt.

Pädagogische Prinzipien sind „Faustregeln", die bei der Gestaltung von Lernprozessen zu beachten sind. Sie helfen, den Lernstoff zu strukturieren und so darzubieten, dass Lernerfolg sichergestellt ist.

Pädagogische Prinzipien	
Zielrichtung:	- Vom Bekannten zum Unbekannten - Vom Konkreten zum Abstrakten - Vom Speziellen zum Allgemeinen
Motivierung:	- Praxisnähe - Aktualität - Methoden/Medienwechsel
Strukturierung:	- Stufigkeit - Zergliederung in Arbeits- bzw. Lernschritte - Vom Einfachen zum Schwierigen - Anschaulichkeit / Visualisierung
Aktivierung:	- Selbstständiges Arbeiten - Individualisierung
Angemessenheit:	- Jugendgemäßheit - Verständlichkeit - Differenzierung (z.B. verschiedene Lerntypen berücksichtigen) - Gedächtnisleistungen beachten
Erfolgssicherung/Kontrolle:	- Erfolgssicherung - Wiederholung - Übung

Wer diese Faustregeln beachtet, kommt nicht nur gut bei Jugendlichen an

Handlungsfeld 3:
Ausbildung durchführen

Visualisierung von Informationen - Überblick und Verständnis entsteht

Ein Bild sagt mehr als 1000 Worte, heißt es im Volksmund. Bekanntermaßen ist es günstig, Informationen über möglichst viele Eingangskanäle anzubieten. Bei der Informationsaufnahme spielt der jeweilige Lerntyp eine Rolle, doch unabhängig davon sind die visuellen Hilfen die wirksamsten Verständnisträger. Und das nicht zuletzt, weil die Aufnahmekapazität des Auges am größten ist.

Unser Gehirn erfasst Informationen als Ganzes: Darum sagt man, „ein Bild sagt mehr als 1.000 Worte"

Visualisierung hat eine weitere Funktion: sie strukturiert den Lernstoff und erleichtert so die Informationsaufnahme ins Langzeitgedächtnis.

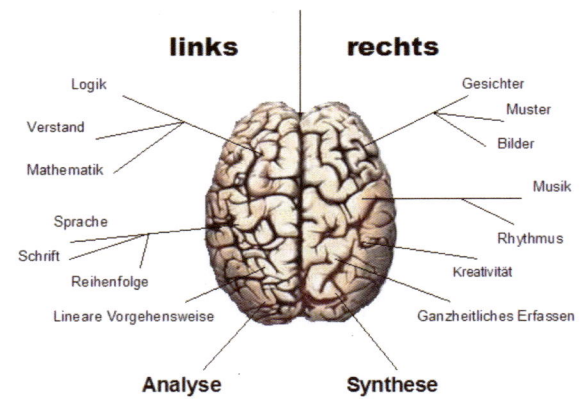

Unser Gehirn speichert Informationen nicht immer so, dass der Mensch sie problemlos wieder auffindet. Andererseits ist diese Unordnung Voraussetzung für Kreativität, weil hierdurch stets neue Informationsverknüpfungen stattfinden.

Werden die Informationen strukturiert aufgenommen, erleichtert dies das Auffinden.

Bei herkömmlichen Arten des Lernens steht das logische und lineare Denken im Vordergrund. Hierbei wird lediglich die linke Hirnhälfte beansprucht. Das steht im Widerspruch zu den Grundmustern der Wahrnehmung, die sich beim Menschen ab dem frühesten Kindesalter herausbilden.

Beide Gehirnhälften anzusprechen heißt, Lernprozesse effizient gestalten

Werden Lernprozesse ganzheitlich gestaltet, fördert dies das Zusammenwirken beider Hirnhälften. Die rechte Hirnhälfte verarbeitet bildhaft dargestellte Information wesentlich schneller. Die linke Gehirnhälfte ist auf logisch-analytische Vorgänge spezialisiert. Die systematische Aktivierung beider Hirnhälften bei Lernprozessen erhöht die Effizienz von Lernprozessen. Sie lässt sich gut durch farbige Schaubilder, Videosequenzen oder animierte Präsentationen erreichen. Eine weitere Möglichkeit zum hirngerechten Lernen bietet das Mind-Mapping (Gedächtniskarte). Es ermöglicht das strukturierte Darstellen von Gedanken und Gedankenkomplexen.

Lernziele als Grundlage des Lernprozesses

Kurzdefinition Lernziel: Was, wie, woran messbar

Lernziele sind die führende Größe im Lernprozess. Sie beschreiben in eindeutiger Weise das angestrebte (beobachtbare) Ergebnis eines Lernprozesses. Lernziele müssen nach Mager drei Kriterien erfüllen:

- ➢ was: (Schriftliche) Beschreibung/Bestimmung dessen, was der Auszubildende am Ende der Lerneinheit können bzw. beherrschen soll.
- ➢ ☐ wie: Festlegung der Bedingungen für die geforderte Leistung (welche Hilfsmittel sind erlaubt, welche nicht).
- ➢ woran messbar: Festlegung von Beurteilungsmaßstäben:
  - Zeit, in welcher das Endverhalten gezeigt werden soll,
  - geforderte Mindestleistung (in Prozent der Gesamtleistung),
  - Qualität der Leistung (z.B. Vergleiche finden, ...).

Methodische Aspekte der Handlungskompetenz

Lernerfolge sind nur dann sicherzustellen, wenn die Lernziele für den Auszubildenden erreichbar sind. Darüber hinaus müssen Lernziele operationalisierbar (nachprüfbar) sein. Bei der Formulierung von Lernzielen muss der Ausbilder daher folgende Punkte festlegen:

> **Was sind eigentlich Lernziele?**
> Es war einmal ein Seepferdchen, das eines Tages seine sieben Taler nahm und in die Ferne galoppierte, sein Glück zu suchen.
> Es war noch gar nicht weit gekommen, da traf es einen Aal, der es ansprach: „Pst. Hallo Kumpel! Wo willst Du hin?"
> „Ich bin unterwegs, mein Glück zu suchen," antwortete das Seepferdchen stolz.
> „Da hast Du's ja gut getroffen" sagte der Aal, „für vier Taler kannst Du diese schnelle Flosse haben, damit kommst Du viel besser voran."
> „Ei, das ist ja prima" sagte das Seepferdchen, bezahlte, zog die Flosse an und glitt mit doppelter Geschwindigkeit von dannen.
> Bald kam es zu einem Schwamm, der sagte: „Pst, hallo Kumpel! Wo willst Du hin?"
> „Ich bin unterwegs mein Glück zu suchen," antwortete das Seepferdchen.
> „Da hast Du's ja gut getroffen" sagte der Schwamm, „für ein kleines Trinkgeld überlasse ich Dir dieses Boot mit Düsenantrieb; damit könntest Du viel schneller reisen."
> Da kaufte das Seepferdchen von seinem letzten Geld das Boot und sauste mit fünffacher Geschwindigkeit durch das Meer.
> Bald traf es auf einen Haifisch, der fragte: „Pst. Hallo Kumpel! Wo willst Du hin?"
> „Ich bin unterwegs, mein Glück zu suchen," antwortete das Seepferdchen.
> „Da hast Du's ja gut getroffen. Wenn Du diese kleine Abkürzung machen willst," sagte der Haifisch und zeigte auf seinen geöffneten Rachen, „sparst Du eine Menge Zeit."
> „Ei, vielen Dank," sagte das Seepferdchen und sauste in das Innere des Haifisches.
> Die Moral der Geschichte: Wenn man nicht genau weiß, wohin man will, landet man leicht da, wo man gar nicht hinwollte.
>
> Nach Mager

Wer möchte schon ein Seepferdchen sein?

Gliederung von Lernzielen (Lernzielniveau)

Lernziele haben unterschiedliche Abstraktionsebenen. Diese definieren den Genauigkeitsgrad. Werden z.B. in einem Lehrplan nur Richtlernziele genannt, bleiben dem Ausbilder für seine eigene Planung und Durchführung wesentlich mehr Spielräume, als wenn exakt beschriebene Feinlernziele vorgegeben sind.

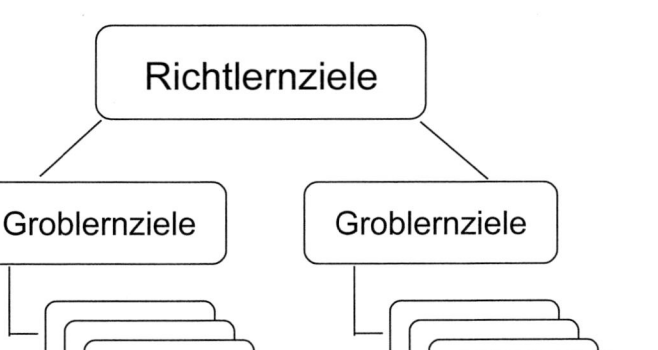

Lernzielniveau: Vom Abstrakten zum Konkreten

```
              Richtlernziele
              /           \
      Groblernziele    Groblernziele
         |                  |
     Feinlernziele      Feinlernziele
```

> Richtlernziele sind allgemeine, übergeordnete Ziele. Sie haben meist einen geringen Grad an Eindeutigkeit und lassen dem Ausbilder den größten Spielraum. Ihre Vermittlung ist während der gesamten Ausbildung anzustreben.

> Groblernziele sind in aller Regel im jeweiligen Ausbildungsrahmenplan festgeschrieben. Gewisse Spielräume für die Umsetzung der Lerninhalte sind vorhanden. Grobziele sind Ausgangspunkt jeder Ausbildungskonzeption.

> Feinlernziele ergeben sich durch Differenzierung aus Groblernzielen. Sie regeln Detailbereiche, haben eine eindeutige Formulierung und lassen dem Ausbilder - soweit sie bereits im Ausbildungsplan formuliert sind - nur noch geringen Ermessensspielraum. Feinlernziele geben i.d.R. exakt an, welche Lerndimensionen (kognitive, affektive, psychomotorische) im Lernprozess verstärkt angesprochen werden.

Handlungsfeld 3:
Ausbildung durchführen

Wir lernen mit Kopf, Herz und Hand

Lernzielbereiche/Lerndimensionen

Gelernt wird mit Kopf, Herz und Hand. Je nachdem, ob das Lernen rein theoretische, soziale oder praktische Aspekte beinhaltet, lassen sich Lernziele fest definierten Bereichen zuordnen.

Die einzelnen Bereiche hängen eng miteinander zusammen. Lernen erfolgt nie eindimensional. Häufig sind alle Bereiche an einem Lernprozess beteiligt.

Für den Lernerfolg ist es günstig, wenn möglichst alle Bereiche aktiviert werden. Eine gängige Einteilung bei Lernzielen ist die in

> ➢ kognitive (das Denken, Wissen, Problemlösungen, die Kenntnisse und intellektuelle Fähigkeiten, also den „Kopf" betreffend),
> ➢ affektive (Einstellungen, Werte, Interessenlagen, Bereitschaft etwas zu tun oder zu lassen, also das „Herz" betreffend) und
> ➢ psychomotorische (praktische Fähigkeiten, Fertigkeiten - manuell -, also die „Hand" betreffend).

Lernzielstufen geben vor, wie intensiv ein Thema behandelt werden muss

Lernzielstufen (Lernzieltaxonomie)

Man kann Lernziele zusätzlich gewichten, ihnen sozusagen einen „Wert" zuweisen. Die Lernzielstufen kennzeichnen den Grad der Tiefe, in denen der Lernstoff vermittelt werden soll. Man spricht auch von Lernzieltaxonomie. Sie bezeichnet die hierarchische Ordnung aller Lernziele innerhalb eines bestimmten Lernbereichs.

Die Abstufungen bei der Lernzieltaxonomie erfolgt nach vier Stufen:
> ➢ Stufe I: Kennen und Wiedergeben (Reproduktion)
> ➢ Stufe II: Verstehen und Systematisieren (Reorganisation)
> ➢ Stufe III: Anwenden und Umsetzen (Transfer)
> ➢ Stufe IV: Beurteilen/Beherrschen (Problem lösen)

Sie wissen jetzt, ...
- ✓ dass es die „richtige Methode" nicht gibt.
- ✓ das selbstbestimmende Lehr- und Lernformen zeit- und kostenaufwendig sind.
- ✓ warum Methode und Betriebsgröße eng zusammenhängen.
- ✓ dass ausbilderzentrierte Methoden viel Wissen in kurzer Zeit transportieren können, ausbilderorientierte Methoden die Selbstständigkeit der Auszubildenden fördern.
- ✓ warum Motivation der Erfolgsfaktor in der Ausbildung ist.
- ✓ warum die Einhaltung von Lehr- und Lernfolgen für die Wissensvermittlung wichtig ist.
- ✓ was Pädagogische Prinzipien sind.
- ✓ wozu Visualisierung dient.
- ✓ warum die Auseinandersetzung mit Lernzielen für den Ausbildungserfolg entscheidend ist.

Veränderungen in der Arbeitsorganisation

Gesellschaft im Wandel

Die Industriegesellschaft zu Beginn des 21. Jahrhunderts ist geprägt von einer rasanten technologischen Entwicklung. Der regionale, nationale und globale Wettbewerb zwingt viele Betriebe dazu, bisher praktizierte Techniken, Arbeits- und Organisationsformen zu überdenken um sich den verändernden Anforderungen des Marktes anzupassen. Betrieblicher Wandel wird zu einem kontinuierlichen Prozess.
Um im Wettbewerb nicht als Verlierer dazustehen, gilt es, die Mitarbeiter in diesen Prozess einzubinden. Sie nicht nur zu informieren und vorausschauend zu qualifizieren, sondern sie als Mitgestalter zu integrieren.

Zum Bestehen im Wettbewerb braucht man qualifizierte Mitarbeiter

Lebenslanges Lernen

Die Zeiten eines klassischen Lebenslaufs gehören längst der Vergangenheit an. Der lineare Weg „Schule – Ausbildung bzw. Studium – Beruf – Rente" dürfte künftig die Ausnahme sein. Fachkräfte der Zukunft benötigen Qualifikationen, die auf einer Vielzahl der heutigen Berufs- und Ausbildungswege basieren. In den Ausbildungsordnungen der IT- und Medienberufe sind diese Tendenzen bereits deutlich zu erkennen: In der Ausbildung werden Grundmuster angelegt, die später im Beruf ergänzt werden. Der Komplexität der beruflichen Anforderungen kann nur durch lebenslanges Lernen begegnet werden.

Patchwork-Karrieren werden bald die Regel sein

Schlüsselqualifikationen

Für Fähigkeiten, die eine rasche und reibungslose Erschließung wechselnden Wissens ermöglichen, hat sich der Begriff Schlüsselqualifikation eingebürgert. Ihre gezielte Heranbildung ermöglicht es den Auszubildenden bzw. den Mitarbeitern, sich leichter und weniger zeitintensiv in neue Aufgabengebiete einzuarbeiten.
Schlüsselqualifikationen sind stark auf die Persönlichkeit bezogen. Ihr gemeinsames Ziel ist es, die Auszubildenden bzw. die Mitarbeiter zu selbstständigem und eigenverantwortlichem Handeln zu befähigen. Dies findet auch in Ausbildungs- und Prüfungsordnungen zunehmend Berücksichtigung.

Schlüsselqualifikationen erwerben, heißt sich am Markt zu behaupten

Für die Ausbildung bedeutet die Berücksichtigung von Schlüsselqualifikationen eine Abkehr von einer starren Abfolge von Einzelmaßnahmen zugunsten einer stärkeren Verbindung von Arbeit und Lernen. Der Arbeitsplatz wird stärker als Lernplatz genutzt, da nur hier bestimmte Schlüsselqualifikationen trainiert werden können. Ausbildungsmethoden, die die Aktivität des Lernenden fordern und fördern, stehen dabei im Vordergrund. Der Ausbilder wird mehr zum Lernbegleiter und Beobachter. Dies ist insbesondere deshalb wichtig, da Schlüsselqualifikationen weniger durch Erfolgsmessungen als durch beobachtbares Verhalten erhoben werden.

Handlungskompetenz und Handlungsorientiertes Lernen

In der modernen Ausbildung steht die Heranbildung der beruflichen Handlungskompetenz im Vordergrund. Basierend auf den erworbenen Schlüsselqualifikationen müssen die Auszubildenden in der Lage sein, komplexe Arbeitsaufgaben selbstständig zu lösen.

> **Definition: Handlungskompetenz**
> Unter Handlungskompetenz versteht man die Fähigkeit, sich selbstständig Kenntnisse und Fertigkeiten anzueignen, um den sich wandelnden fachlichen, wie auch sozialen Anforderungen am Arbeitsplatz gewachsen zu sein. Sie umfasst:
> - Fachkompetenz,
> - Methodenkompetenz und
> - Sozialkompetenz

Handlungsfeld 3:
Ausbildung durchführen

Fachkenntnisse sind weiterhin wichtig

Durch die starke Betonung der Schlüsselqualifikationen darf nicht der Eindruck entstehen, dass fundierte fachliche Kenntnisse und Fertigkeiten nicht mehr wichtig sind. Die Aneignung von Fachkompetenz ist und bleibt ein wichtiges Ausbildungsziel. Diese darf jedoch nicht nur aus dem starren trainieren von Fertigkeiten bestehen, vielmehr kommt es darauf an, den Auszubildenden methodische Werkzeuge an die Hand zu geben, die es ihm ermöglichen, Kenntnisse und Fertigkeiten selbst zu erschließen.

Unsere Jugend braucht Werkzeuge, um sich Wissen selbst erschließen zu können

Diese Methodenkompetenz eröffnet zukunftsgerichtet die Fähigkeit zur selbstständigen Qualifikation. Vermittelt werden kann diese nur indirekt durch eine entsprechend ausgestaltete Ausbildung, die Freiräume verschafft, Lernen selbst zu organisieren und zu gestalten.

Handlungsorientiertes Lernen stellt eine grundlegende Voraussetzung dafür dar, dass Auszubildende neben fachlichen Kompetenzen auch Schlüsselqualifikationen erwerben.

Handlungsorientiertes Lernen bedeutet sich von frontalunterrichtlichen Maßnahmen zu verabschieden

Die Verankerung handlungsorientierter Lernformen setzt allerdings voraus, dass vorherrschende frontalunterrichtliche Lehr- und Unterweisungsformen abgebaut werden. Durch eine Festschreibung in Ausbildungs- und Prüfungsordnungen alleine lässt sich Handlungsorientierung nicht erreichen. Es kommt vielmehr darauf an, Ausbilder zu befähigen, aktivitätsfördernde und handlungsorientierte Methoden richtig anzuwenden.

1. Informieren
2. Planen
3. Entscheiden
4. Ausführen
5. Kontrollieren
6. Auswerten

Eine entscheidende Voraussetzung für handlungsorientierte Lernprozesse ist ein Wandel in der Didaktisierung der Ausbildungsinhalte. Statt früher das „Was" in den Vordergrund der Ausbildung zu stellen, gewinnt die Frage nach dem „Wie" an Bedeutung. Diese Entwicklung ist gekennzeichnet von einer Abkehr von wissens- und lehrerzentrierten Organisationsformen und einer Hinwendung zu lernorientierten, aktiven, Selbstgesteuerten bzw. Selbstorganisierten Lernformen. Dabei wird der Ausbildungsprozess nicht primär von der Sachstruktur (Inhalte) her geplant und gesteuert, sondern über die Entwicklung von Problemlösungen (z.B. Fälle, Projekte).

Selbstgesteuertes und Selbstorganisiertes Lernen

Die Freiheit des Humanismus prägt das Selbstgesteuerte Lernen: In Reinform kommt es in der betrieblichen Ausbildung kaum vor

Die Wurzeln des „Selbstgesteuerten Lernens" finden sich in der humanistischen Pädagogik. Selbstgesteuertes Lernen basiert auf der These, dass jemand, der etwas lernen möchte, dies nur selbst tun kann. Kein Lehrer, kein Ausbilder kann ihm die Lernarbeit abnehmen. Beim Selbstgesteuerten Lernen bestimmt allein der Lernende das Lernziel, den Lerninhalt und die Lernform. Damit wird er zum Initiator und Organisator des Lernprozesses. Selbstgesteuertes Lernen überträgt dem Lernenden auch die Verantwortung für das Lernergebnis.

> **Definition: Selbstgesteuertes Lernen**
>
> Selbstgesteuertes Lernen lässt sich durch das Ausmaß beschreiben, in dem die Lernenden einzeln oder in Gruppen selbst entscheiden „was" sie lernen wollen und „wie" sie dieses Lernen organisieren.

Abweichend von der Reinform des „Selbstgesteuerten Lernens", dem in der betrieblichen Ausbildungspraxis am ehesten die Projekt-

> **Definition: Selbstorganisiertes Lernen**
>
> Selbstorganisiertes Lernen beschreibt einen Lernprozess, in dem der Lernende bzw. die Lernenden bei vorgegebenen Zielen und Inhalten die Organisation des Lernens selbst bestimmen.

Veränderungen in der Arbeitsorganisation

Methode zugeordnet werden kann, bildet in der Ausbildung das „Selbstorganisierte Lernen" die häufigere Form. Bei vorgegebenen Zielen und Inhalten (z.B. Leittext-Methode, Fallmethode, Gruppenarbeit, Ausbildungsprojekte im Handwerk) organisiert der Auszubildende oder die Auszubildendengruppe den Ablauf, das „Wie", des Lernens. Dabei wird er/werden sie vom Ausbilder mehr oder weniger assistiert.

Die Selbstorganisation von Lernprozessen ist die Basis für die Teamarbeit

Selbstbestimmende Lernformen, wie Selbstgesteuertes oder Selbstorganisiertes Lernen sollen die Auszubildenden auf die Anforderungen des Arbeitsplatzes vorbereiten. Gruppen- oder Teamarbeit, wechselnde Arbeits- und Projektgruppen verlangen von Mitarbeitern sich ständig neues Wissen anzueignen, die Arbeit selbst zu organisieren und die Zusammenarbeit mit Kollegen zu suchen. Nur so entstehen Synergieeffekte, die der eigenen Arbeit, wie auch dem Unternehmen zugutekommen.

Das Besondere an Gruppen- und Teamarbeit

In vielen kleinen und mittleren Unternehmen, insbesondere in Handwerksbetrieben, ist der Arbeitsplatz häufig der alleinige Lernort. Durch den Nachvollzug der Tätigkeiten des Ausbilders oder Meisters erlernt der Auszubildende die wichtigsten fachpraktischen und fachtheoretischen Kenntnisse und Fertigkeiten seines Ausbildungsberufes. Ergänzende Informationen durch die Berufsschule runden sein Fachwissen ab.

Kleinbetriebe definieren Gruppen- und Teamarbeit in der Ausbildung anders

Durch die eigenständige Bearbeitung von Ausbildungsprojekten lernt der Auszubildende komplexe Aufgabenstellungen selbstständig zu planen, durchzuführen und zu bewerten. Die zu Lernaufträgen umformulierten Kundenaufträge geben ihm einen Einblick in die Arbeitsrealität.
Je nach Ausbildungsfortschritt (erstes, zweites oder drittes Ausbildungsjahr) und der zunehmenden Komplexität der Arbeit, muss der Auszubildende im Rahmen der Projektbearbeitung mit anderen Mitarbeitern des Unternehmens zusammenarbeiten (kooperieren), Unterstützung anfordern und mit Kunden kommunizieren.
Neben der Vervollkommnung seiner fachlichen Kenntnisse und Fertigkeiten werden im Rahmen dieser Zusammenarbeit seine organisatorischen und sozialen Fähigkeiten gefordert und gefördert. Die geforderte Handlungskompetenz wird sichergestellt.

Sinn dieser Ausbildung ist es, über Ausbildungsprojekte, die ein reduziertes Abbild der betrieblichen Arbeitsrealität darstellen, nicht nur isolierte bzw. eng begrenzte Qualifikationen zu vermitteln, sondern komplexe betriebliche Zusammenhänge zu betrachten, um den Auszubildenden unternehmerisches Denken und Handeln näher zu bringen.

Ausbildungsprojekte stellen ein reduziertes Abbild der Arbeitsrealität dar

Gerade in kleinen und mittleren Betrieben spielt die Außenwirkung der Fachkraft eine große Rolle. Jede Fachkraft mit Kundenkontakt ist gleichzeitig Aushängeschild des Unternehmens. Der Umgang mit Kunden ist deshalb frühzeitig zu trainieren, auf die Bedeutung der Repräsentationswirkung ist bereits zu Beginn der Ausbildung hinzuweisen.

In größeren Unternehmen mit oftmals hochtechnisierten Arbeitsplätzen und zum Teil stark segmentierten Arbeitsabläufen, lassen sich wichtige Funktionszusammenhänge nur sehr unzureichend darstellen. Das Zusammenwirken einzelner Arbeitsschritte sowie abteilungsübergreifende Zusammenarbeit lassen sich häufig nur noch abseits des Lernortes Arbeitsplatz an zentralen Lernorten vermitteln.

Die Komplexität der Arbeitsabläufe in Großbetrieben bedingt Gruppen- und Teamarbeit

Größere Unternehmen richten zur Vermittlung von übergreifendem Wissen zusätzliche Lernorte wie Lernbüros, Ausbildungswerkstätten oder Unterrichtsräume ein. Neben Funktionszusammenhängen im fachlichen Bereich lassen sich hier extrafunktionale Qualifikationen (Kommunikationsfähigkeit, Kooperationsfähigkeit, Teamfähigkeit, Arbeitsplanung und -organisation, ...) heranbilden.

Handlungsfeld 3:
Ausbildung durchführen

Wer gruppen- und teamorientiert ausbilden will, braucht Zusatzkenntnisse

Will der Ausbilder mit Gruppen und Teams zielorientiert arbeiten, muss er über Gruppenzusammenstellung und gruppendynamische Prozesse Bescheid wissen, Konflikte steuern können und über gute kommunikative Fähigkeiten verfügen.

Für das Vermitteln von fachübergreifenden Kenntnissen und extrafunktionalen Qualifikationen sind ein breites methodisches Repertoire und Präsentationskenntnisse erforderlich. Gruppen zielgerichtet zu aktivieren ist ungleich schwieriger als Fachwissen im Rahmen einer Arbeitsplatzunterweisung zu transportieren.

> **Gruppen- und Teamausbildung**
>
> Ausbildung in Gruppen oder Teams setzt beim Ausbilder folgende Kenntnisse voraus:
> 1. Präsentationstechniken
> 2. Kommunikative Fertigkeiten
> 3. Rhetorikkenntnisse
> 4. Kenntnisse über Gruppenaufbau und -strukturen
> 5. Erfahrung mit gruppendynamischen Prozessen
> 6. Fähigkeit zur Moderation
> 7. Konfliktmanagement
> 8. Methodisches Wissen zu gruppen- bzw. teamorientierten Ausbildungs- und Arbeitsformen

Die Bedeutung der Gruppe für das Lernen in der Ausbildung

> **Extrafunktionale Qualifikationen**
> - Kommunikationsfähigkeit
> - Konfliktfähigkeit
> - Kooperations- und Teamfähigkeit
> - Organisatorisches Geschick
> - Entscheidungsfähigkeit
> - Methodenkenntnisse

Wurde in der Ausbildung früher großer Wert auf Fachqualifikation gelegt, so ist bedingt durch die Änderung der betrieblichen Organisationsformen (Projekt- und Teamarbeit) und durch den Faktor Kundenorientierung ein Wandel eingetreten: Extrafunktionale Qualifikationen stehen gleichberechtigt neben den Fachqualifikationen.

Soziales Lernen hat in der Ausbildung einen hohen Stellenwert

Durch die Nachbildung des Arbeitsumfeldes in der Ausbildung (Projektarbeit, Leittexte) bekommt das „soziale Lernen" in der Ausbildung großes Gewicht.

Konsequenzen für den Ausbilder

Über die Veränderung der Anforderungen an Ausbildung und Mitarbeit definiert sich die Rolle und der Aufgabenbereich des Ausbilders neu. Das Anleiten zum aktiven Lernen, die Vermittlung einer umfassenden Handlungskompetenz auf dem Fundament von trainierten Schlüsselqualifikationen gelingt nur durch ein neues Ausbilderverständnis.

Ein neues Ausbilderverständnis: Moderator und Lernbegleiter

Selbstständiges Lernen und Arbeiten kann bei den Auszubildenden nicht gefordert bzw. als gegeben vorausgesetzt werden, es muss initiiert und vorgelebt werden. Der Ausbilder als Vorbild, Moderator und Lernbegleiter ist gefragt, der über ein Methodenrepertoire verfügt, das die Eigenständigkeit des Lernens und Wissenserwerbs unterstützt. Out ist der Fachmann, der den Auszubildenden alles haarklein zeigt und vorschreibt. Seine Aufgabe ist es,

- Lernquellen bereitzustellen,
- als Berater zur Verfügung zu stehen,
- Lernziele und Bewertungskriterien festzulegen,
- Lösungsansätze zur Verfügung zu stellen und
- das Potential des Auszubildenden gezielt zu fördern.

Veränderungen in der Arbeitsorganisation

Sie wissen jetzt, ...
- ✓ wie sich Veränderungen unserer Gesellschaft auf das betriebliche Lernen auswirken.
- ✓ warum Lebenslanges Lernen Pflicht ist.
- ✓ was unter Schlüsselqualifikationen zu verstehen ist und wie sie herangualifiziert werden können.
- ✓ warum handlungsorientiertes Lernen für die Arbeit im Team bzw. in der Arbeitsgruppe wichtig ist.
- ✓ dass selbstbestimmende Lernformen auch einen Wandel der Ausbilderqualifikation nach sich ziehen.
- ✓ warum Teamarbeit die Arbeitsorganisation der Zukunft ist.
- ✓ warum insbesondere Großbetriebe die Ausbildung am Arbeitsplatz mit anderen Ausbildungsformen ergänzen müssen.
- ✓ wie man in Kleinbetrieben mit Ausbildungsprojekten auf die spätere Arbeit vorbereitet.
- ✓ über welche Kenntnisse ein Ausbilder verfügen muss, um gruppen- oder teamorientiert auszubilden.
- ✓ welchen Einfluss die Ausbildungsgruppe auf den Lernfortgang hat.
- ✓ welche Bedeutung soziales Lernen hat.

Handlungsfeld 3:
Ausbildung durchführen

Am Arbeitsplatz ausbilden

Grundlagen für das Lernen am Arbeitsplatz

Die Diskussion um die Bedeutung der Schlüsselqualifikationen für die berufliche Handlungsorientierung führte in (Groß)Betrieben zu einem Umdenken in der Organisation und Durchführung der Aus- und zum Teil auch der Weiterbildung.

Der Arbeitsplatz als Lernplatz gewinnt wieder an Bedeutung - auch in Großbetrieben

Das Kennen lernen der Ernstsituation am Arbeitsplatz, das Zusammenführen von Lernen und Arbeiten wie auch die Vermittlung wesentlicher sozialer Aspekte der Arbeit und Zusammenarbeit kann an zentralen Lernorten (Lehrwerkstatt) nur unzureichend simuliert werden. Diese Aspekte lassen sich nur in der Wirklichkeit der Arbeitsumgebung mit ausreichender Qualität vermitteln.

Nicht immer findet die praktische Unterweisung am Arbeitsplatz in einer ruhigen Atmosphäre statt: Maschinenlärm, Kollegen, Kundenanfragen wirken störend und können zeitweilig die Unterweisung auch unterbrechen. Erforderlich ist deshalb, ausführliche Erläuterungen zu Arbeitsvorgängen, Wirkungsweisen und Zusammenhängen in „ruhiger" Umgebung arbeitsplatznah (z.B. in Lernecken) nachzureichen.

Hier lassen sich im Rahmen von Lehrgesprächen, in Einzel-, Partner- oder Gruppenarbeit oder durch Anwendung der Fallmethode Inhalte der praktischen Unterweisung ergänzen, in betriebliche Zusammenhänge einbinden und auf andere Situationen transferieren.

Die Übergänge zwischen Ausbildung am Arbeitsplatz- und arbeitsplatznaher Ausbildung sind fließend

Abhängig von der Betriebsgröße ist der Übergang zwischen der Unterweisung am Arbeitsplatz und arbeitsplatznahen Lernformen fließend. In Kleinbetrieben, wo ein Auszubildender dem Betriebsinhaber, Chef oder Meister zugeordnet ist, hat die methodische Abgrenzung beider Einrichtungen keine praktische Bedeutung.

Am Arbeitsplatz ausbilden

Methodenüberblick: Am Arbeitsplatz und arbeitsplatznah qualifizieren

Darbietend-erklärende Methoden

Die Vier-Stufen-Methode

Ziel/Zweck	➢ Systematische und gegliederte Vermittlung von am Arbeitsplatz erforderlichen Kenntnissen und Fertigkeiten	**In vier Stufen zum Lernerfolg:** • Vorbereiten • Vormachen • Nachmachen • Üben
Kennzeichen	➢ Gliederung der Unterweisung in vier Stufen: Vorbereiten, Vormachen, Nachmachen und selbständig Anwenden (Üben) ➢ Schrittweise und anschauliche Darstellung von Tätigkeiten und Arbeitsabläufen ➢ Erklärung: Was (Arbeitsvorgang), wie (Arbeitstechnik), warum (Sinn, Zweck), woran (Gegenstand, Werkstoff) und womit (Arbeitsmittel, Werkzeug) etwas getan wird	
Aufgabe des Ausbilders	➢ Vorbereitung und Erklären der Vorgänge ➢ Einbindung der Auszubildenden ➢ Aktivierung durch Fragen ➢ Aufforderung zum Nachahmen	
Aufgabe des Auszubildenden	➢ Aktiv beobachten ➢ Vorgänge Hinterfragen ➢ Vorgemachtes nachmachen und üben	
Vorteile	➢ Praxisnah (Arbeitsplatz, Arbeitsthema) ➢ Anschaulich, wirtschaftlich und zeitsparend ➢ Auch bei knappen Zeitvorgaben anwendbar ➢ Durch schrittweises Vorgehen lassen sich Arbeitsschritte rasch einüben ➢ Großer Lernerfolg und hohe Motivation	
Nachteile	➢ Die Lernziele liegen überwiegend im kognitiven und psycho-motorischen Bereich ➢ Beschränkung auf die Vermittlung von Fertigkeiten ➢ Wenig Spielraum für Kreativität und Selbständigkeit	

Die Vier-Stufen-Methode, mit den Stufen

1. Vorbereiten der Unterweisung,
2. Vormachen und Erklären der Arbeitshandlung,
3. Nachmachen und Erläutern der Arbeitshandlung durch den Auszubildenden und
4. Selbstständiges weiterarbeiten und Üben,

ist die klassische Unterweisungsform am Arbeitsplatz. Sie hat ihren Ursprung in der Industrieausbildung der USA und firmiert auch unter dem Kürzel TWI (Training within Industry).

Die Inhalte der Unterweisung sind mit den praktischen Tätigkeiten am Arbeitsplatz unmittelbar verbunden. D.h. die Vermittlung praktischer Fachkenntnisse und -fertigkeiten steht im Vordergrund. Da zusätzlich die Arbeitsorganisation und die Formen der Zusammenarbeit in die Vermittlung der Inhalte integriert sind, bereitet die Vier-Stufen-Methode auf selbstständiges und kooperatives Arbeiten vor.
Als Medien finden die originalen Arbeitsmittel, Werkstoffe, Werkzeuge oder Maschinen Anwendung.

In ihrer Grundform ist die Vier-Stufen-Methode stark ausbilderzentriert und ist im Wesentlichen auf ein bis drei Auszubildende beschränkt.

Handlungsfeld 3:
Ausbildung durchführen

Vormachen und Nachmachen bilden die Schwerpunkte der Vier-Stufen-Methode

Der Kern dieser Methode beruht auf dem Prozess des Vormachens und Nachmachens (Nachahmungslernen):

- Der Ausbilder bereitet die Auszubildenden auf das Thema vor und führt die Arbeitshandlungen erklärend durch.
- Die Auszubildenden versuchen die vorgemachte Handlung nachzumachen und einzuüben. Bei Ist/Soll-Abweichungen greift der Ausbilder unterstützend ein.

Die Vier-Stufen-Methode ist natürlich nicht nur auf Unterweisungen am Lernort „Arbeitsplatz" beschränkt. Sie kann auch arbeitsplatznah z.B. in Lernecken oder arbeitsplatzfern im Lernbüro oder der Übungswerkstatt angewandt werden. Hier können die einzelnen Unterweisungsschritte durch Einsatz weiterer Medien (z.B. Schaubilder, Overhead-Projektor, Flipchart, Tafel, etc.) veranschaulicht werden. Diese Visualisierung fördert den Lernerfolg.

Bildliche Veranschaulichung ist besser als eine langatmige Erklärung

Demonstrieren und Vormachen

Ziel/Zweck	➢ Veranschaulichen von Funktionen, Arbeitsabläufen, Zusammenhängen und abstrakten Sachverhalten
Kennzeichen	➢ Kombination eines Mediums (Werkzeug, Maschine, Arbeitsmaterials, ..) mit einem Vortrag ➢ Der Redeanteil sollte auf das Nicht-Sichtbare beschränkt sein
Aufgabe des Ausbilders	➢ Auswahl der Medien ➢ Darstellung des Vorganges ➢ Erläuterung der Abläufe, ...
Aufgabe des Auszubildenden	➢ Beobachtung der Abläufe ➢ Aktives Zuhören ➢ Notizen machen, ...
Vorteile	➢ Komplizierte Zusammenhänge können gut dargestellt werden ➢ Mehrere Sinne werden angesprochen ➢ Praxisbezug
Nachteile	➢ Keine Aktivität der Auszubildenden ➢ Kaum Rückmeldung, ob Gezeigtes auch verstanden wurde

Nicht immer ist es erforderlich am Arbeitsplatz oder auch in Lehrwerkstätten oder Unterrichtsräumen die Arbeitsschritte nach der kompletten Vier-Stufen-Methode aufzubereiten. Es genügt oftmals sich auf das Demonstrieren/Vormachen zu beschränken.
Demonstrationen sollen einfache Sachverhalte/Abläufe visualisieren. Das gesprochene Wort beschränkt sich hier auf die Erklärung nicht sichtbarer Abläufe oder Teile.

Fragend-erarbeitende Methoden

Das Lehrgespräch

Lehrgespräche: Sie sind nicht nur für den Unterricht geeignet

Im Gegensatz zur Vier-Stufen-Methode muss das Lehrgespräch nicht unmittelbar auf die praktische Arbeit bezogen sein. Ziel eines Lehrgespräches ist es, die Auszubildenden systematisch in ein neues Stoffgebiet einzuführen oder die praktischen Erfahrungen der beruflichen Ernstsituation (Unterweisung am Arbeitsplatz, Mitarbeit) zu vertiefen und in größere Sachzusammenhänge einzubetten.
Ausgehend von einem praktischen Fall (siehe auch Fallmethode) wird versucht, das praktische Handeln kognitiv zu durchdringen. Zusätzlich erfüllt das Lehrgespräch auch soziale Funktionen. Es setzt voraus, dass jeder Gesprächsteilnehmer den anderen ernst nimmt, ausreden lässt und Meinungen anderer tolerieren kann.

Am Arbeitsplatz ausbilden

Das zeitliche „Losgelöst sein" von der praktischen Arbeitsaufgabe und die Durchführung des Lehrgespräches in einer ruhigeren Lernatmosphäre erlauben es besser als am Lernort „Arbeitsplatz"

- nachzudenken, zu vergleichen, zu beurteilen,
- Sprache und Ausdruck zu fördern,
- das Verständnis für betriebliche Vorgänge und Zusammenhänge zu vertiefen,
- Wissenslücken zu schließen,
- erzieherischen Einfluss auszuüben,
- eine Verbindung zum Unterricht in der Berufsschule herzustellen.

Im kaufmännischen Bereich vermittelt das Lehrgespräch ein Verständnis für zusammenhängende kaufmännische Gedankengänge, im gewerblichen Bereich öffnet es den Blickwinkel für das Zusammenwirken von Fertigungsgängen oder qualitäts- und kostenbewusstes Handeln.

Ziel/Zweck	➢ Nach- oder Vorbereitung der Ausbildung am Arbeitsplatz, Hinterfragen von Wissen, Schließen von Kenntnislücken
Kennzeichen	➢ Verteilte Rollen bei der Gestaltung der Fragen und Antworten ➢ Frage-Antwort-Lehrgespräch: Hoher Frage- und Gesprächsanteil beim Ausbilder (Fragemethode) ➢ Impulslehrgespräch: Höhere Gesprächsanteile beim Auszubildenden. Der Ausbilder regt den Gesprächsfluss nur an
Aufgabe des Ausbilders	➢ Steuerung des Gesprächsverlaufs mit Fragen ➢ Hinterfragen von Wissen, Einstellungen, Meinungen ➢ Schließen von Kenntnislücken
Aufgabe des Auszubildenden	➢ Aktive Gesprächsbeteiligung ➢ Nachfragen bei Wissensdefiziten ➢ Lernen aus den Beiträgen anderer
Vorteile	➢ Auszubildender nimmt aktiv an der Erarbeitung des Stoffes teil ➢ Vorwissen der Azubi kann einbezogen werden ➢ Eine Rückmeldung wird sofort gegeben (verstanden/nicht-verstanden) ➢ Individualisierung ist möglich
Nachteile	➢ Fragen können Angst und Stress erzeugen (Denkblockaden) ➢ Oft zu wenig differenzierte Fragen bzw. Antworten

Suchend-entwickelnd-gestaltende Methoden

Die Einzelarbeit

Einzelarbeit ist intensive und möglichst ungestörte Auseinandersetzung mit dem Lerngegenstand. Sie kann zur Erarbeitung von zusätzlichen Sachinformationen ebenso herangezogen werden, wie zur Selbstkontrolle.

**Auf sich alleine gestellt:
Fast wie im richtigen Leben**

Die Einzelarbeit lässt sich in die Phasen Einführung, Durchführung und Zusammenfassung gliedern. Wichtig ist, dass die Einführung durch den Ausbilder in einer präzisen Aufgabenstellung mündet, die dem Auszubildenden einleuchtet und ihn anspornt sich mit dem Lerngegenstand auseinander zu setzen. Die Übergänge zur Fallmethode sind fließend.

Handlungsfeld 3:
Ausbildung durchführen

Ziel/Zweck	➢ Selbstständige Auseinandersetzung mit einem Problem (Sachverhalt, Werkstück)
Kennzeichen	➢ Berücksichtigung der didaktischen Prinzipien Aktivität und Individualität ➢ Individualisieren der Lerninhalte und auch der Lernzeiten ➢ Gliederung in die Phasen Einführung, Durchführung und Zusammenfassung
Aufgabe des Ausbilders	➢ Erstellen der Aufgaben ➢ Hilfestellung im Bedarfsfalle ➢ Zeitliche Dimensionen fest legen
Aufgabe des Auszubildenden	➢ Auseinandersetzung mit der Aufgabe ➢ Selbstständiges Lösen der Aufgabe ➢ Informationsbeschaffung bei Bedarf
Vorteile	➢ Zielstrebigkeit, Ausdauer, Selbstständigkeit werden gefördert ➢ Organisation der Aufgabenerledigung
Nachteile	➢ Keine Wirkung auf die Kommunikations- und Kooperationsfähigkeit ➢ Fördert nicht den direkten Wettbewerb

Der Auszubildende muss zur Durchführung der Einzelarbeit vom Ausbilder mit den entsprechenden Informationen und Materialien versorgt werden und zudem über den Zeitrahmen und die Präsentationsform der Arbeit informiert sein. Wichtig ist, dass der Ausbilder während der Einzelarbeit für den Auszubildenden erreichbar ist und bei Bedarf mit Rat und Tat zur Verfügung steht, damit Lernen im Rahmen der Einzelarbeit nicht zu stark zu einem „trial and error-Prozess" wird. Auf diese Weise kann er sich zudem einen guten Einblick in die Leistungsfähigkeit und Arbeitsmethodik des Auszubildenden verschaffen.
In der Phase der Zusammenfassung werden die Ergebnisse der Einzelarbeit abgerufen und den Auszubildenden entsprechendes Feedback gegeben.
Einzelarbeit bereitet auf die Echtsituation Arbeitsplatz vor. Der Auszubildende lernt Aufgaben eigenständig zu bearbeiten und Ergebnisse zu begründen. Selbstständiges, problemlösendes Handeln wird so trainiert.

Partnerarbeit

Durch Bündelung der Stärken ergeben sich Synergieeffekte

Ziel/Zweck	➢ Einüben eines kooperativen Arbeitsstils. Übernahme von Verantwortung und Stärkung der Fähigkeit zu Eigen- und Fremdkontrolle
Kennzeichen	➢ Gemeinsames Lösen von Aufgaben und Problemstellungen ➢ Kontrolle des gegenseitigen Verhaltens und der Arbeitsergebnisse
Aufgabe des Ausbilders	➢ Anlaufstelle im Problemfalle ➢ Beobachtung der Partner ➢ Unterstützung durch Denkanstöße
Aufgabe des Auszubildenden	➢ Sachbezogene Kommunikation ➢ Kooperation bei der Lösung der Aufgabe
Vorteile	➢ Entwicklung der Sozialkompetenz (Kooperationsfähigkeit, Konfliktfähigkeit) ➢ Förderung der Fähigkeit zur Organisation der Arbeit ➢ Rücksichtnahme auf individuelle Leistungsunterschiede
Nachteile	➢ Schwächere können sich verstecken ➢ Ergebnisse können sich vom gesetzten Lernziel entfernen

Am Arbeitsplatz ausbilden

Im Gegensatz zur Einzelarbeit setzen sich bei der Partnerarbeit zwei Auszubildende gemeinsam mit dem Lerngegenstand auseinander. Die beiden Auszubildenden können sich bei der Arbeit gegenseitig ergänzen, Schwächen ausgleichen, Lernlücken schließen. Neben der Förderung der Kommunikationsfähigkeit wird im gewissen Sinne auch Teamarbeit vorbereitet, die gezielt darauf ausgelegt ist, dass weniger die Leistung des Einzelnen als die Leistung des Teams zählt.

Wie bei der Einzelarbeit kommt es bei der Partnerarbeit auf eine konkrete und vor allem motivierende Aufgabenstellung an. Bei den Auszubildenden darf nicht der Eindruck entstehen, Partnerarbeit diene zur Überbrückung von Leerlaufphasen in der Ausbildung. Der Praxisbezug kann durch das Heranziehen von modifizierten Aufgabenstellungen aus dem Berufsalltag hergestellt werden.

Der Ausbilder beobachtet bei der Durchführung der Partnerarbeit neben der Arbeitsleistung auch die Art und Weise der Zusammenarbeit.

Selbststudium

So lässt sich kognitives Wissen rasch und individuell erschließen

Ziel/Zweck	➢ Erarbeitung kognitiven Wissens für die Erledigung von Aufgaben
Kennzeichen	➢ Selbstständiges Aneignen von Wissen aus der Literatur
Aufgabe des Ausbilders	➢ Hinweis auf Informationsquellen
Aufgabe des Auszubildenden	➢ Durchdringen der Informationsquellen ➢ Strukturieren des Wissens ➢ Verknüpfung mit vorhandenen Kenntnissen
Vorteile	➢ Selbst Erarbeitetes bleibt länger haften ➢ Eigene Lernstrategien kommen zum Tragen
Nachteile	➢ Praxisfern und wenig motivierend

Selbststudium fördert die eigenständige Auseinandersetzung mit einem theoretischen Lerngegenstand. Selbststudium kann Unterweisungen und Unterrichte vor- oder nachbereiten. Der Auszubildende lernt durch Arbeitstechniken wie querlesen und exzerpieren, sich Informationen rasch und effizient zu erschließen.

Virtuelles Lernen

Motivation und Wissenstransfer durch den Computer

Ziel/Zweck	➢ Erarbeitung von i.d.R. kognitivem Wissen für die Erledigung von Aufgaben
Kennzeichen	➢ Selbstständiges Aneignen von Wissen mit Hilfe von Lernprogrammen, Differenzierung des Lernens
Aufgabe des Ausbilders	➢ Auswahl der Programme, Nutzungshinweise
Aufgabe des Auszubildenden	➢ Durcharbeiten der Programme
Vorteile	➢ Selbst Erarbeitetes bleibt länger haften ➢ Individuelle Zeiteinteilung und Lernwege
Nachteile	➢ Praxisfern und wenig motivierend ➢ Zu starre Lenkung des Lernenden

Lernprogramme sind im Allgemeinen für die Aneignung kognitiver Inhalte geeignet. Über eine Differenzierung des Lernweges besteht für den Lernenden die Möglichkeit zu eigenen Lernstrategie zu finden (Individualisierung des Lernens).
Lernprogramme beruhen auf der Grundlage des Belohnungslernens: Nach einigen Informationssequenzen werden Fragen zum vorher bearbeiteten Inhalt gestellt, die i.d.R. einfach zu beantworten sind. Diese Erfolgserlebnisse sollen den Lernenden zur Weiterarbeit mit dem Lernprogramm animieren.

Handlungsfeld 3:
Ausbildung durchführen

Die Fallmethode

Fälle der Praxis, die beste Vorbereitung auf das Arbeitsleben

Ziel/Zweck	➤ Praxisnahes Lernen und problemlösendes Denken fördern. Vermittlung von Handlungs- und Entscheidungswissen
Kennzeichen	➤ Im Mittelpunkt stehen Fälle aus der Arbeitspraxis; Lernen an Beispielen mit offenen Entscheidungsalternativen
Aufgabe des Ausbilders	➤ Fallmaterialien zur Verfügung stellen ➤ Fälle didaktisch reduzieren ➤ Zeitliche Planung darstellen ➤ Bei der Lösung durch Hintergrundinformationen unterstützen
Aufgabe des Auszubildenden	➤ Sich in die Entscheidungssituation versetzen ➤ Zusammenhänge darstellen ➤ Informationen beschaffen ➤ Fälle lösen
Vorteile	➤ Theoretisches Wissen kann an praxisnahen Problemen angewandt werden ➤ Schaffen von Problembewusstsein ➤ Trainieren der Arbeitssystematik und Informationsgewinnung ➤ Trainieren der Entscheidungsfähigkeit
Nachteile	➤ Sehr zeitaufwendig ➤ Exakte Vorbereitung der Unterlagen und Informationsmaterialien muss gegeben sein

Streng genommen stellt die Fallmethode gar keine eigene Methode dar. In ihrem Mittelpunkt steht ein Fall (oder mehrere Fälle) aus der betrieblichen Praxis.
In welcher Weise der Fall bearbeitet wird, ob in Einzel-, Partner- oder Gruppenarbeit, durch Diskussion oder über ein Rollenspiel ist nicht unbedingt festgelegt.

Der Fall wird zum entscheidenden Element des Lernprozesses. Der Ausbilder tritt in den Hintergrund und steht höchstens beratend zur Seite. Die Fälle sollen mit dem bereits erworbenen theoretischen Wissen und gemachter Praxiserfahrung gelöst werden. Die hohe Praxisrelevanz wirkt in der Regel sehr motivierend auf die Auszubildenden.

Fall ist nicht gleich Fall: Die Fallmethode ist sehr variantenreich

Je nach Art der Fallstudie haben die Auszubildenden unterschiedliche Aufgaben zu bewältigen:

➤ Der Fall wird unvollständig und ohne Lösung vorgegeben. Die Auszubildenden haben die Aufgabe, sich weitere Informationen zu beschaffen, die Problematik einzugrenzen und Lösungsansätze zu erarbeiten.

➤ Der Fall wird in allen Einzelheiten, aber ohne Lösungsmöglichkeiten, vorgegeben. Die Auszubildenden sollen die Problematik herausarbeiten und Lösungsansätze darstellen.

➤ Der Fall wird in allen Details einschließlich mehrerer Lösungsvorschläge dargestellt. Die Auszubildenden müssen die verschiedenen Lösungsalternativen gegeneinander abwägen und eine Entscheidung treffen.

➤ Der Fall wird einschließlich seiner Lösung dargestellt. Die Auszubildenden sollen die Lösung auf ihre Zweckmäßigkeit hin überprüfen.

Fallstudien beschreiben komplexe Problemsituationen, die sich auf den Tätigkeitsbereich des Auszubildenden beziehen.

Am Arbeitsplatz ausbilden

Fallstudien sind selbsttragend. Sie geben den Auszubildenden die Gelegenheit, ihre Kenntnisse und Fähigkeiten einzeln oder gemeinsam in der Gruppe zu erproben. Neben der hohen Praxisrelevanz ist die Beteiligung der Auszubildenden an Entscheidungsvorgängen sehr motivierend.

Durch das Vorstellen und Präsentieren der Ergebnisse lernen die Auszubildenden vorzutragen, zu argumentieren und Ergebnisse optisch und strukturiert aufzubereiten.
Werden die Fälle zudem in der Gruppe gelöst, wird über die Diskussion des Falles und die Besprechung der Lösungsvorschläge auch die Sozialkompetenz (Kommunikationsfähigkeit, gegenseitige Akzeptanz von Meinungen, ...) gefördert. Der Ausbilder greift in den Lernablauf nur ein, wenn er von den Auszubildenden hierzu aufgefordert wird.

Ausbildungsprojekte/Lernaufträge

Ausbildungsprojekte bringen im Handwerk die Auszubildenden in Form

Ziel/Zweck	➢ Eigenständiges Erledigen von Kundenaufträgen. Ausbildungsprojekte (Handwerk) und Lernaufträge entsprechen in weiten Teilen der Fall- oder Leittextmethode, die das Selbstorganisierte Lernen und somit die Eigenständigkeit der Auszubildenden fördert
Kennzeichen	➢ Zusammenstellung von Arbeitsvorgängen, die im wesentlichen den Ablauf der Erledigung eines Kundenauftrages wiedergeben ➢ Kundenaufträge werden didaktisch reduziert und zu Arbeitsprojekten (z.B. Tapezieren eines Zimmers) oder Lernaufträgen umformuliert
Aufgabe des Ausbilders	➢ Einführung in den Ausbildungsabschnitt ➢ Vermittlung der notwendigen Kenntnisse und Fertigkeiten ➢ Unterstützung bei der Umsetzung ➢ Anleitung zur Auswertung des Arbeitsablaufes und der -ergebnisse
Aufgabe des Auszubildenden	➢ Informationsquellen nutzen ➢ Erstellen eines Arbeitsplanes ➢ Durchführen der Aufgabe ➢ Bewertung des Ablaufes und des Ergebnisses
Vorteile	➢ Fördert das selbstständige planen, durchführen und kontrollieren der Arbeit ➢ Ist auf Teamarbeit ausgerichtet ➢ Aktiviert die Auszubildenden zu eigenständigem Handeln
Nachteile	➢ Überfordert u.U. schwächere Auszubildende

Ausbildungsprojekte stellen die Umsetzung der Fallmethode auf den Bereich des Handwerks dar. Hierbei werden Kundenaufträge zu Ausbildungsprojekten/Lernaufträgen umformuliert.
Der Auszubildende lernt komplexe Aufgaben/Sachverhalte systematisch zu durchdringen. Ausbildungsprojekte sprechen den kognitiven, affektiven und psycho-motorischen Lernbereich gleichermaßen an. Durch Integration der Selbstreflexion der Arbeit wird die Beurteilungsfähigkeit des Auszubildenden gefördert.
Aufgabe des Ausbilders ist es, dem Auszubildenden beratend zur Seite zu stehen.

Handlungsfeld 3:
Ausbildung durchführen

> ℹ️ **Sie wissen jetzt, ...**
> - welche Bedeutung der Lernort Arbeitsplatz in der Ausbildung hat.
> - was man unter arbeitsplatznahem Lernen versteht und welche Möglichkeiten es hierzu gibt.
> - welche Methoden für die Ausbildung am Arbeitsplatz geeignet sind.
> - warum Lehrgespräche nicht nur im Unterricht stattfinden müssen.
> - welche Bedeutung Selbststudium, Einzel- und Partnerarbeit in der arbeitsplatznahen Ausbildung haben.
> - welche Funktion der Computer als Lernmedium erfüllt.
> - warum die Fallmethode Praxis pur ist.

Gruppen- und teamorientierte Ausbildungsmethoden

Für Ausbilder, die nur einen Auszubildenden zu betreuen haben, stellt sich die Frage der Ausbildung in der Gruppe, im Team anders als für Ausbilder in Großunternehmen mit vielen Auszubildenden, zum Teil aus unterschiedlichen Ausbildungsberufen.

Wird in Kleinbetrieben die „Teamausbildung" direkt in der realen Arbeitsgruppe, also über Zusammenarbeit mit den Fachkräften vollzogen, haben Ausbilder in Großbetrieben mehrere methodische Gestaltungsmöglichkeiten um gruppen- oder teamorientiert auszubilden.

In Kleinbetrieben erfolgt die Teamausbildung direkt in der realen Arbeitsgruppe

Welche Methode der Ausbilder einsetzt und welche Lernorte er hierfür berücksichtigt, hängt davon ab, welcher Lernzeitraum für die zu erreichenden Lernziele zur Verfügung steht. Nicht jeder Lerninhalt, jedes Lernziel ist für eigenständige Gruppenarbeit oder Selbstorganisiertes bzw. Selbstgesteuertes Lernen (z.B. Leittextmethode, Projekt) geeignet.

Bei der Methodenwahl sollte sich der Ausbilder von folgenden Überlegungen leiten lassen:

- Welche Erfahrungen haben die Auszubildenden mit eigenständigen Lernformen in der Gruppe?
- Haben die Auszubildenden unterschiedliche Kenntnis- und Wissensstände?
- Welche Gruppengröße ist in Abhängigkeit vom Lernauftrag, Lernort und auch unter pädagogischen Gesichtspunkten sinnvoll?
- Welche Gruppenstruktur ermöglicht effizientes Lernen (homogene oder heterogene Gruppenstrukturen)?
- Ist es erforderlich zumindest teilweise Untergruppen zu bilden?
- Sollen diese Untergruppen die gleichen oder unterschiedliche Aufträge bzw. Problemstellungen bearbeiten?

Gruppen- und Teamausbildung: Nicht überall und für alles ist sie geeignet

Überblick über gruppenorientierte Ausbildungsmethoden

Darbietend-erklärende Methoden

(Kurz)Vortrag/Referat/Präsentation

Ziel/Zweck	- Einführung in ein neues Ausbildungsgebiet, Vermittlung von Zusammenhängen, ...
Kennzeichen	- Frontalunterrichtliche Maßnahme - Gliederung in Einleitung, Hauptteil und Schluss
Aufgabe des Ausbilders	- Vermittlung des Wissens - Anwendung von Präsentationstechniken - Strukturierung und praxisnahe Darstellung
Aufgabe des Auszubildenden	- Aktives Zuhören - Anfertigen von Notizen
Vorteile	- Viel Inhalt in wenig Zeit - Einfach zu organisieren - Beliebig großer Adressatenkreis
Nachteile	- Geringe Behaltenswirksamkeit - Nur kognitives Lernen - Kaum Rückmeldung über den Behaltensgrad - Geringe Aktivität der Auszubildenden

Vorträge müssen medial gestützt werden

Kurzvorträge, Vorträge, Referate oder Präsentationen sind frontalunterrichtliche Maßnahmen, die den Auszubildenden die Einführung in Themengebiete oder das Verstehen von Sachzusammenhängen erleichtern sollen.

Handlungsfeld 3:
Ausbildung durchführen

Geben Sie Ihren Vorträgen Struktur:
Struktur lässt die Teilnehmer mitdenken

Da die Aufmerksamkeit der Auszubildenden bei rein „mündlicher Wissensvermittlung" sehr rasch nachlässt, sollte ein Vortrag/Referat nach Möglichkeit mediengestützt (Folie, Flipchart, Power-Point-Präsentation, ...) dargeboten werden. Zudem erweist es sich als positiv, wenn den Auszubildenden am Ende des Vortrags eine Zusammenfassung (Handout) wesentlicher Kernaussagen zur Verfügung gestellt wird oder sich die Auszubildenden diese in Einzel- oder Gruppenarbeit anhand eines Lückentextes selbst erarbeiten können.

Damit Vorträge/Referate/Präsentationen optimale Wirkung bei den Zuhörern erzielen, ist eine gute Vorbereitung erforderlich. Sie ermöglicht es Inhalte nicht nur sachlich zu strukturieren, sondern auch zeitlich zu planen. Bei der Vorbereitung, wie auch bei der Durchführung (Einleitung, Hauptteil, Schluss) sollte sich der Ausbilder an den „Fünf Verständlichmachern" einer Information, aber auch an den pädagogischen Prinzipien orientieren:

Fragend-erarbeitende Methoden

Diskussion

Hier lernt man zuhören und argumentieren

Ziel/Zweck	➢ Meinungsbildung und -darstellung zu einem Thema, Förderung der Sozialkompetenz (Rücksichtnahme, Meinungen akzeptieren, ...) und Argumentationstechnik
Kennzeichen	➢ Bemühung einen Sachverhalt rational zu durchdringen ➢ Gleichberechtigung aller Teilnehmer
Aufgabe des Ausbilders	➢ Ziel- und Zeitrahmen festlegen ➢ Informationen einbinden ➢ Wortmeldungen koordinieren ➢ Missverständnisse klären ➢ Ergebnisse zusammenfassen und Diskussion beenden
Aufgabe des Auszubildenden	➢ Eigene Gedanken und Erfahrungen einbringen ➢ Aktives Zuhören
Vorteile	➢ Wissen wird aktiviert ➢ Probleme werden von verschiedenen Seiten durchleuchtet ➢ Sozialkompetenz und Argumentationsfähigkeit wird gefördert
Nachteile	➢ Manche Azubi werden unterdrückt ➢ Oft mangelnde Planung (Leitung/Zeit)

Diskussionen fördern nicht nur die Auseinandersetzung mit fachlichen Aspekten, sie schulen auch die Kommunikationsfähigkeit. Aktiv zuhören, die Meinung anderer akzeptieren, auf der Sachebene bleiben, ist nicht immer ganz einfach. Der Ausbilder kann in Abhängigkeit von den Erfahrungen der Gruppe selbst als Diskussionsleiter auftreten oder einen Auszubildenden dazu bestimmen.

Brainstorming/Metaplan-Methode

Den Gedanken freien Lauf lassen

Brainstorming wie auch die Metaplan-Methode sind Elemente der Moderationsmethode. Sie eignen sich besonders, vielfältige Informationen in kurzer Zeit zu einem Themengebiet zusammenzutragen. Ihre Anwendung erfordert von den Auszubildenden hohe Aktivität und Kreativität. Da alle geschriebenen Kärtchen angesprochen werden wollen, sind diese Methoden zumeist zeitaufwendig.

Gruppen- und teamorientierte Ausbildungsmethoden

Ziel/Zweck	➢ Sammeln von Ideen, Ansichten, Anregungen, Wünschen zu einem bestimmten Thema
Kennzeichen	➢ Kärtchen mit formulierten Gedanken der Auszubildenden zur gestellten Frage ➢ Brainstorming: Gedanken werden gesammelt um anschließend gemeinsam strukturiert zu werden ➢ Metaplan-Methode: Ordnende Struktur ist vorgegeben. Die Gedanken (Kärtchen) werden den einzelnen Strukturmerkmalen zugeordnet
Aufgabe des Ausbilders	➢ Fragen stellen ➢ Teilnehmer aktivieren ➢ Ideen ordnen ➢ Regeleinhaltung überwachen
Aufgabe des Auszubildenden	➢ Ideen aufschreiben ➢ Kreativ denken ➢ Erfahrungen einbringen ➢ Andere nicht wegen ihrer Äußerungen kritisieren
Vorteile	➢ Motiviert die Auszubildenden ➢ Regt die Kreativität und das Wissen an ➢ Nutzen im kognitiven wie im affektiven Bereich
Nachteile	➢ Klare Struktur geht oftmals verloren ➢ Ausbilder geht häufig nicht genug auf die Gedankensammlung ein (vergisst die Ideen in die Ausbildung einzubinden)

Mind-Mapping

Mind-Mapping: Nachhilfe im strukturierten Denken

Ziel/Zweck	➢ Festhalten und strukturieren von Gedanken zu einem bestimmten Thema. Es soll eine Landkarte des Denkens entstehen. Über Assoziation soll die ganzheitliche Arbeitsweise des Gehirns angesprochen werden.
Kennzeichen	➢ Baumförmige Verzweigung der Gedanken zu einem zentralen Thema, das immer differenzierter aufgearbeitet wird. Die „Gedanken-Landkarte" wird auf das Packpapier der Pinnwand geschrieben.
Aufgabe des Ausbilders	➢ Fragen stellen ➢ Teilnehmer aktivieren ➢ Ideen als Mind-Map niederschreiben
Aufgabe des Auszubildenden	➢ Kreativ denken ➢ Ideen formulieren ➢ Assoziationen bilden, strukturiert denken
Vorteile	➢ Motiviert die Auszubildenden ➢ Regt die Kreativität und das Wissen an ➢ Fördert das vernetzte Denken
Nachteile	➢ Klare Struktur kann verloren gehen ➢ Ungeübte Ausbilder wie auch Auszubildende sind überfordert (Strukturierungsprobleme)

Mind-Mapping ist das gezielte Strukturieren von Gedanken auf einer „Gedächtnislandkarte". Neben der Strukturierung eines Problems oder Arbeitsfeldes, kann Mind-Mapping zur Prüfungsvorbereitung und als Gedächtnistraining (Mnemotechnik) eingesetzt werden.
Durch unterschiedliche Farbgestaltung der „Gedankenäste" lassen sich zusätzlich Beziehungen in das Gedankenwerk integrieren. Mind-Mapping spricht sehr stark das assoziative Denken an.

Handlungsfeld 3:
Ausbildung durchführen

Eine Landkarte im Kopf

Mind-Mapping

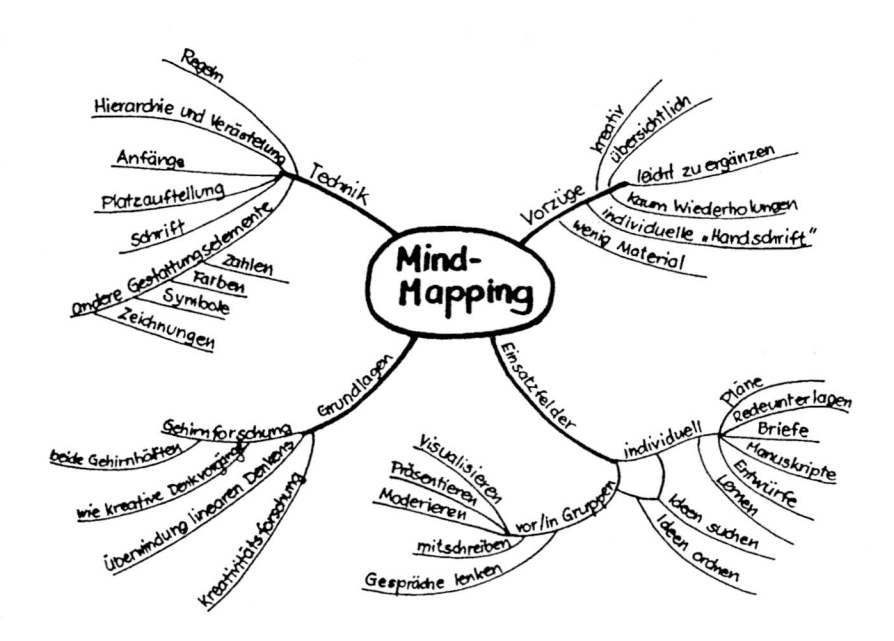

Äste: Technik (Regeln, Hierarchie und Verästelung, Anfänge, Platzaufteilung, Schrift, andere Gestaltungselemente, Zahlen, Farben, Symbole, Zeichnungen) · Vorzüge (intensiv, übersichtlich, leicht zu ergänzen, kaum Wiederholungen, individuelle „Handschrift", wenig Material) · Grundlagen (Gehirnforschung, beide Gehirnhälften, wie kreative Denkvorgänge, Überwindung linearen Denkens, Kreativitätsforschung) · Einsatzfelder (vor/in Gruppen: visualisieren, präsentieren, moderieren, mitschreiben, Gespräche lenken; individuell: Pläne, Redeunterlagen, Briefe, Manuskripte, Entwürfe, Lernen, Ideen suchen, Ideen ordnen)

Suchend-entwickelnd-gestaltende Methoden

Gruppenarbeit

Gemeinsam geht es oftmals besser: Arbeitsauftrag und Intention bedingen die Gruppengröße

Ziel/Zweck	➢ Einüben eines kooperativen Arbeitsstils. Übernahme von Verantwortung und Stärkung der Fähigkeit zu Eigen- und Fremdkontrolle
Kennzeichen	➢ Gemeinsames Lösen von Aufgaben und Problemstellungen ➢ Kontrolle des gegenseitigen Verhaltens und der Arbeitsergebnisse
Aufgabe des Ausbilders	➢ Anlaufstelle im Problemfalle ➢ Beobachtung der Gruppe ➢ Unterstützung durch Denkanstöße
Aufgabe des Auszubildenden	➢ Sachbezogene Kommunikation ➢ Kooperation bei der Lösung der Aufgabe
Vorteile	➢ Entwicklung der Sozialkompetenz (Kooperationsfähigkeit, Konfliktfähigkeit) ➢ Förderung der Fähigkeit zur Organisation der Arbeit in der Gruppe/im Team (Methodenkompetenz) ➢ Rücksichtnahme auf individuelle Leistungsunterschiede und Fähigkeiten lernen
Nachteile	➢ Schwächere können sich verstecken ➢ Ergebnisse können sich vom gesetzten Lernziel entfernen

Gruppenarbeit dient dazu Themen gemeinsam zu bearbeiten. Neben fachlichen Aspekten steht die Förderung der Kommunikations- und Kooperationsfähigkeit im Vordergrund. Bei der Planung von Gruppenarbeit sind folgende Vorüberlegungen wichtig:

➢ Welche Gruppengröße ist in Abhängigkeit vom Arbeitsauftrag sinnvoll?

➢ Welche informellen Gruppenstrukturen müssen in der Auszubildendengruppe berücksichtigt werden?

➢ Welche Gruppenzusammensetzung ist wirkungsvoll?

➢ Ist eine Binnendifferenzierung in Untergruppen möglich/sinnvoll?

➢ Wer nimmt die Strukturierung der Gruppe vor (Ausbilder, Gruppe, Losverfahren)?

Gruppen- und teamorientierte Ausbildungsmethoden

Für die Festlegung der Gruppengröße hat sich die Formel 5 plus/minus 2 bewährt. Bei der Vergabe von Arbeitsaufträgen an die einzelnen Untergruppen gibt es zwei Varianten:

1. Alle Teams erhalten das gleiche Thema
2. Die Gruppen erhalten unterschiedliche Themen

Welche Variante ausgewählt wird hängt davon ab, ob Ergebnisse verglichen oder die verschiedenen Teilergebnis zu einem Gesamtkomplex zusammengefügt werden sollen.
Es ist unabdingbar, die Ergebnisse der Teilgruppen in der Gesamtgruppe zu präsentiert und zu besprechen.

Rollenspiel

Rollenspiel: Verhaltenstraining im Schonraum

Ziel/Zweck	➢ Entwickeln und trainieren von Handlungs- und Entscheidungsfähigkeit in betrieblichen Situationen (Verkauf, Verhandlungen, ...)
Kennzeichen	➢ Auszubildende übernehmen Rollen und spielen Gesprächssituationen, die analysiert werden
Aufgabe des Ausbilders	➢ Gibt Informationen und Impulse ➢ Kontrolliert den Ablauf ➢ Schlichtet im Streitfalle ➢ Analysiert zusammen mit den Auszubildenden das Rollenspiel
Aufgabe des Auszubildenden	➢ Hineindenken in die zu spielende Rolle ➢ Sich auf Gesprächssituationen einstellen ➢ Anwendung des Gelernten ➢ Analyse der Gesprächssituation
Vorteile	➢ Bietet Möglichkeiten verschiedene Verhaltensweisen einzuüben ➢ Umgang mit verbalem und nonverbalem Verhalten kennen lernen ➢ Argumentationstechniken üben ➢ Trainieren der Sozial- und Methodenkompetenz ➢ Veranschaulichung von und Umgang mit Problemsituationen
Nachteile	➢ Viel Zeit zur Vor- und Nachbereitung ➢ Kann bei den Auszubildenden auf Ablehnung stoßen (Rückzug) ➢ Wird zu oberflächlich durchgeführt (Unterhaltungscharakter) ➢ Belastet Auszubildende zu emotional (Identifikation mit der Rolle)

Beim Rollenspiel übernehmen einige Auszubildende z.B. die Rolle von Kunden, Verkäufern, Teamleitern. Sie führen Gespräche, in denen sie den Standpunkt der jeweils darzustellenden Rolle vertreten. Die restlichen Auszubildenden fungieren als Beobachter und geben nach der Durchführung Feedback. Da Feedback geben und empfangen nicht einfach ist, müssen Rollenspiele gut vorbereitet sein.

Videoaufzeichnungen können die Auswertungsphase unterstützen, bergen jedoch die Gefahr, des sich Verweigerns. Selbstdarstellung vor der Kamera - auch wenn nur eine Rolle gespielt wird - muss sanft eingeführt werden.

Videoeinsatz erfordert Sensibilität

Handlungsfeld 3:
Ausbildung durchführen

Diese Regeln sind unbedingt zu beachten

Regeln für den Feedback-Geber

Feedback muss...
- konkret und verhaltensnah sein;
- anlassbezogen sein;
- Spekulationen und Unterstellungen vermeiden;
- auch bei positiven Ereignissen und Verhaltensweisen erfolgen;
- als Ich-Botschaft und nicht als Du-Botschaft formuliert sein.

Regeln für den Feedback-Nehmer

Der Empfänger sollte...
- um Feedback bitten - die Initiative ergreifen;
- ruhig zuhören, nachfragen, um Beispiele bitten;
- zunächst nicht argumentieren oder sich verteidigen;
- nachdenken und das Feedback als Chance zur Veränderung sehen.

Unternehmensstrategien auf dem Prüfstand

Planspiel

Ziel/Zweck	- Entwickeln und trainieren von Entscheidungen/ Entscheidungsprozessen
Kennzeichen	- Simulation von Entscheidungen und nachvollziehen deren Wirkung auf betriebliche Zusammenhänge - Im Gegensatz zum Rollenspiel steht hier die Situation (kognitives Lernziel) und nicht die Person im Vordergrund
Aufgabe des Ausbilders	- Informieren über die Ausgangslage - Kontrolliert den Ablauf - Unterstützt bei Problemfällen
Aufgabe des Auszubildenden	- Zugedachte Aufgaben übernehmen - Regeln des Modells anerkennen - Entscheidungen treffen
Vorteile	- Situationen und Entscheidungen werden vergleichend analysiert - Selbständigkeit des Handelns und des Eintretens für eine Entscheidung wird gefördert - Zusammenhängendes Wissen wird abgefordert
Nachteile	- Aufwendig vorzubereiten - Manchmal schwer steuerbar - Kann einzelne Auszubildende überfordern

Planspiele trainieren die Entscheidungsfähigkeit der Auszubildenden. An einem Modell (Planspiel) simulieren sie betriebliche Handlungen. Die aufgrund getroffener Entscheidungen resultierenden Folgen werden gemeinsam in der Gruppe analysiert und zusammen mit dem Ausbilder bewertet. Planspiele fördern das analytische und vernetzte Denken.

Teamorientierte Ausbildungsmethoden

Leittext-Methode

Selbstbestimmung mit strukturierter Unterstützung

Das Grundmodell der Leittext-Methode basiert auf dem Prinzip der „Selbstorganisation". Die Leittext-Methode kann als schriftlicher Auftrag zum selbstständigen Lernen umschrieben werden.

Gruppen- und teamorientierte Ausbildungsmethoden

Der Leittext enthält

- Leitfragen, die zur Information anleiten und deren Beantwortung Klarheit über die Arbeitsaufgabe verschaffen soll.
- den Arbeitsplan, worunter Hilfen zur Planung des Arbeitsablaufs zu verstehen sind.
- den Kontrollbogen als Hilfe zur Selbstkontrolle durch den Auszubildenden während und nach der Ausführung.
- Leitsätze, die die wesentlichen Arbeitserkenntnisse zusammenfassen und den Ausbildungserfolg sichern.

Ziel/Zweck	- Auszubildende Lernen aufgrund eines vorgegebenen Leittextes eine Aufgabe selbständig zu durchdenken und praktisch zu bewältigen. Hinführen zum Selbstorganisierten Lernen und Arbeiten.
Kennzeichen	- Eigenständige Planung, Durchführung und Kontrolle eines komplexen Arbeitsvorhabens in der Gruppe (Prinzip der Vollständigen Handlung) - Ein Leittext führt in den Prozess ein, stellt die Aufgaben vor, lenkt mit Leitfragen die Arbeitsplanung und gibt Unterstützung zur Selbst- und Fremdeinschätzung der geleisteten Arbeit.
Aufgabe des Ausbilders	- Einführung in den Ausbildungsabschnitt - Vermittlung der notwendigen Kenntnisse und Fertigkeiten - Unterstützung bei der Umsetzung - Anleitung zur Auswertung des Arbeitsablaufes und der -ergebnisse
Aufgabe des Auszubildenden	- Informationsquellen nutzen - Erstellen eines Arbeitsplanes - Durchführen der Aufgabe - Bewertung des Ablaufes und der Ergebnisse
Vorteile	- Fördert das selbstständige planen, durchführen und kontrollieren der Arbeit - Ist auf Teamarbeit ausgerichtet - Aktiviert die Auszubildenden zu eigenständigem Handeln
Nachteile	- Überfordert u.U. schwächere Auszubildende - Zeitintensive Methode

Nach dem Prinzip der Vollständigen Handlung lässt sich die Umsetzung von Leittexten in sechs Schritte gliedern:

1. Informieren: Was soll getan werden? (Leitfragen)
2. Planen: Wie soll vorgegangen werden? (Arbeitsplan)
3. Entscheiden
4. Ausführen
5. Kontrollieren
6. Bewerten

In sechs Schritten zum Ziel

Als Form des Handlungsorientierten Lernens stellt die Leittext-Methode im Gegensatz zur Vier-Stufen-Methode den Auszubildenden in den Vordergrund. Unterstützt durch Leitfragen, Arbeitsplan und Kontrollbogen lösen die Auszubildenden eigenständig den Arbeitsauftrag. Der Vergleich von Eigen- und Fremdbewertung soll die Auszubildenden unterstützen, ihre Leistungen richtig einzuschätzen. Durch das Zusammenarbeiten in der Gruppe werden neben der Methodenkompetenz auch wichtige Sozialindikatoren gefördert.

Nicht der Inhalt, sondern die Auszubildenden selbst stehen im Vordergrund

Handlungsfeld 3: Ausbildung durchführen

Projektmethode

Ein Projekt stellt hohe Anforderungen an die Auszubildenden

Unter einem Projekt versteht man die Herstellung eines sinnvollen, komplexen, verwendbaren Gegenstandes bzw. ein praktisch durchzuführendes Arbeitsvorhaben (z.B. Präsentation der Firmenprodukte auf einer Messe; Gestaltung eines Tages der offenen Tür). Die einzelnen Fertigkeiten und Kenntnisse zur Umsetzung des Projektes sollen möglichst in selbstständiger Arbeit erworben werden.

Das Projekt lebt davon, dass arbeitsteilig auf ein gemeinsames Ziel hingearbeitet wird. Die Projektmethode ermöglicht nicht nur den praxisnahen Erwerb von Kenntnissen und Fertigkeiten, sie führt auch zum Zugewinn sozialer Erfahrungen und trägt zur berufsübergreifenden Zusammenarbeit bei, da an einem Projekt Auszubildende aus verschiedenen Ausbildungsberufen mitarbeiten können.

Anforderungen an ein Projekt
- Es muss sich um eine komplexe Aufgabe handeln
- Das Ergebnis muss brauchbar/ verwertbar sein
- Es müssen möglichst viele zu erlernende Teilfertigkeiten enthalten sein
- Es sollte Kenntnisse und Fertigkeiten auch berufsübergreifend verknüpfen
- Es sollten möglichst alle Lernbereiche (kognitiver, affektiver und psycho-motorischer Bereich) angesprochen werden
- Es sollte zur Bearbeitung in Gruppen geeignet sein
- Den Auszubildenden muss viel Raum zur Selbstständigkeit bei der Planung, Durchführung und Kontrolle gelassen werden

Die fast autonome Ausbildungsgestaltung: Das Was und Wie wird von den Auszubildenden bestimmt

Ziel/Zweck	- Nahezu Selbstgesteuertes Lernen zur Erreichung einer beruflichen Handlungskompetenz. - Fähigkeit zur Abwicklung einer vollständigen Handlung (Planen, Durchführen, Kontrollieren) um später am Arbeitsplatz eigenständig Aufgaben erledigen und Prozesse vorausschauend planen zu können.
Kennzeichen	- Selbstständige Durchführung eines ganzheitlichen und praktisch durchzuführenden Arbeitsvorhabens - Projektthema wird i.d.R. von den Ausbildenden selbst bestimmt
Aufgabe des Ausbilders	- Lernhelfer, Berater, Moderator bei Bedarf - Fachmann wenn angefordert - Beobachter des Projektablaufes - Feedbackgeber
Aufgabe des Auszubildenden	- Information, Planung, Entscheidung, Durchführung, Kontrolle und Auswertung - Koordination der Aufgaben im Projekt - Kommunikation mit den Teilnehmern - Bewältigung von Konflikten - Lösen von Problemen - Vertreten eigener Standpunkte
Vorteile	- Fördert die Handlungskompetenz der Auszubildenden - Spricht alle Lerntypen an - Vorteilhaft für die Motivation - Fördert späteres Arbeiten im Team - Aktiviert die Auszubildenden - Eigenständigkeit und Eigenkontrolle werden herausgebildet
Nachteile	- Der Ausgang eines Projektes ist nicht immer gewiss - Schwächere Auszubildende können im Projekt unterdrückt werden - Zeitintensive Methode - Schwer steuerbar

Gruppen- und teamorientierte Ausbildungsmethoden

Der Ausbilder steht den Auszubildenden beratend und auf Anfrage unterstützend zur Seite. Er liefert u.U. den Wissensinput (Information), moderiert die Phasen der Planung und Entscheidungsfindung, begleitet die Durchführung als Lernbegleiter und bewertet gemeinsam mit den Auszubildenden das Projektergebnis. Das „Was" (Ziel, Inhalt) und „Wie" (Durchführung) bestimmen beim Projekt die Auszubildenden. Die erarbeiteten Ergebnisse werden von der Projektgruppe im Rahmen einer Veranstaltung (Führungskräfteversammlung, Messe) präsentiert und moderiert.

Der Ausbilder als Moderator

In der modernen Ausbildung steht die Eigenständigkeit der Auszubildenden im Vordergrund. Selbstständig Aufgaben – einzeln oder in der Gruppe – zu erledigen, erfordert die Fähigkeit

> sich Informationen zu beschaffen,
> Vorgehensweisen zu planen,
> Arbeiten durchzuführen,
> Arbeitsergebnisse darzustellen und zu bewerten und
> Vorschläge vorzutragen und zu erörtern.

Wer Ergebnisse präsentiert, braucht auch Moderationskenntnisse

Diese Schlüsselqualifikationen gilt es, durch den Ausbilder systematisch heranzubilden. Dies gelingt, wenn der Ausbilder sich als Fachmann stärker zurücknimmt und Methoden nutzt, die das eigenständige Lernen und Arbeiten fördern. Kenntnisse in der Moderation sind für dieses Aufgabenfeld besonders wertvoll.

Sicherlich ist eine auf „Selbstgesteuertem und Selbstorganisierten Lernen" basierende Ausbildung nicht selbsttragend. Auch in der modernen Ausbildung sind die Vier-Stufen-Methode, Kurzvorträge, Lehrgespräche, Gruppenarbeiten wichtige Elemente um neben der Fach- auch Methoden- und Sozialkompetenz heranzubilden. Doch fordert die spätere Arbeit im Team weitere Qualifikationen:

Aufgaben des Ausbilders als Moderator
> Lern- und Arbeitsprozesse situations- und teilnehmerorientiert steuern
> Kommunikationsprozesse aktivieren und lenken
> Aussagen der Auszubildenden zusammenfassen und visualisieren
> Gruppenmitglieder, je nach Aktivität, motivieren oder bremsen
> Beiträge aus der Gruppe nicht bewerten sondern zur Gruppendiskussion weiterzugeben

> Eigene Standpunkte vertreten,
> Sich eigene (Gruppen)Ziele setzen,
> Vorschläge unterbreiten.

Diese können nur im Rahmen einer „begleiteten Ausbildung" - der Ausbilder als Lernbegleiter - herangebildet werden. Der Auszubildende muss in die Lage versetzt werden, sich kritisch mit Themen und Meinungen auseinander zu setzen, zielorientiert zu planen und zu arbeiten und Ergebnisse selbstkritisch zu bewerten.

Der Einsatz einzelner Moderationstechniken (strukturieren, visualisieren, Kartenabfragen, etc.) bzw. der Moderationsmethode insgesamt im Rahmen von Lehrgesprächen, Diskussionen, Gruppenarbeiten, der Projekt- oder Leittextmethode unterstützt die Entwicklung dieser gewünschten Verhaltensweisen.

Manche Moderationstechniken kennen Sie bereits aus dem Ausbildungsalltag

Handlungsfeld 3:
Ausbildung durchführen

> **Sie wissen jetzt, ...**
> - ✓ was man unter gruppen- und teamorientierten Ausbildungsmethoden versteht.
> - ✓ dass in Kleinbetrieben die Teamausbildung meist in der realen Arbeitsgruppe stattfindet.
> - ✓ warum nicht jedes Lernziel/jeder Lerngegenstand für gruppen- und teamorientierte Ausbildungsmethoden geeignet ist.
> - ✓ wie Vorträge zu gestalten sind, damit Erfolg vorprogrammiert ist.
> - ✓ welche Bedeutung Brainstorming, Metaplan-Methode und Mind-Mapping im Lernprozess haben.
> - ✓ warum Rollenspiele viel Vorbereitung brauchen.
> - ✓ dass bei Gruppenarbeit die Zusammensetzung der Gruppe eine große Rolle spielt.
> - ✓ warum Leittexte und Projekte die Selbständigkeit der Auszubildenden fördern.
> - ✓ welche vor- aber auch Nachteile sich aus teamorientierten Methoden ergeben.

Medien und Präsentationstechniken in der Ausbildung

Medien sind Mittler im Lehr- und Lernprozess. Die Vermittlung von Lerninhalten gelingt am besten, wenn Auszubildende die Aufnahme der Lerninhalte in ihren Wissensbestand aktiv betreiben. Jedes methodische Vorgehen muss daher Formen der Selbstständigkeit und Aktivität einplanen. Dies gilt insbesondere für den Einsatz von Medien.

Werden vorgefertigte Medien verwendet, z.B. ein Lehrfilm, dann ist die Frage zu stellen, ob während der Darbietung genügend Zeit für die aktive Auseinandersetzung mit den vermittelten Inhalten bleibt oder Pausen einzulegen sind.

Es ist zudem zu überlegen, ob Fragen, Aufgabenstellungen vor, während oder nach der Darbietung diese Selbsttätigkeit zusätzlich anregen können und in welcher Organisationsform (z. B. Partnerarbeit) die eigenständige Auseinandersetzung mit den Lerninhalten stattfinden soll.

Regen Sie beide Gehirnhälften zum Mitdenken an - Setzen Sie Medien ein

Funktion der Medien im Lehr- und Lernprozess

Medien dienen zur Verstärkung von Lehr- und Lernprozessen und sind zugleich selbst Träger didaktisch aufbereiteter Informationen. Sie erfüllen dabei folgende Funktionen:

Medien sind Ihre Helfer im Lernprozess: Setzen Sie sie zu Ihrem Nutzen ein

- **Wissen vermitteln**
  Mit Hilfe von Medien lassen sich komplizierte Sachverhalte übersichtlich darstellen (Vereinfachung). Wichtige Punkte können dabei optisch hervorgehoben werden (Hervorhebung). Einmal erstellte Medien lassen sich zur Verfestigung der Inhalte wiederholt einsetzen (Wiederholung).

- **Verstehen erleichtern**
  Im Gegensatz zum gesprochenen Wort werden Visualisierungen um ein Vielfaches schneller aufgenommen. Durch die Möglichkeit der variablen Darstellung (z.B. Farben, Formen) wird die Aufmerksamkeit des Lernenden stets aufs Neue geweckt.

- **Veranschaulichen**
  Medien geben ein Bild von der Sache, über die gesprochen wird. Da alle Informationen über unsere Sinne an das Gedächtnis weitergeleitet werden, erscheinen sie umso deutlicher, je mehr Sinne in den Lernprozess einbezogen werden. Je nach Lerntyp ist die Informationsaufnahme unterschiedlich gestaltet.

- **Strukturieren**
  Mit Medien, z.B. Schaubilder, Diagramme, lässt sich die Struktur des Wissensgebietes darstellen. Besonders beim Einarbeiten in ein neues Gebiet erscheinen die vielen Einzelheiten zunächst sehr schwierig. Sie verwirren, weil der nötige Überblick fehlt. Medien helfen, indem sie einen ordnenden Zusammenhang schaffen.

- **Referenten unterstützen**
  Medien ziehen sich wie ein „roter Faden" durch eine Unterweisung. Sie entlasten den Ausbilder, der dadurch freier sprechen und besser Kontakt zu den Teilnehmern herstellen kann.

- **Motivieren**
  Medien sind, indem sie unwillkürlich Aufmerksamkeit hervorrufen, schon von sich aus interessant. Zu beachten ist, dass die motivierende Wirkung von Medien bei zu häufiger Anwendung des gleichen Mediums (z.B. Power-Point-Präsentationen) verloren geht. Interessant für den Lernenden ist, was Abwechslung bringt, Aufmerksamkeit erregt, neu und ungewohnt ist, Lücken hat und vervollständigt werden muss.

Handlungsfeld 3:
Ausbildung durchführen

Kriterien zur Auswahl und Erstellung von Medien

**Medieneinsatz will gelernt sein:
Nicht alle Medien passen in jede Veranstaltung oder an jeden Lernort**

Für die sinnvolle Auswahl von Medien und ihren Einsatz in der Situation Ausbildung gibt es kein eindeutiges Zuordnungsschema. Dennoch sollten folgende grundsätzliche Überlegungen für ihren Einsatz angestellt werden:

- Welche Ausbildungssequenz kann durch den Einsatz von Medien überhaupt pädagogisch verstärkt werden?
- Welche Sinne werden angesprochen (Auge, Ohr, Auge und Ohr, Tastsinn)?
- Wie aufwendig sind die Vorbereitungen (Elektroanschluss, Verdunkelung, Leinwand)?
- Können die Inhalte selbst hergestellt werden oder müssen vorgefertigte Inhalte übernommen werden?
- Wie hoch sind die Anschaffungs- und die Folgekosten?
- Ist das Medium für kleine und große Gruppen geeignet?

Bei der Entscheidung für oder gegen die Verwendung bestimmter Medien ist Folgendes wichtig:

- Welchen Beitrag kann das Medium für die Erreichung der Lernziele liefern?
- Welche Funktion soll das Medium in der Lernsituation übernehmen?
- Welche Aspekte eines Themas oder Inhalts werden durch Gebrauch des Mediums veranschaulicht?
- In welcher Form ist Selbstständigkeit der Teilnehmer vorgesehen bzw. kann diese mit dem Medium gefördert werden?
- Welche Voraussetzungen müssen die Auszubildenden erfüllen, damit ein sinnvoller Einsatz des Mediums möglich ist?
- Finden die Auszubildenden den Einsatz bzw. die Arbeit mit dem Medium interessant?
- Ist für den Einsatz dieses Mediums genügend Ausbildungszeit vorhanden?
- Ist der (zeitliche, technische, sonstige) Aufwand beim Einsatz dieses Mediums im Verhältnis zu den erwarteten Lernergebnissen angemessen?

Beim Einsatz, wie auch bei der Erstellung von Medien gilt es, bestimmte Grundsätze zu beachten:

- Überschaubarkeit (weniger kann oftmals mehr sein)
- klare Strukturen
- Schlagwortcharakter (z.B. bei Folien, Flipcharts)
- Lesbarkeit (Schrifttyp, Schriftgröße)
- Einheitlichkeit (z.B. für den gleichen Gegenstand immer die gleichen Farben/Formen)
- Schwerpunktsetzung (z.B. durch Form oder Farbe)
- Aktivität anregen (z.B. Medien erst im Laufe der Unterweisung ergänzen)
- Medienwechsel (Eintönigkeit vermeiden)

Auch Arbeitsblätter müssen mediale Qualitätskriterien erfüllen

Werden Arbeitsblätter (Printmedien) eingesetzt, ist bei der Erstellung darauf zu achten, dass die Informationen rasch aufgeschlossen werden können. Hierzu trägt besonders die Verständlichkeit der Texte bei. Die Beschränkung auf das Wesentliche, eine einfache Wortwahl und kurze Sätze unterstützten die rasche Informationsaufnahme. Auch die Strukturierung durch Überschriften, optische Hervorhebungen (fett, unterstrichen) oder die Einbindung von Grafiken, Tabellen und Ablaufdiagrammen fördert die Behaltenswirksamkeit. Eine einheitliche, schnörkelfreie Schriftart (z.B. Arial) fördert die Lesbarkeit der Texte.

Medien und Präsentationstechniken in der Ausbildung

Durch Lückentexte gewinnen Arbeitsblätter eine weitere Dimension. Sie müssen von den Auszubildenden ergänzt werden. Über das „Tun" werden die Informationen über einen weiteren Eingangskanal dem Gedächtnis zugeführt.

Vor-, Nachteile und Einsatzmöglichkeiten verschiedener Medien

	Vorzüge	mögliche Nachteile	vorzugsweise Verwendung
Print-Medien	➢ leicht reproduzierbar ➢ kann von den Auszubildenden ergänzt werden ➢ gut für das Eigenstudium geeignet	➢ viel Information ➢ nur ein Eingangskanal ➢ Vorbereitung arbeitsaufwendig	Wird eingesetzt, wenn Einführungen, Kernelemente oder Zusammenfassungen für die Auszubildenden dauerhaft verfügbar sein sollen.
Tafel	➢ große Fläche ➢ in Schulungsräumen noch häufig vorhanden	➢ Blickkontakt wird unterbrochen ➢ einmal gelöschte Information ist verloren ➢ evtl. Schwierigkeiten beim Schreiben ➢ kaum zu transportieren	In Schulungsräumen mit fester Tafel ist es das einfachste Mittel, um begleitend zum Unterrichtsverlauf eine begrenzte Zahl von Informationen übersichtlich festzuhalten.
Hafttafel	➢ große Fläche ➢ einfache, flexible Handhabung (schriftliche Ergänzung möglich) ➢ vorbereitete Elemente sichern exakte Darstellung	➢ aufwendige Vorbereitung der Elemente ➢ Anwendung auf Vorbereitetes beschränkt ➢ Aufbewahrung und Archivierung schwierig	Wo komplizierte Zusammenhänge Schritt für Schritt dargestellt werden sollen und freihändiges Zeichnen zu zeitraubend, schwierig oder ungenau ist, leistet die Hafttafel gute Dienste.
Flip-Chart	➢ einfache Handhabung ➢ Vorbereitung von Blättern möglich ➢ Aufbewahrung, Wiederholung möglich ➢ gut mit andern Medien zu kombinieren ➢ gut zu transportieren	➢ Blickkontakt wird unterbrochen ➢ verfügbare Fläche pro Blatt ist begrenzt ➢ nur für kleinere Teilnehmerzahl geeignet ➢ Archivierung schwierig, da großer Platzbedarf und Blätter empfindlich	Wo in kleineren Gruppen gemeinsam etwas erarbeitet und dieses unter Einbeziehung aller Teilnehmer festgehalten werden soll, ist der Flip-Chart ein geeignetes Hilfsmittel, auch zusätzlich zu anderen Demonstrationsmitteln.
Pinnwand	➢ einfache Handhabung ➢ vielseitig einsetzbar (Träger für Kärtchen, Flip-Chart-Papier, Packpapier, …) ➢ Kärtchen und Symbole lassen sich gut umordnen strukturieren ➢ Verbindende Symbole, Zeichnungen, Beschriftungen möglich	➢ Blickkontakt wird unterbrochen ➢ Aufbewahrung und Archivierung schwierig (ggf. mit Digitalkamera) ➢ verfügbare Fläche ist begrenzt ➢ Übersicht kann verloren gehen ➢ Kärtchen z.T. schwer lesbar	Die Pinnwand findet bei der Moderationsmethode bzw. einzelnen Moderationstechniken Anwendung: • Kartenabfragen, • Szenarien, • Mind-Mapping etc. Die Darstellungen lassen sich mit der Digitalkamera archivieren. Über den PC ist eine Vervielfältigung der Ergebnisse möglich.
Overhead-Projektor	➢ sowohl spontaner Anschrieb als auch vorbereitete Unterlagen (Folien) möglich ➢ Blickkontakt zur Gruppe bleibt erhalten ➢ Informationssteuerung durch Ein- und Ausschalten möglich ➢ Niedergelegte Informationen bleiben erhalten und können wiederholt werden ➢ leicht zu transportieren ➢ geringer Platzbedarf	➢ gewisse Übung in der Handhabung erforderlich ➢ technische Störungen möglich (Ersatzbirne)	Der Overhead-Projektor ist das vielseitigste Demonstrationsmittel, leicht zu handhaben und deshalb häufig verwendet. Er erlaubt anschauliches Erläutern bzw. Erarbeiten von Informationen. Auch komplizierte Zusammenhänge lassen sich mit Hilfe vorbereiteter Folien schrittweise (ergänzen, aufklappen, aufdecken) darstellen.
Dias und Tonbildschauen	➢ exakte Darstellung, ggf. in Bild und Ton ➢ Unterbrechung und Fixieren von Bildern möglich ➢ große Teilnehmerzahl möglich	➢ eigene Gestaltung praktisch nicht möglich ➢ konsumierendes Verhalten der Zuhörer ➢ Raumabdunkelung erforderlich	Dia- bzw. Tonbildschauen werden dort eingesetzt, wo in komprimierter Form bestimmte, exakt umrissene und für längere Zeit feststehende Informationen gegeben werden sollen. Gut geeignet zur Einführung in ein Thema.

Ihr Medieneinsatz:
So wählen Sie das richtige Medium für Ihre Veranstaltung

Handlungsfeld 3:
Ausbildung durchführen

	Vorzüge	mögliche Nachteile	vorzugsweise Verwendung
Film	➢ besonders lebendig und wirklichkeitsnah durch authentische Darstellung von Bewegungsabläufen ➢ Unterbrechung und Fixieren von Bildern möglich ➢ große Teilnehmerzahl möglich	➢ eigene Gestaltung praktisch nicht möglich ➢ konsumierendes Verhalten der Zuhörer ➢ Raumabdunkelung erforderlich	Besonders geeignet, wo es auf lebensechte Darstellung einer Situation (einer Handhabung oder eines Verhaltens) ankommt. Gut geeignet zur Einführung in ein Thema.
Video	➢ authentisches Festhalten des Handelns und Verhaltens der Teilnehmer ➢ sonst wie bei Film	➢ aufwendige Technik, Störungen möglich	Video wird vor allem beim Verhaltenstraining eingesetzt, weil nur durch dieses Medium der Teilnehmer sich selbst beobachten und kontrollieren kann. Ansonsten siehe Film.
Computer	➢ multifunktionaler Einsatz als Präsentationsmittel (Lernprogramm, DVD, Power-Point) ➢ gute Präsentationseffekte ➢ rasche Informationsansteuerung und auch Ergänzung ➢ einfache Datenarchivierung und Veränderung/Ergänzung bei Präsentationsgrafiken	➢ z.T. in Verbindung mit Beamer Verdunklung erforderlich ➢ aufwendige Technik ➢ hoher Erstellungsaufwand ➢ Programmkenntnisse erforderlich	Wird als modernes Präsentationsmedium überall dort eingesetzt, wo häufig Veranstaltungen zum gleichen Thema stattfinden oder die z.T. bewegten Bilder zusätzlich mit Sprache oder Musik animiert werden müssen. Für das Selbststudium sind Computerlernprogramme oder Simulationsprogramme gut geeignet.

Sie wissen jetzt, ...

✓ warum ein Ausbilder auch ein guter Moderator sein sollte.

✓ warum ein Bild mehr als 1.000 Worte sagt.

✓ welche Bedeutung Medien für den Lehr- und Lernprozess haben.

✓ wie die Informationsaufnahme in unser Gehirn durch Medien unterstützt wird.

✓ welche Kriterien an einen optimalen Medieneinsatz zu stellen sind.

✓ welche Medien in welcher Lehrsituation die geeignetsten sind.

Lernschwierigkeiten und Verhaltensauffälligkeiten

Selbst bei optimaler Wissensvermittlung in Betrieb und Berufsschule fallen Ausbildungsergebnisse unterschiedlich aus. Sie sind abhängig von der Person des Auszubildenden. Bei schwachen Ergebnissen in der Ausbildung und in Prüfungen spielen häufig Lernschwierigkeiten oder Verhaltensauffälligkeiten eine Rolle. Sie beeinträchtigen den Ausbildungsprozess.

Lernschwierigkeiten und Verhaltensauffälligkeiten beeinträchtigen den Ausbildungserfolg

Besonders deutlich werden Lernschwierigkeiten und Verhaltensauffälligkeiten bei der Ausbildung in Gruppen. Durch Vergleichsmöglichkeiten einzelner Gruppenmitglieder werden individuelle Probleme schneller auffällig.

Lernschwierigkeiten

Da das Berufsbildungsgesetz keine Kündigungsmöglichkeit für leistungsschwache Auszubildende vorsieht, kann das Problem nur pädagogisch gelöst werden. Die Ursachen für Lernschwierigkeiten sind vielfältig. Wahrnehmung, Speichern von Informationen, Denken, Erinnern, Motivation und Konzentration sind keine in sich isolierten und autonomen Abläufe. Sie bilden ein Geflecht äußerer und innerer Bedingungen, die das Lernen fortlaufend beeinflussen. Häufig ist nicht ein einzelner Grund für Lernschwierigkeiten verantwortlich, sondern ein ganzes Ursachenbündel. Von Bedeutung sind dabei u.a.:

Lernschwierigkeiten haben viele Ursachen

- erblich bedingte Faktoren z.B. Begabung, Aussehen, Körperbau
- persönlichkeitsbedingte Faktoren beim Auszubildenden
- Entwicklungsfaktoren
- Erziehungsbedingungen
- Misserfolg und Frustration
- Lebensrhythmus
- Reizüberflutung
- Drogen
- Gleichaltrigengruppe (Clique)

Um Lernschwierigkeiten wirksam begegnen zu können, ist das Zusammenwirken der Bedingungen differenziert zu analysieren. Es muss die Frage geklärt werden, ob die Lernschwierigkeiten auf biologische oder auf erzieherische bzw. soziale Ursachen zurückzuführen sind. Sind die Lernschwierigkeiten biologisch bedingt, entziehen sie sich der Einflussnahme durch den Ausbilder und gehören in den Verantwortungsbereich von Therapeuten oder Ärzten. Sind andere Gründe dafür verantwortlich, bestehen für den Ausbilder Einflussmöglichkeiten.

Die Jugendlichen befinden sich in einem Teufelskreis. Die Lösung heißt in den meisten Fällen: Individuelle Förderung.

Meist hilft nur individuelle Förderung, den Teufelskreis aufzubrechen

Die Folge von Lernschwächen sind häufig Versagensängste. Bei jeder neuen Aufgabe besteht die Gefahr, dass die (vermeintliche) Unfähigkeit erneut bestätigt wird. Von Mal zu Mal wird die Situation für den Betroffenen schlimmer. Zur Vorbeugung neuer Misserfolgserlebnisse entwickeln Jugendliche viel Phantasie.
Die Angst vor erneutem Versagen führt bei den Auszubildenden zu unterschiedlichen Reaktionen, die alle dem Selbstschutz dienen: Es kommt zu Desinteresse, Unlust oder aggressivem Verhalten.

Der Ausbilder hat die Aufgabe, diesen „Teufelskreis" aufzubrechen. Das gelingt am ehesten, wenn den Auszubildenden durch neue Lernerfahrungen Erfolgserlebnisse vermittelt werden können. Möglichkeiten dazu sind u.a.:

Erfolgserlebnisse sind ein Mittel, den Teufelskreis aufzubrechen

- Lernen erfolgt zum Lösen von Aufgaben, nicht nur zum Erreichen von Noten.
- Das Lerntempo kann selbst bestimmt werden, dadurch entsteht weniger Zeitdruck.
- Lernwege nicht vorgeben, den Auszubildenden die Möglichkeit lassen, individuelle Lernwege auszuprobieren.

Handlungsfeld 3:
Ausbildung durchführen

- Mehr anschauliches als abstraktes Lernen.
- Gelernt wird gemeinsam in Gruppen und nicht im Vergleich zu anderen.
- Erfahrungslernen steht im Vordergrund, nicht das sture Auswendiglernen.

> Bei Lernschwierigkeiten ist jeder Fall einmalig. Zur Problemlösung gibt es keine Patentrezepte. Die Ursachen müssen genau analysiert, Lösungsstrategien individuell entwickelt werden.

Verhaltensauffälligkeiten

Verhaltensschwierigkeiten bei Jugendlichen sind häufig auf Unsicherheit bezüglich der eigenen Rolle innerhalb der Gesellschaft oder der Gruppe zurück zu führen. Auffällige Verhaltensweisen treten meist auf, wenn der Auszubildende sich den an ihn gestellten Anforderungen nicht gewachsen fühlt. Das kann im Leistungsbereich, aber auch im persönlichen oder sozialen Bereich der Fall sein.

> **Sozialisationsinstanz**
>
> Wichtige gesellschaftliche Einrichtungen (Institutionen), welche die Sozialisation des Individuums beeinflussen.
> In der Phase der primären (frühen) Sozialisation ist das vor allem die Familie.
> In der sekundären Sozialisation (ab dem Kindergarten- und Schulalter sind es auch die Institutionen der Bildung (schulische S.), des Berufes (berufliche S.) und der Massenmedien, die auch im Erwachsenenalter weiter wirken.

Verhaltensauffälligkeiten führen häufig zu Konflikten

Auffälliges Verhalten, aber auch Lernschwierigkeiten führen häufig zu Konflikten in der Ausbildung. In jeder Gruppe – so auch in der Sozialisationsinstanz Betrieb – gelten bestimmte Regeln. Die Normensysteme der jeweiligen Sozialisationsräume erleichtern dem Jugendlichen die Orientierung für sein Handeln, erschweren jedoch beim Wechsel des Sozialisationsraumes die Umstellung/Anpassung. Fehlverhalten bzw. Nichteinhaltung der Normen führt zu Sanktionen. Die Rollen, die Menschen in verschiedenen Gruppen einnehmen, muss der Jugendliche noch erlernen.
Der Ausbilder kann die Entwicklung von Gruppenprozessen, die Übernahme von Rollen, von Verantwortung aber auch die Motivation bei den Auszubildenden gezielt fördern.

Kooperation mit externen Stellen

Drogen- und Alkoholmissbrauch, ein nicht gelöstes Problem in unserer Gesellschaft

Eine wachsende Gefahr in unserer Gesellschaft ist der Missbrauch von Drogen (einschließlich Alkohol). Vor allem Jugendliche sind aufgrund der schwierigen Phase der Sozialisation besonders anfällig für diese Gefahren. Sie glauben damit ihre Probleme lösen zu können. Die mit Suchtgefahren zusammenhängenden Lernschwierigkeiten und Verhaltensauffälligkeiten von Auszubildenden übersteigen häufig die Kompetenz und Einflussmöglichkeit des Ausbilders. Die Zusammenarbeit mit externen Beratungsstellen ist erforderlich.

Gefahren durch Drogen

Dem Missbrauch durch Alkohol- und Drogenverbot im Betrieb vorbeugen

§ 14 BBiG verlangt vom Ausbildenden, den Auszubildenden charakterlich zu fördern und dafür Sorge zu tragen, dass er sittlich und körperlich nicht gefährdet wird (das gilt auch für bereits erwachsene Auszubildende). Zweifellos gehört der Missbrauch von Alkohol und Drogen zu diesen Gefährdungen. Zunächst hat der Ausbildende also dafür Sorge zu tragen, dass der Konsum von Alkohol und Drogen im Ausbildungsbetrieb nicht möglich ist. Ausbildender und Ausbilder müssen vor allem die Vorschriften des Berufsbildungsgesetzes, des Jugendschutzgesetzes (JuSchG) und die Unfallverhütungsvorschriften beachten.

Lernschwierigkeiten und Verhaltensauffälligk...

Ursachen von Drogenkonsum

Die Ursachen für Drogenkonsum sind vielfältig. In der Regel lassen sich keine eindimensionalen Gründe feststellen. Auch ist die individuelle Hemmschwelle bei den Jugendlichen sehr unterschiedlich. Bei einigen ist es Neugier, andere versuchen damit ihre Probleme in den Griff zu bekommen, ein ausgesprochen trügerischer Versuch. Einige Beispiele verdeutlichen die Vielzahl von Gründen:

- Verführung durch andere (Freunde, Dealer, Abhängige)
- Neugier auf Dinge, von denen man viel gehört hat, die man aber nicht kennt
- Gruppenzwang, Mutprobe
- Wunsch nach Entspannung und Abbau von Hemmungen
- Gestörte Familienverhältnisse
- Mangel an primärer menschlicher Wärme, Beziehungsprobleme
- Vereinsamung mit Angstkrisen in der industriellen Massengesellschaft
- Leistungsdruck in der Ausbildung
- Angst, mit den Anforderungen nicht fertig zu werden
- ...

Der Eins... genkarriere kann vi... Gründe haben

Wie kann der Ausbilder helfen?

Wichtig ist, dass die Probleme nicht „unter den Teppich gekehrt", sondern offen angesprochen werden. Bereits im Vorfeld kann durch klare betriebliche Regelungen Vorsorge getroffen werden. Wissen die Betroffenen, was auf sie zukommt, fällt der Umgang mit Alkohol- und Drogenproblemen leichter, Hilfe ist früher möglich:

- Klare Regeln zum Umgang mit Alkohol und Drogen im Betrieb (am besten absolutes Verbot)
- Klare Vorgehensweise bei Verstößen festlegen
- Schriftliche Regelungen an alle Auszubildenden und Mitarbeiter aushändigen
- Im Rahmen von Betriebsversammlungen (JAV-Versammlungen) darüber informieren
- Information über Drogenmissbrauch

Die Drogenproblematik darf kein Tabu sein

Wichtig: Im Betrieb müssen klare Regeln für den Umgang mit Alkohol und Drogen existieren

Prävention ist nicht immer ausreichend. Was muss getan werden, wenn ein konkreter Verdacht auf Suchterkrankung vorliegt?
Gespräche sind immer ein adäquates Mittel. Auf keinen Fall darf weggesehen werden. Für den Suchtgefährdeten oder Süchtigen ist es wichtig, dass die Sucht nicht verharmlost wird. Ihm müssen klar die Folgen seines Verhaltens aufgezeigt werden. Das kann so weit gehen, dass ihm die Beendigung des Ausbildungsverhältnisses angedroht oder sogar vollzogen wird. Wichtig in solchen Fällen ist, dass dem Betroffenen in Aussicht gestellt wird, dass er bei erfolgreicher Therapie seine Ausbildung fortsetzen kann. Durch die Erhöhung des Leidensdruckes wächst die Wahrscheinlichkeit, dass er tatsächlich etwas gegen seine Abhängigkeit unternimmt.

Bei akuten Drogenproblemen auf keinen Fall wegsehen, sondern das Problem annehmen und bearbeiten

Erst wenn der Betroffene einsieht, dass er professionelle Hilfe benötigt, wird er diese auch in Anspruch nehmen. Die Eltern/Erziehungsberechtigten bzw. Lebenspartner müssen in solche Gespräche unbedingt einbezogen werden.

Nur das Aufzeigen und Durchsetzen klarer Konsequenzen ist eine wirkliche Hilfe für den Betroffenen

In den meisten Fällen ist es erforderlich, externe Beratungsstellen einzuschalten (Gesundheitsamt, Jugendamt, Kontaktgruppen, Selbsthilfegruppen), die in jeder größeren Stadt existieren. Jeder Ausbilder muss die Ansprechpartner kennen und wissen, an wen er sich im Notfall wendet.

Handlungsfeld 3:
Ausbildung durchführen

> **Sie wissen jetzt, ...**
> - auf welche Ursachen Lernschwierigkeiten zurückzuführen sind.
> - wie der Teufelskreis bei Lernschwierigkeiten durch individuelle Förderung durchbrochen werden kann.
> - welche Ursachen Verhaltensauffälligkeiten haben und wie sie sich in der Ausbildung auswirken.
> - dass Drogen-, Alkohol und Tablettenmissbrauch auch in der Ausbildungspraxis ein Problem darstellen.
> - welche Ursachen zu Drogen- und Alkoholabhängigkeit führen.
> - wie sich Ausbilder bei Drogen- und Alkoholkonsum in der Ausbildung verhalten müssen.
> - dass klare Regeln zum Umgang mit Alkohol und Drogen das Problem eindämmen helfen.
> - warum häufig nur Fachleute wirklich helfen können.

Soziale Gruppen in Ausbildung und Gesellschaft

Was ist eine Gruppe?

Der Begriff Gruppe ist im allgemeinen Sprachgebrauch nicht eindeutig belegt.

Beispiel:
An einer Bushaltestelle stehen einige Wartende. Endlich kommt der Bus, hält kurz, aber nur die Tür zum Aussteigen wird geöffnet. „Überfüllt", ruft der Fahrer und fährt sofort an. Plötzlich beginnt an der Haltestelle ein älterer Mann loszuschimpfen. „Unverschämtheit, können die nicht dafür sorgen, dass man wenigstens von hier in die Stadt kommt. Ich muss zur Sparkasse, die macht in 20 Minuten zu!" „Ich will noch einkaufen fahren, wenn mein Mann nachher nach Hause kommt, muss doch was auf dem Tisch sein", erregt sich eine resolute ältere Dame. „Ich verpasse bestimmt meinen Zug," klagt eine junge Frau, „wir wollen in Urlaub fahren, mein Freund und ich." ...

Zum Nachdenken

In einer Ansammlung von Menschen sind durch ein Ereignis von außen, durch gemeinsamen Ärger und Enttäuschung plötzlich Beziehungen entstanden. Fremde Menschen nehmen Kontakt zueinander auf, berichten über Persönliches, äußern Unmut, empfinden Gemeinsamkeit.

Sicherlich kann man im allgemeinen Sprachgebrauch die Wartenden an der Bushaltestelle als Gruppe bezeichnen. Es sind auch einige wichtige Kriterien erfüllt, die eine soziale Gruppe ausmachen – längst jedoch nicht alle.

Eine soziale Gruppe ist mehr als die zufällig Ansammlung von Personen

Gruppen sind Gebilde, die sich durch Gruppenbeziehungen, -normen, und -ziele, eine Gruppensprache, Rollen und Rangordnungen auszeichnen.

Der Einfluss des Ausbilders auf die „Auszubildenden-Gruppe" hängt von seinen pädagogischen und kommunikativen Kenntnissen und Fähigkeiten ab. Insbesondere kann er Gruppenbeziehungen und Rollenzuweisungen beeinflussen.

Die Merkmale einer sozialen Gruppe sind:
- gemeinsame Ziele,
- Verteilung von Aufgaben (Rollen) innerhalb der Gruppe,
- Kontakte über eine längere Zeit,
- gemeinsame Interaktionen (jeder kann mit jedem in Kontakt treten),
- gemeinsame Verhaltensweisen und ggf. Sprache,
- gemeinsames Maß an Organisation.

Das macht eine soziale Gruppe aus

Durch diese Merkmale unterscheiden sich Gruppen von Ansammlungen (soziale Aggregate), d.h. Personen, die an einem Ort kurzfristig zusammenkommen, ansonsten aber nichts miteinander zu tun haben (z.B. Personen an einer Bushaltestelle oder bei einer Wahlkundgebung).

Wie entstehen Gruppen?

Die Beantwortung der Frage, wie Gruppen entstehen, führt zur Unterscheidung von zwei verschiedenen Gruppentypen: Der formellen und der informellen Gruppe.

Handlungsfeld 3:
Ausbildung durchführen

Formell oder informell: Die Art der Entstehung macht den Unterschied

Formelle Gruppen

Formelle Gruppen sind geplante Organisationseinheiten. Ziele, Aufgaben, Rollen und Beziehungen werden vorgegeben (z.B. Organisation einer Abteilung, Seminar für Ausbildungsfachkräfte, Einteilung der Gruppen für die Gruppenarbeit).

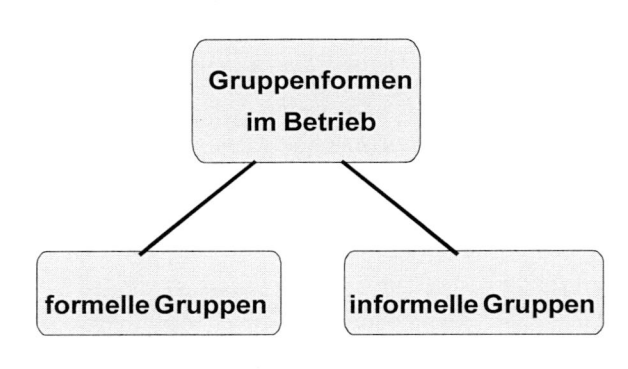

```
        Gruppenformen
         im Betrieb
         /        \
formelle Gruppen   informelle Gruppen
```

Jeder größere Betrieb gliedert sich in verschiedene formelle Gruppen, die organisatorisch fest verankert sind. So gibt es die Abteilungen mit ihren jeweiligen Abteilungsleitern/innen. Der Firmeninhaber oder Chef und die Abteilungsleiter/innen bilden wiederum eine eigene formelle Gruppe. Weitere formelle Gruppen sind der Gruppen- bzw. Teamleiter oder der Vorarbeiter mit seiner Arbeitsgruppe, der Ausbilder mit den Auszubildenden.

Neben den organisatorisch fest verankerten Gruppen entstehen im Arbeitsprozess immer wieder neue formelle Gruppen: Oftmals ist ein neuer Auftrag, ein Projekt der Auslöser für eine Neugruppierung von Mitarbeitern.

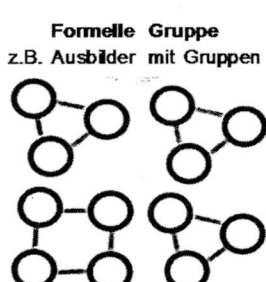

Wenn junge Menschen in die betriebliche Ausbildung eintreten, haben sie schon vielfältige Erfahrungen mit formellen Gruppen gemacht. Neben der Kleingruppe „Familie" haben sie formelle Gruppen wie den Kindergarten, die Schule oder den Verein kennen gelernt.

Formelle Gruppe z.B. Ausbilder mit Gruppen

Informelle Gruppen

Als informelle Gruppen bezeichnet man spontan entstandene Gebilde. Sie beruhen meist auf Freiwilligkeit (z.B. Betriebssportgruppe, Betriebsstammtisch). Die Bildung informeller Gruppen wird begünstigt durch Sympathie und gemeinsamen Interessen. Die Ziele in dieser Gruppe werden von den Gruppenmitgliedern selbst definiert.

Sie bilden sich ohne ausdrückliche Absprachen. Zur informellen Gruppenbildung kommt es, wenn Menschen häufig Kontakt haben und sich als zusammengehörig erleben. Die Motive hierfür sind vielfältig:

Informelle Gruppe z.B. Peer-Group

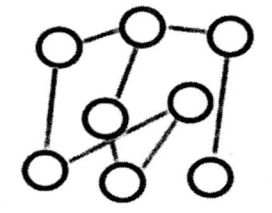

> Man hat das Gefühl, irgendwohin zu gehören, nicht allein zu sein.
> Man möchte die Freizeit in angenehmer Gesellschaft verbringen.
> Bei Überforderung im Betrieb kann man sich gemeinsam besser wehren.
> Man kann gemeinsame Interessen entwickeln.
> Man möchte die Lebensweisen der Anderen miterleben und den eigenen Stil, die eigene Individualität entwickeln.
> Man will eine Aufgabe übernehmen, die soziale Anerkennung bringt.

Soziales Aggregat z.B. Wartende an der Haltestelle

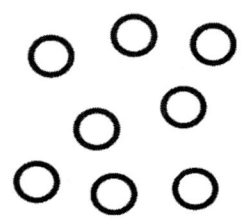

Um das Verhalten der Jugendlichen einschätzen zu können, ist die Kenntnis von Gruppenprozessen sehr wertvoll.

Soziale und persönliche Entwicklung Auszubildender fördern

Die Bedeutung von Gruppen für Jugendliche

Gruppen sind für die soziale Entwicklung, das soziale Lernen immens wichtig. Das Einüben sozialer Verhaltensweisen, der Umgang mit Regeln, das sich Anpassen, die Übernahme von Aufgaben und das Teilhaben an Entscheidungen wirkt auf den Jugendlichen ein. Er muss lernen mit unterschiedlichsten Situationen zurecht zu kommen.

Eigene Schlüsse zu ziehen und richtig zu handeln sind Ergebnisse von Gruppenprozessen, die sowohl in formellen als auch in informellen Gruppen bewusst bzw. unbewusst eingeübt werden.

> **Bedeutung von Gruppen**
>
> Gruppen sind wichtig für
> - Die Lern- und Leistungsmotivation
> - Das soziale Lernen (Einüben von Verhaltensweisen)

Die Gleichaltrigengruppe (Peer-Group) wird von Jugendlichen meist dann verlassen, wenn sie zu einer stabilen Zweierbeziehung mit einem Partner finden, der selbst nicht der Gruppe angehört. Besonders häufig ist dies bei Gruppen zu beobachten, die sich bilden, um gemeinsamen Interessen nachzugehen wie z.B. Motorradgruppen oder Bürgerinitiativen.

Jugendliche müssen ihren Weg finden: Peer-Groups helfen ihnen dabei

Abgrenzung der Gruppen untereinander

Die Abgrenzung von Gruppen erfolgt untereinander durch Gruppennormen. Das sind Regeln, die zu befolgen sind und auch die Verhaltensweisen in der Gruppe und gegenüber Außenstehenden festlegen. Auch eine Gruppensprache (Redewendungen, die nur von Gruppenmitgliedern verstanden werden) dient zur Festlegung einer spezifischen Gruppenidentität.

Vor- und Nachteile einer Gruppe

Die Vorteile einer Gruppe bestehen in dem „Wir-Gefühl" - z.B. nicht alleine mit seiner Meinung zu sein. Gemeinsame Interessen und Ziele können so besser verfolgt werden. Ein Umstand, den der Ausbilder für die Belange der Ausbildung nutzen kann, wenn er die Gruppenprozesse beobachtet und für seine Zwecke nutzt. Wenn es ihm gelingt, das Interesse zu fördern, die natürliche Neugierde der Auszubildenden zu wecken, die Auszubildenden eigenständig praktisch arbeiten zu lassen, die gruppendynamischen Prozesse in Richtung gegenseitige Unterstützung zu entwickeln, ist eines der wesentlichen Kernziele der Ausbildung erreicht.

Das „Wir-Gefühl" kann Vorteil aber auch Nachteil von Gruppen sein

Gefahr bei informellen Gruppenbildungen besteht, wenn sich Gruppen gesellschaftlicher Minderheiten zusammenschließen (sprachlich, religiös, politisch, ...). In diesen Gruppen suchen die Jugendlichen Rückhalt, wollen ihr Minderwertigkeitsgefühl überwinden. Dabei entwickeln sich häufig Abneigungen gegen alles vermeintlich Andere. Minderwertigkeitsgefühl, Hass und Gewalt liegen nahe beisammen.

Entwicklungsphasen von Gruppen

Unabhängig von den Aufgaben und den Gruppenmitgliedern weist jede Gruppe typische Entwicklungsphasen auf:

1. Orientierungsphase (forming)
2. Konfliktphase (storming)
3. Kooperationsphase (norming)
4. Arbeitsphase (performing)
5. Auflösungsphase

Egal ob Qualitätszirkel oder Projekt: Diese Gruppenphasen werden immer durchlaufen

Die Vor- und Nachteile der Gruppenarbeit stehen im Zusammenhang mit den jeweiligen Phasen. Das Wissen über diese Zusammenhänge hilft dem Ausbilder, die zum Beginn der Gruppenbildung stärkere Fremdsteuerung systematisch durch Selbststeuerung zu ersetzen.

Handlungsfeld 3: Ausbildung durchführen

Das soziale Beziehungsgefüge einer Gruppe

Rollenentstehung und Rollenverteilung

Jeder hat seinen Platz: Rollen erwecken eine soziale Gruppe zum Leben

Im Prozess der Gruppenentwicklung bildet sich die Struktur einer Gruppe in zweifacher Hinsicht heraus:

➢ Aus den Zu- und Abneigungen zwischen den Gruppenmitgliedern entsteht ein Netz informeller Sympathie-Antipathie-Beziehungen.

➢ Bezogen auf den formalen Gruppenzweck differenzieren sich Funktionen und Rollen.

Den Rollen und die Personen, die wir wahrnehmen, werden bestimmte Verhaltensweisen zugeschrieben: der Streiter, der Ausgleichende, der Schüchterne, der Redselige, der Allwissende, der Ablehnende, der Uninteressierte, der Ausfrager, das große Tier.
Rollen dieser Art entstehen aus den Versuchen, Verhaltensweisen einzelner Gruppenmitglieder im Hinblick auf den Gruppenprozess als die typische Eigenschaft ihrer Person zu erklären. Das vermittelt für das eigene Verhalten ihnen gegenüber eine gewisse Sicherheit, führt aber häufig dazu, dass man den Absichten und Bedürfnissen der betreffenden Person nicht gerecht wird. Das Etikett, das Stereotyp, das man sich zurechtlegt, behindert häufig den Blick für das eigentliche Anliegen und Verhalten dieser Person.

In jeder Gruppe entstehen im Wechselspiel der Gruppenmitglieder verschiedene Rollen. Jeder beeinflusst die Gruppe auf seine Art und Weise und merkt, wie er selbst von der Gruppe beeinflusst wird. Auszubildende testen in ihrer „neuen Gruppe" Freiräume aus, spüren die Reaktionen und Erwartungen der Anderen, verändern daraufhin ihre Verhaltensweisen. Durch die Wechselwirkung zwischen Individuum und Gruppe kommt es zur allmählichen Ausformung der jeweiligen Rolle.

Was ist eine Rolle?

Jeder Mensch ist Träger einer Vielzahl von Rollen. So wird z.B. von einem Ausbilder ein bestimmtes Verhalten gegenüber seinem Vorgesetzten erwartet, ein anderes Verhalten gegenüber den Auszubildenden und ein wieder anderes gegenüber den Fachkräften. Daneben ist der Ausbilder noch Ehemann(-frau) und Vater (Mutter), Mitglied in einem Verein oder einer Partei.

Aufgaben- und Erhaltungsrollen, ohne sie läuft in der Gruppe nichts

> **Definition: Rolle**
>
> Eine Rolle beschreibt die Summe aller von einer Person in einer bestimmten Situation erwarteten Verhaltensweisen. Im Hinblick auf die Aufgabenstellung und Ziele einer Gruppe und ihrer positiven Entwicklung lassen sich
>
> ➢ instrumentelle Aufgabenrollen zur Erreichen des Gruppenzieles und
>
> ➢ sozial-emotionale Erhaltungs- und Aufbaurollen zur sozialen Bestandssicherung der Gruppe
>
> unterscheiden.

Innerhalb einer Gruppe hat jedes Mitglied eine Rolle. In formellen Gruppen handelt es sich in erster Linie um aufgabenbezogene Rollen (Koordinator, Entwickler, ...). Neben diesen Rollen gibt es zum Teil parallel weitere Rollen (Erhaltungsrollen), die für die Entwicklung der Gruppe sehr wichtig sind: Der Vermittler, der Zuhörer, der Impulsgeber, etc. Aufgaben- und Erhaltungs- bzw. Aufbaurollen fördern den Gruppenprozess. Demgegenüber wirken sich Negativrollen als hinderlich und den Gruppenprozess störend aus.

Negativrollen weisen auf Störungen im Gruppengefüge hin

Besonders Negativrollen sind es, die in der Ausbildung wegen ihrer hemmenden Wirkung auffallen. Es wäre jedoch falsch, störende Verhaltensweisen vornehmlich als unwahre Aktivität der betreffenden Personen aufzufassen. Ihr Auftreten sollte als Ausdruck der Tatsache verstanden werden, dass der Abstimmungs- und Integrationsprozess der Gruppe noch nicht derart entwickelt ist, dass es allen Gruppenmitgliedern möglich ist, individuelle Bedürfnisse und Gruppenaktivitäten miteinander zu vereinbaren.

Soziale und persönliche Entwicklung Auszubildender fördern

Typische Rollen in einer Ausbildungsgruppe

Wer in der einen Gruppe der Star ist oder zum Führer gewählt wird oder als Außenseiter gilt, muss in einer anderen Gruppe keineswegs dieselbe Position einnehmen.

Die Inhalte der Rollen und ihr Ansehen in der Gruppe hängen von der Zusammensetzung der Gruppen, den Zielen, der Gruppengröße und Gruppenstruktur ab.

Innerhalb einer Gruppe hat jedes Mitglied eine Rolle. In formellen Gruppen sind die aufgabenbezogenen Rollen in der Regel klar umschrieben (Aufgaben-, Arbeitsplatzbeschreibungen).

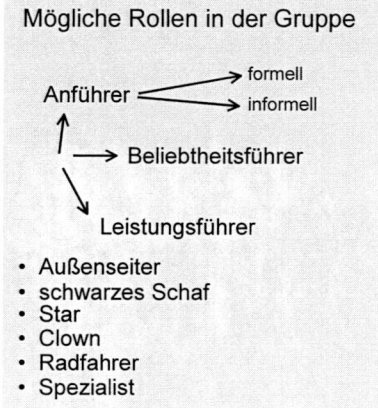

Mögliche Rollen in der Gruppe

Anführer → formell / informell
↓ Beliebtheitsführer
↓ Leistungsführer

- Außenseiter
- schwarzes Schaf
- Star
- Clown
- Radfahrer
- Spezialist
- ...

Klassische Rollen: Anführer und Schwarzes Schaf

Rollenkonflikte

Jeder Mensch, so auch Auszubildende, gehören mehreren Gruppen an. In jeder Gruppe gelten eigene, oftmals sehr gegensätzliche Ziele, Normen, Werte und Rollenzuweisungen.

Gelegentlich sind die verschiedenen Rollen nicht miteinander zu vereinbaren. Daraus resultieren Spannungen und Konflikte, es kommt zu einem Rollenkonflikt.

Der Jugendliche muss in unterschiedlichen Gruppen (z.B. Betrieb, Familie, Fußballmannschaft) verschiedene - oft gegensätzliche - Rollen übernehmen (Interrollenkonflikt) oder er kann den Erwartungen, die mit einer Rolle verbunden sind, nicht gerecht werden (Intrarollenkonflikt).

Rollenkonflikt

Unterordnung → Jugendlicher ← Führung
↑ Betrieb erwartet ↑ Mannschaft erwartet

Lassen sich Rollen oder Erwartungen an eine Rolle nicht miteinander vereinbaren, kommt es zum Rollenkonflikt

Zu Rollenkonflikten kann es auch beim Ausbilder kommen, wenn er z.B. für einen Jugendlichen gleichzeitig väterlicher Freund und Ausbilder sein will (Intrarollenkonflikt). Der Begriff des Rollenkonflikts bezieht sich immer auf eine Person.

Definition Rollenkonflikt:

Interrollenkonflikt: Verschiedene Rollen (z.B. Auszubildender und Mannschaftsführer einer Fußballmannschaft) lassen sich nicht bzw. nicht ohne weiteres miteinander vereinbaren.

Intrarollenkonflikt: Innerhalb einer Rolle (z.B. Ausbilder) werden an die Person unterschiedliche Erwartungen gestellt.

Status – Der Wert einer Rolle

Rollen sind nicht nur ein neutraler Begriff von Anforderungen und Erwartungen, die der Inhaber der Rolle zu erfüllen hat, sie unterliegen einer mehr oder minder ausgeprägten Wertschätzung. Man spricht von einem „Status", dem Rang, der einer Rolle bzw. dem Träger zukommt. Aufgrund des Status ergibt sich in einer Gruppe eine Rangordnung.

Die formelle Rangordnung der Auszubildenden erfolgt durch den Ausbilder in der Regel aufgrund der von den Auszubildenden erbrachten Leistungen (Geschicklichkeit, Denkvermögen, ...) oder des gezeigten Sozialverhaltens (Freundlichkeit, Pünktlichkeit, ...). Informelle Rangordnungen entstehen dagegen gruppenintern und unterscheiden sich häufig von der formellen Rangordnung. Hier zählt z.B. der Stärkste, der Frechste, usw.

Status: Nicht jede Rolle hat das gleiche Ansehen

Handlungsfeld 3:
Ausbildung durchführen

Auflösung der Gruppe

Während der Zerfall informeller Gruppen in engem Zusammenhang mit der Reifung der Gruppenmitglieder (z.B. Hinwendung zu Zweierbeziehungen in der Adoleszenz, Interessenumorientierung, usw.) steht, sollte die Auflösung einer formellen Gruppe immer dann erfolgen, wenn nur die Rangkämpfe unter den Gruppenmitgliedern im Vordergrund stehen und Arbeitsergebnisse und Lernerfolge kaum noch zählen.

Eine andere Zusammensetzung einer Gruppe kann neue Akzente setzen und das Lern- und Leistungsverhalten beleben. In der Praxis ist dies u.U. schwierig, wenn nur wenige Auszubildende im Betrieb sind. Trotzdem muss nach Möglichkeiten gesucht werden, da sonst der Lernerfolg stark in Frage gestellt ist.

Störungen im Gruppengefüge können durch das Ausbildungsthema, die Aufgabenstellung, die Form des Arbeitsauftrages oder durch das Verhalten bzw. den Führungsstil des Ausbilders ausgelöst werden.

Der Ausbilder als Konfliktmanager

Konflikte treten in jeder Organisation, in jeder Gruppe auf, das gilt natürlich auch oder gerade für die Situation in der Ausbildung. Konflikte zeichnen sich durch ein von Gefühlen der Spannung erlebtes Betroffensein durch Unvereinbarkeiten aus. Konflikte können auf persönlichkeitsbedingten, zwischenmenschlichen oder sach- oder systembedingten Störungen beruhen.

> **Konflikt**
>
> Entwickeln zwei oder mehr Personen negative Beziehungen zueinander, weil zwischen ihnen Unvereinbarkeit von Zielen, Interessen, Absichten usw. besteht, spricht man von einem sozialen Konflikt.

Der Umgang mit Konflikten muss gelernt werden

Je nach Umgang des Ausbilders mit Konflikten, wie sie durch ihn bearbeitet und bewältigt werden, können sie fördernd aber ebenso schädigend auf Gruppenprozesse wirken.

Erkennungsmerkmale eines Konfliktes

Es gibt typische Merkmale für Störungen in der Beziehung zwischen Personen.

Frühzeitiges Erkennen von Konflikten ist für den Ausbilder wichtig

Ein deutliches Symptom ist der Rückzug bzw. aufkommendes Desinteresse Einzelner. Unter Auszubildenden kann sich das in Nachlassen der Kommunikation und sinkender Arbeitsmotivation zur Zusammenarbeit dokumentieren. Dieser Rückzug kann sich schnell zu Ablehnung entwickeln. Für das Erreichen des Gruppenzieles wichtige Informationen werden bewusst zurückgehalten und Arbeiten schlampig ausgeführt. Steigerung bis zur Aggressivität und Feindseligkeit sind möglich. In solchen Phasen kommen vorher unterdrückte Gefühle und Missstimmungen zum Ausbruch. Erst dann wird offen gezeigt, wie man sich fühlt und was man vom Anderen denkt.

Weitere deutlich wahrnehmbare Symptome sind Intrigen und Gerüchte. Durch das Schlechtmachen des Anderen versucht man, sich in diesem Konflikt die Unterstützung von Dritten zu verschaffen.

Umgang mit Konflikten

Konflikte belasten den Ausbildungsprozess

Konflikte belasten die Ausbildung, sie lenken vom Lernen ab. Nicht aufgearbeitete oder beseitigte Konflikte schwelen weiter. Sie können schließlich dazu führen, dass Aufgaben nur noch mit Widerwillen erledigt werden, sich immer mehr Fehler einschleichen, die Qualität der Ausbildung sinkt. Am Ende beschäftigen sich die Auszubildenden überwiegend mit dem Konflikt, investieren einen großen Teil ihrer Energie darin, den Konflikt zu bearbeiten.

Soziale und persönliche Entwicklung Auszubildender fördern

Ansätze zu einer Konfliktlösung

Konflikte und Konfliktbewältigung aktivieren kognitive und emotionale Vorgänge. Die Bemühungen um eine Lösung sind nur dann erfolgreich, wenn sie in ein gefühlsmäßig akzeptables Klima eingebettet sind. Unkontrollierte Emotionen sind der Feind jeder konstruktiven Konfliktlösungsstrategie.

Konfliktlösungsstrategie
➢ Den Konflikt annehmen
➢ Die Ursache heraus arbeiten
➢ Auf den eigentlichen Konfliktstoff konzentrieren
➢ Wirkliche Lösungen brauchen Zeit
➢ Emotionen nicht unterdrücken
➢ Bedenken ernst nehmen
➢ Äußere Konflikte haben ihre Ursache häufig in der Person
➢ Ein Konflikt ist kein Wettkampf
➢ Gemeinsame Lösungsmöglichkeiten mit den Betroffenen entwickeln
➢ Die Betroffenen schließen einen „Vertrag" über Lösungsstrategien

Aufgabe des Ausbilders bei Konflikten ist es, den Prozess wieder auf die Sachebene zu bringen und Beiträge zu einer sachlichen Konfliktlösung zu liefern.

Für die Lösung von Konflikten gibt es kein Patentrezept, sie müssen situations-, inhaltsbezogen und individuell bearbeitet werden.

Gespräche mit den Beteiligten, in denen die Gründe erörtert werden, sind die Basis für erfolgreiche Konfliktbewältigung.

Liegt der Konflikt in der Berufswahl, sind interessante Aufgabenstellungen, die Anwendung freier Arbeitsmethoden (z.B. Gruppenarbeit, Rollenspiel, Projekt) oder die Delegation von Verantwortung besonders förderlich, um den Konflikt zu überwinden. In Extremfällen kann der Vorschlag zu einem Berufswechsel für den Auszubildenden eine adäquate Konfliktlösung darstellen.

Nicht jeder Konflikt kann vom Ausbilder selbst gelöst werden. Er muss seine eigenen Grenzen erkennen und gegebenenfalls externe Hilfe in Anspruch nehmen:

➢ Ausbildungsberater
➢ Schulpsychologische Beratungsstellen
➢ Kooperation mit Schule und Eltern / Erziehungsberechtigten
➢ Externe Stellen wie Jugendamt
➢ Drogenberatungsstellen

Manchmal zur Konfliktlösung erforderlich: Die Hilfe von Fachleuten

---

Sie wissen jetzt, ...

✓ was eine soziale Gruppe kennzeichnet.
✓ wie Gruppen entstehen.
✓ wie sich formelle und informelle Gruppen unterscheiden.
✓ welche Vor- aber auch Nachteile Gruppen für die Entwicklung des Auszubildenden haben.
✓ welche Entwicklungsphasen Gruppen durchlaufen.
✓ wie das Beziehungsgefüge in sozialen Gruppen aufgebaut ist und welche Bedeutung hierbei die Begriffe Rolle und Status spielen.
✓ was Rollenkonflikte sind.
✓ wozu Soziogramme dienen.
✓ welche Arten von Konflikten es gibt, wie sie entstehen und wie der Ausbilder sie frühzeitig erkennt.
✓ welche Ursachen Konflikte haben und wie der Ausbilder sie positiv für den Ausbildungsfortschritt nutzt.

Handlungsfeld 3:
Ausbildung durchführen

Lernerfolgskontrollen in der Ausbildung

Das Salz in der Suppe: Lernerfolgskontrollen

Ausbilden ohne den Lernerfolg zu messen, ist auch in einer modernen Ausbildung undenkbar. Sicherlich will man, im Gegensatz zu früher, mit Erfolgskontrollen den Auszubildenden nicht disziplinieren, sondern ihn im Rahmen eines Personalentwicklungskonzeptes fördern. Zudem möchte man vom Auszubildenden Feedback über die eigene Ausbildungsleistung erhalten, um so Wege zur Optimierung der Ausbildung zu finden.

Lernerfolgskontrollen und Beurteilungsgespräche im Ausbildungsprozess

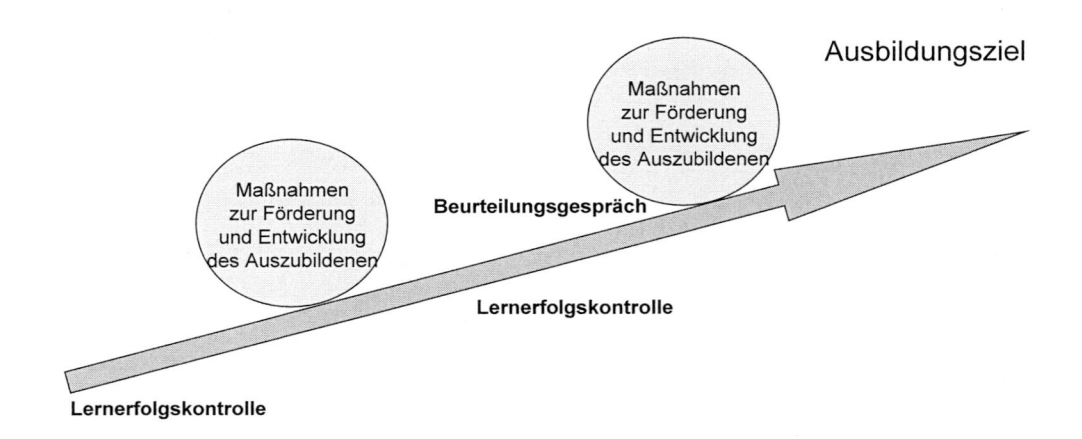

Ausbildungsziel

Maßnahmen zur Förderung und Entwicklung des Auszubildenen

Beurteilungsgespräch

Maßnahmen zur Förderung und Entwicklung des Auszubildenen

Lernerfolgskontrolle

Lernerfolgskontrolle

Warum Lernerfolgskontrollen so wichtig sind?

Gezieltes Steuern setzt IST/SOLL-Vergleiche voraus

Ähnlich dem Manager, der das Geschehen im Unternehmen steuert, ist der Ausbilder der Steuermann im Bereich der Ausbildung. Im Ausbildungsprozess ist es von Zeit zu Zeit erforderlich, nach dem Berufsbildungsgesetz gar vorgeschrieben (§ 14 BBiG), einen Ist/Soll-Vergleich beim Ausbildungsstand vorzunehmen. Individuelle Stärken, aber auch Schwachpunkte werden erkannt.

Definition: Standardisierte Tests sind keine Lernerfolgskontrollen

Im Gegensatz zu standardisierten Tests sind Lernerfolgskontrollen individualisiert und an den jeweiligen Auszubildenden angepasst. Das heißt, sie berücksichtigen seine Voraussetzungen, seine erworbenen Fähigkeiten und Kenntnisse und sein Entwicklungspotential.

Lernerfolgskontrollen richtig planen und gestalten

Die Feststellung des Lernerfolgs und der individuellen Leistungs- und Fähigkeitspotentiale erfolgt zumeist nach jedem größeren Ausbildungsabschnitt. Dabei sollte ein Ausbildungsabschnitt eine Grenze von vier Wochen nicht unterschreiten. Die Ergebnisse sind dem Auszubildenden im Rahmen eines Beurteilungsgespräches darzulegen.

Beurteilungsgespräche führen

Die Stärken und Schwachstellen kommen auf den Tisch

Beurteilungsgespräche werden üblicherweise am Ende eines Ausbildungsabschnittes oder zur Darlegung einer umfassenderen Lernerfolgskontrolle geführt. Im Gespräch gilt es sowohl die bisherigen Leistungen zu würdigen, als auch Schwachstellen und Defizite aufzuzeigen.

Beurteilungsgespräche sind ein sensibles Instrument in der Hand des Ausbilders. Der Ausbilder kann damit Positives in der Entwicklung des Auszubildenden erreichen, aber durch unprofessionellen Einsatz auch Gegenteiliges bewirken.

Lernerfolgskontrollen in der Ausbildung

Ziele des Beurteilungsgespräches

Beurteilungsgespräche sind wichtig, da dem Auszubildenden aus der Sicht des Ausbilders aufgezeigt wird, wie dieser seine Leistungen sieht, das Verhalten einschätzt. Ein Auszubildender kann sich nur ändern, wenn ihm gesagt wird, wo er die an ihn gestellten Erwartungen, die gesteckten Ziele erfüllt und wo nicht.

Beurteilungsgespräche verkleinern den „Blinden Fleck"

Ziel von Beurteilungsgesprächen ist es, gemeinsam die festgestellten Stärken und Schwächen des Auszubildenden, wie auch in der Ausbildung selbst zu analysieren und einen Plan für eine zielorientierte Fortführung der Ausbildung zu erarbeiten (Zielvereinbarung). Lernerfolgskontrollen und Beurteilungsgespräche, die nicht in Zielvereinbarungen münden, sind der Mühe nicht wert.

Wie geht es in der Ausbildung weiter: Zielvereinbarungen beschreiben den gemeinsamen Weg

Ergebnis eines Beurteilungsgespräches soll auch sein, dass der Auszubildende künftig noch besser in der Lage ist, seine Leistungsfähigkeit und sein Verhalten einzuschätzen (Selbsteinschätzungsvermögen).

Grundsätze für das Beurteilungsgespräch

- Beurteilungsgespräche dürfen keine demotivierende Wirkung auf den Auszubildenden haben. Der Ausbilder muss das Beurteilungsgespräch als pädagogisches Instrument zu positiven und ganzheitlichen Förderung des Auszubildenden begreifen und einsetzen.

Überlassen Sie nichts dem Zufall

- Der zuständige Ausbilder führt das Gespräch durch. Er ist für die Förderung und u.U. für den späteren Einsatz seiner Auszubildenden verantwortlich. Er kennt die Fähigkeiten, Verhaltensweisen und Leistungen seiner Auszubildenden aus der täglichen Zusammenarbeit und kann diese daher am besten beurteilen.
- Die Auszubildenden müssen über das Beurteilungssystem und über den Ablauf eines Beurteilungsgespräches informiert sein. Sie erhalten dazu rechtzeitig vor dem Beurteilungsgespräch ein Muster des Beurteilungsbogens.
- Die Beurteilung soll sich auf die Anforderungen und die Beobachtungen und erbrachten Leistungen im Beurteilungszeitraum beziehen.
- Dem Auszubildenden ist sein Ausbildungsstand deutlich zu machen. Ihm sind Wege zur Fortführung der Ausbildung, Hinweise zur Korrektur seines Verhaltens und u.U. auch Konsequenzen bei Nichteinhaltung von Zielvereinbarungen aufzuzeigen.

Sie wissen jetzt, ...
- ✓ warum Lernerfolgskontrollen auch in der modernen Ausbildung wichtig sind.
- ✓ wie Lernerfolgskontrollen zu planen und zu gestalten sind.
- ✓ wie Lernerfolgskontrollen in Beurteilungen einmünden.
- ✓ wozu Beurteilungsgespräche dienen.

Handlungsfeld 3: Ausbildung durchführen

(Zwischen-)Prüfungen, nicht nur Element der Rückmeldung

Zwischenprüfung: Element zur Ermittlung des Ausbildungsstandes

Zur Ermittlung des Ausbildungsstandes verlangt § 48 Abs. 1 BBiG mindestens eine Zwischenprüfung. Unter rechtlichen Aspekten muss ein Auszubildender an der Zwischenprüfung nicht teilnehmen. Die Nichtteilnahme wirft aber ein Problem auf: Gemäß § 43 Abs. 1 Nr. 2 BBiG ist zur Abschlussprüfung zuzulassen, wer an vorgeschriebenen Zwischenprüfungen teilgenommen hat. Ist die Bescheinigung über die Teilnahme an der Zwischenprüfung der Anmeldung zur Abschlussprüfung nicht beigefügt, kann es Schwierigkeiten bei der Zulassung geben.

Über die Zwischenprüfung erstellt die zuständige Stelle (Kammer) eine Teilnahmebescheinigung, die auch der Ausbildungsbetrieb erhält.

Abschlussprüfung in zwei zeitlich auseinander fallenden Teilen

Immer mehr Ausbildungsordnungen sehen die Prüfung in zwei auseinander fallenden Teilen vor (§ 48 Abs. 2 BBiG). In diesen Fällen findet keine Zwischenprüfung mehr statt, sondern eine Prüfung während der Ausbildungszeit wird zum Bestandteil der Abschlussprüfung. Sie fließt mit einem bestimmten Prozentsatz in die Abschlussnote ein. Für die Zulassung zur Abschlussprüfung gelten hier besondere Bestimmungen (§ 44 BBiG).

Pädagogische Funktion der Zwischenprüfung

Über die Erfüllung gesetzlicher Forderungen hinaus verfolgt die Zwischenprüfung (aber auch der erste Teil der Abschlussprüfung) wichtige pädagogische Ziele: Der aktuelle Leistungsstand soll ermittelt werden.

Prüfungen – Standortbestimmung in der Ausbildung

Soll–Ist–Vergleich der aktuellen Leistungen

Jede Art von Prüfung oder Lernkontrolle – also auch die Zwischenprüfung – ist ein Soll/Ist-Vergleich. Solange sich alles im Rahmen des Soll bewegt, sind vordergründig keine besonderen Maßnahmen erforderlich.

Funktionen der Zwischenprüfung:
- Neutraler Soll-Ist-Vergleich durch die Zuständige Stelle
- Vergleichbarkeit des Ausbildungsstandes
- Rückmeldung über den erzielten Ausbildungsstand
- Vergleichbarkeit von beruflichen Qualifikationen
- Sicherung von Ausbildungsstandards
- Feststellung der Berufsbefähigung

Gute Vorbereitung – Garant für eine erfolgreiche (Zwischen-)Prüfung

Eine gute Prüfungsvorbereitung schafft Sicherheit, vermeidet Angst- und Stressreaktionen

Obwohl die Auszubildenden meist wissen, dass sie bei einer solchen (Zwischen-) Prüfung nicht durchfallen können, ruft allein das Wort „Prüfung" bei vielen Menschen unangenehme Gefühle hervor, führt zu Stress. Die Folge können Angstreaktionen sein, die wiederum zu Versagen in der Prüfungssituation führen.

Abbau von Prüfungsangst

Das Phänomen der Prüfungsangst stellt für jeden Ausbilder ein Problem dar. Hat Prüfungsangst tatsächlich solche gravierenden Auswirkungen auf die Prüfungsleistungen, dann ist der Wert der Prüfung als Aussage über die Leis-

Typ	Angstreaktion	Reaktion des Ausbilders/Prüfers
Fluchttyp	Unruhe/ Nervosität	Ruhe, Freundlichkeit, Ermutigung (auf keinen Fall Vorwürfe, Vorhaltungen, Schimpfen, ...)
Angreifertyp	Angeberei	Toleranz, Selbstsicherheit (auf keinen Fall provozieren lassen)
Totsteltyp	Blockaden	Ruhe, Freundlichkeit, Ermutigung, „Anwärmzeit" lassen

Zwischenprüfung

tungsfähigkeit der Auszubildenden fraglich. Die Intensität der auftretenden Reaktionen steht in einem engen Zusammenhang mit der fehlenden Vertrautheit mit der Situation, den anwesenden Prüfern oder Aufsichtführenden. Bei den Auszubildenden lassen sich einige „Typen" bezüglich der Prüfungsangst unterscheiden:

Unterschiedliche „Typen" zeigen verschiedene Angstreaktionen

Die besondere Situation des „Versagers"

Das Nichtbestehen einer Prüfung ist für den Auszubildenden meist ein herber Schlag für sein Selbstbewusstsein. Er fühlt sich als „Versager". Der frustrierte und enttäuschte Auszubildende muss häufig wieder aufgerichtet und für die Fortsetzung der Ausbildung motiviert werden – eine Herausforderung für den Ausbilder.

Durch die Prüfung gefallen, ein Schock für den Auszubildenden

Mögliche Ursachen für schlechte Prüfungsleistungen			
im Ausbildungsbetrieb	in der Berufsschule	beim Auszubildenden	Andere/private Einflüsse
• zu starke Einbindung in den Produktionsprozess • zu häufige Beschäftigung mit Routineaufgaben, (kein Lernfortschritt) • häufig mit ausbildungsfremden Tätigkeiten beschäftigt • zu wenig oder zu selten ausreichende Zuwendung am Arbeitsplatz • falsche Unterweiser mit der Ausbildung beauftragt • zu wenig Freiräume für das individuelle Lernen • ...	• der für das Bestehen der Prüfung erforderlichen Stoff wurde nicht vermittelt • technische Ausstattung entspricht nicht den Erfordernissen der Prüfung, • nicht in den Klassenverband integriert • fehlende/ mangelnde Mitarbeitt • keine ausreichende Abstimmung zwischen Berufsschule und Betrieb • ...	• kein ausreichender Lerneinsatz • falsches/ mangelndes Lernverhalten • nicht ausreichendes Begabungspotential • entwicklungsbedingte Störungen im Laufe der Ausbildung • ...	• Elternhaus • Freunde/ Freundin (Peergroup) • Bekanntenkreis • Freizeitverhalten • Alkohol- oder Drogenmissbrauch • ...

(Zwischen-)Prüfung auswerten

Die Auswertung von (Zwischen-) Prüfungen erfolgt am besten gemeinsam mit dem Auszubildenden. Nur so wird die Einsicht in später notwendige Maßnahmen gefördert. Prüfungsergebnisse sind wichtige Rückmeldungen für die Arbeit von Ausbildern und Auszubildenden. Stärken und Schwächen in der bisherigen Ausbildung werden deutlich, die Beteiligten werden in ihrer Arbeit bestätigt, wenn die Ergebnisse positiv sind.
Ungünstige Prüfungsergebnisse werfen für den Ausbilder Fragen nach den Ursachen auf. Sind diese zu suchen

➢ im Betrieb (Ausbildungsplan, Ausbildungsbeauftragte, Ausbildung, etc.),
➢ in der Berufsschule oder
➢ beim Auszubildenden selbst.

Prüfungsergebnisse sind wichtige Rückmeldungen für die bisherige Ausbildungsarbeit und Grundlage für Veränderungsbedarf

Sind die Prüfungsergebnisse nicht wie erwartet, motiviert dies u.U. zu verstärkten Anstrengungen für die Zukunft. Auf keinen Fall dürfen ungünstige Ergebnisse in einer Prüfung zu Vorwürfen führen. Sie müssen als Chance genutzt werden, Defizite zu erkennen und Gegenmaßnahmen zu ergreifen.

Handlungsfeld 3:
Ausbildung durchführen

> ⓘ **Sie wissen jetzt, ...**
> ✓ um die Bedeutung von Prüfungen für die Ausbildung.
> ✓ dass Prüfungen wichtige Standortbestimmungen für die Ausbildung sind.
> ✓ wie Sie Ihre Auszubildenden gezielt auf Prüfungen vorbereiten.
> ✓ welche Rolle Prüfungsangst spielt und welche Probleme dabei auftreten.
> ✓ um die besondere Situation von Auszubildenden beim Nichtbestehen von Prüfungen.
> ✓ wie Sie Zwischenprüfungen auswerten und daraus Erkenntnisse für die weitere Ausbildung gewinnen.

Beurteilen

Beurteilungssysteme, die Basis für das Feedback

Überlegungen zum Beurteilungssystem

Für den Ausbilder ist es wichtig den Ausbildungsfortschritt kontinuierlich zu verfolgen. Er hat die Pflicht, seine Auszubildenden in den einzelnen Ausbildungssegmenten optimal zu qualifizieren und sie gewissenhaft auf die Zwischen- und Abschlussprüfung vorzubereiten. Damit er und auch die Auszubildenden wissen, auf welchen Bahnen sie sich bewegen, gilt es in geregelten Abständen festzustellen,

> inwieweit die Auszubildenden über die geforderten fachlichen und überfachlichen Qualifikationen verfügen,

> wie sie charakterlich geeignet und gefestigt sind, um später das bestehende Team ergänzen zu können.

Beurteilungssysteme: Damit haben Sie die Ausbildung fest im Griff

Durch systematisches, kontinuierliches, zielorientiertes Messen von Leistungen und durch die Beurteilung des Persönlichkeitsprofils des Auszubildenden gewinnt der Ausbilder einen Überblick über dessen Leistungs- und Entwicklungsstand. Dem Jugendlichen gibt dieses Feedback Sicherheit auf dem richtigen Weg zu sein oder spornt ihn an, weitere Anstrengungen zu unternehmen.

Immer häufiger wird auch Feedback vom Auszubildenden verlangt. In größeren Unternehmen ist die Beurteilung der Ausbildung durch die Auszubildenden (Aufwärtsfeedback) ein wichtiges Steuerungsinstrument. Schwachpunkte in der Ausbildungsorganisation bzw. -durchführung können so rasch erkannt und beseitigt werden. Diese Reflexion dient gleichzeitig dazu, dass Auszubildende in die Lage versetzt werden ihre Leistung selbstkritisch einzuschätzen (Selbstreflexion). Im späteren Arbeitsprozess ist die Selbsteinschätzung der Arbeitsleistung die Basis für qualitätsbewusstes Handeln.

Damit Leistungserhebung und Beurteilung nicht zufallsbedingt erfolgen, müssen Ziele, Inhalte, Zeitpunkte und Maßstäbe der Beurteilung und Bewertung vorab in einem für alle verbindlichen Beurteilungssystem festgelegt werden. Dies schafft Übersicht und Transparenz. Zudem erlaubt es für Auszubildende ein Entwicklungsprofil aufzuzeichnen und ermöglicht Leistungsvergleiche. Fehlerquellen in der Ausbildung lassen sich frühzeitig erkennen. Ein rechtzeitiges Gegensteuern ist möglich.

Beurteilungssysteme bereits vor Beginn der Berufsausbildung festlegen?

Bei der Erarbeitung eines Beurteilungssystems ist eng mit dem Betriebsrat/Personalrat zusammenzuarbeiten. Wie beim Ausbildungsplan hat er nach dem Betriebsverfassungs- bzw. Personalvertretungsgesetz ein Mitbestimmungsrecht.

Als Basis für ein zu entwickelndes Beurteilungssystem können die Ausbildungspläne herangezogen werden. Eine an Lernzielen ausgerichtete und in Ausbildungsabschnitte gegliederte Planung unterstützt den Einsatz ausbildungsbegleitender Lernerfolgskontrollen.

Arbeiten Sie bei der Entwicklung des Beurteilungswesens eng mit dem Betriebsrat zusammen

Bei der Entwicklung eines Beurteilungssystems gilt es für den Ausbilder systematisch vorzugehen. Er muss sich Gedanken machen über:

> Warum ist zu beurteilen?

> Wann ist zu beurteilen?

> Was ist zu beurteilen?

> Wie ist zu beurteilen?

> Wer beurteilt?

> Welche Fehlerquellen können möglicherweise auftreten?

Seite 137

Handlungsfeld 3:
Ausbildung durchführen

Grundsätze des Bewertens und Beurteilens

Beurteilungen sind weder Bauchentscheidungen noch Eintagsfliegen

Beurteilungen werden von Menschen gemacht. Sie unterliegen einer gewissen Subjektivität, d.h. sie hängen von deren Einstellungen, Erfahrungen, Normen und Werten, ihrem Bezug zur Ausbildung, ihrem Interesse an der Jugend, ihren eigenen Leistungsanforderungen und -maßstäben ab.

Um auszuschließen, dass allzu einseitige Sichtweisen zum Tragen kommen, ist es wichtig, die beschlossenen Beurteilungsrichtlinien und Beurteilungsbögen, wie auch die Maßstäbe für die Leistungskontrollen mit allen an der Ausbildung Beteiligten zu erörtern. So ist sichergestellt, dass die Beurteilungsgrundsätze einheitlich umgesetzt werden, dass sich Einzelergebnisse miteinander und auch in der Zeitreihe vergleichen lassen.

Bewertungs- und Beurteilungsprinzipien

➢ Kontinuität:
Bewertungen und Beurteilungen sollten regelmäßig durchgeführt werden.

➢ Gültigkeit (Validität):
Die Aufgaben bzw. Beurteilungskriterien sollen sich nur auf das Prüfungsgebiet bzw. den Beobachtungszeitraum beziehen.

➢ Objektivität:
Die Ergebnisse müssen vergleichbar sein.

➢ Transparenz:
Die Ergebnisse müssen für die an der Ausbildung beteiligten nachvollziehbar sein.

Das beste Beurteilungssystem ist wertlos, wenn es nicht von allen Beteiligten einheitlich gehandhabt wird. Viele Ausbilder erstellen deshalb zu den Beurteilungsbögen ergänzend Beurteilungsrichtlinien.

Beurteilungsrichtlinien

1. Verlassen Sie sich nicht auf Ihr Gedächtnis. Halten Sie Ihre Beurteilung systematisch in entsprechenden Aufzeichnungsbögen fest.

2. Stützen Sie Ihr Urteil auf möglichst viele Beobachtungen. Einmalige Beobachtungen führen zu Fehleinschätzungen.

3. Bewerten Sie einzelne Verhaltensweisen nicht über. Denken Sie daran, jeder Mensch hat Sonnen- und Schattenseiten. Die Summe der Verhaltensweisen reflektieren den Charakter des Auszubildenden.

4. Ziehen Sie nur eigene Beobachtungen für Ihr Urteil heran.

5. Orientieren Sie Ihr Urteil an der Leistungsfähigkeit, an den Möglichkeiten der Auszubildenden. Nehmen Sie nicht sich selbst als Maßstab.

6. Vermeiden Sie Bewertungs- und Beurteilungsfehler. Hinterfragen Sie stets nochmals Ihre Sichtweise. Denken Sie an die Macht des „Ersten Eindrucks". Ein Loch in der Hose lässt noch lange nicht auf eine schlampige Arbeitsweise schließen.

7. Machen Sie dem Auszubildenden das Beurteilungssystem transparent. Er soll verstehen, was, wann, wie beurteilt wurde. Nur Einsicht schafft Veränderung.

8. Bereiten Sie das Beurteilungsgespräch sorgfältig vor. Wer Beurteilungen zwischen Tür und Angel eröffnet verkennt, dass Beurteilungen ein Führungs-, Feedback und Personalentwicklungsinstrument sind.

9. Besprechen Sie die Beurteilung ausführlich mit dem Auszubildenden. Geben Sie ihm Gelegenheit, die eigene Sichtweise der Dinge darzustellen.

10. Ziehen Sie aus Beurteilungen Konsequenzen. Vereinbaren Sie mit dem Auszubildenden gemeinsam die anzustrebenden Ziele. Setzen Sie diese im Laufe der Ausbildung um.

Beurteilen

Bewertungs- und Beurteilungsfehler

Als Ausbilder weiß man, dass die eigene subjektive Sichtweise auch fehlerbehaftet sein kann. Die verschiedenen aus der Psychologie bekannten „Fehleinschätzungen" liegen im „Wesen" des Menschen (Beurteilers). Sie resultieren aus Erfahrungen, Ansichten und Ansprüchen. Nachfolgend sind typische Beurteilungsfehler aufgeführt.

Fehler sind menschlich, man sollte jedoch wissen, was dahintersteckt. Reflektieren Sie Ihre Bewertungen/Beurteilungen kritisch

Der erste Eindruck (primacy-effect)

Auch in der Ausbildung gilt: Die ersten Sekunden entscheiden bei einer Begegnung. Innerhalb weniger Sekunden hat man von seinem Gesprächspartner, den Gruppen- oder Teammitgliedern, ihrem Können und ihrem Verhalten eine vorgefertigte Meinung.
Die Existenz des „ersten Eindrucks" - die Möglichkeit Mitmenschen anhand von Merkmalen/Eigenschaften innerhalb weniger Sekunden in ein Grobraster einzusortieren - gibt Sicherheit in „fremder Umgebung", hat aber den Nachteil, dass das gefühlsmäßige „Schwarz-Weiß-Sehen" zu einem vorschnellen und häufig sogar falschen Urteil führt.

Der letzte Eindruck (recency-effekt)

Oft bleibt der letzte Eindruck haften - zum Beispiel das dem Ausfüllen des Beurteilungsformulars vorangegangene Bild von der Leistung und vom Verhalten des Auszubildenden. Dieser Eindruck kann das Gesamturteil erheblich verzerren.

Vorurteil

Vorurteile sind Erwartungsbilder, die man aufgrund bestimmter Persönlichkeitsmerkmale (Haarfarbe, Herkunft, Aussehen, ...) von „einer Person" hat. Dem Beurteiler fällt es schwer andere, als diesem Raster entsprechende, Merkmale wahrzunehmen.

Vorurteile und Stereotype: Merkmale, die Personen bzw. ganzen Gruppen zugeschrieben werden

Stereotype (vorgefestigte Bilder)

Stereotype sind emotional gefärbte Vorstellungen, die sich auf „ganze Gruppen" bzw. Klassen von Menschen beziehen z.B. auf die Kollegen einer anderen Abteilung.
Die Wirkung von Stereotypen ist umso stärker, je weniger Informationen man über die wahrgenommenen Personen hat. Stereotype sind undifferenzierte, stark vereinfachte Überzeugungen und das Ergebnis von Kategorisierungsvorgängen.

Halo-Effekt (Hof-Effekt, Überstrahlungs-Effekt)

Unter dem Halo-Effekt versteht man, dass eine hervorstechende Eigenschaft einer Person den Gesamteindruck von dieser Person bestimmt. Ein positives oder auch negatives Merkmal (Pünktlichkeit/Unpünktlichkeit) überstrahlt die anderen Persönlichkeitsmerkmale. Dieses Merkmal wird generalisiert und zur Gesamtbeurteilung der Persönlichkeit hochstilisiert. Auslöser des Halo-Effekts können Merkmale wie Hautfarbe, körperliche Attraktivität, Körpergröße, Selbstsicherheit, Kleidung oder auch die Sprache sein. Er beruht darauf, dass jeder Mensch bemüht ist sein Gegenüber ganzheitlich wahrzunehmen.

Sympathie/Antipathie

Stimmt die „Chemie" zwischen Ausbilder und Auszubildendem, sei es durch ähnliche Hobbys, Interessen oder Arbeitsweisen, wirkt sich dies günstig auf die Beurteilung aus. Liegt eine Antipathie vor, wird der Auszubildende in der Regel wesentlich schlechter beurteilt als dies seinen Leistungen entspricht.

Handlungsfeld 3:
Ausbildung durchführen

Selektive Wahrnehmung

Scheuklappendenken haben wir uns erarbeitet

Wir tragen alle eine „Brille". Wir sehen vor allem das, was wir sehen wollen. Dadurch übersehen wir unbewusst, was nicht unseren Erwartungen entspricht. Hierdurch schafft sich jeder seine eigene Welt der Wahrnehmung. Der eine Ausbilder achtet mehr auf Pünktlichkeit, der andere auf die Qualität der Arbeit.

In der Beurteilung kann dies dazu führen, dass bestimmte Beobachtungen über- oder unterbewertet werden.

Mildefehler

Typisch für den Mildefehler ist die Abgabe einer zu guten Beurteilung. Der Ausbilder will keinem wehtun. Eine Ursache hierfür kann in der mangelnden Ausbildererfahrung liegen. Aus Angst vor unliebsamen Diskussionen, wird eine gute Note vergeben, die im Allgemeinen von den Auszubildenden akzeptiert wird.

Tendenz zur Mitte

Ausbilder, die wenig Erfahrung haben, Diskussionen aus dem Weg gehen wollen oder sich zu wenig Informationen beschafft haben, häufen ihre Beurteilungen auffallend in der Skalenmitte. Gute werden zu schlecht, Schlechte zu gut beurteilt. Für den Auszubildenden haben solche Beurteilungen wenig Aussagekraft, sie tragen zudem zu keiner abgesicherten Personalentwicklung bei.

Kontrastfehler

Hat ein Ausbilder an sich selbst sehr hohe Ansprüche, ist seine Leistung, sein Verhalten das Maß aller Dinge, kann sich dies in strengeren Beurteilungen niederschlagen. Die Auszubildenden können verständlicherweise solchen Anforderungen nicht gerecht werden.

Logische Fehler

Logische Fehler bestehen darin, dass man als Ausbilder, wie auch als Auszubildender annimmt, bestimmte Eigenschaften müssen „logischerweise" zusammentreffen:
- faul, uninteressiert und dumm bzw.
- ehrgeizig, kritisch und intelligent.

Andorra-Phänomen

Der Anpassungsdruck ist manchmal stark

In dem Schauspiel „Andorra" von Max Frisch geht es um den Jungen Andri, der nach der Volksmeinung ein Judenkind, in Wirklichkeit aber das uneheliche Kind eines Lehrers ist. Die Leute von Andorra erwarten von einem Juden ein ganz bestimmtes Verhalten: Geiz, Feigheit, Faulheit. Diese Erwartungen setzen sie in Andri, der sich anfangs dagegen wehrt, dann resigniert und die „Erwartungen" seiner Umwelt erfüllt: er wird geizig, feig und faul. Damit sehen sich die Leute von Andorra bestätigt.

Mit dem nach diesem Stück bezeichneten „Andorra-Effekt" wird jemand so, wie man es von ihm erwartet. Die Erwartungen prägen das Verhalten. Dies gilt in positiver, wie in negativer Richtung. Wenn der Ausbilder dem Auszubildenden eine Leistung zutraut, wird dieser sie in der Regel auch erbringen. Man spricht bei diesem Effekt auch von der sich selbst erfüllenden Prophezeiung.

Schlüsse aus den Beurteilungsfehlern ziehen

Warum sieht man vieles nicht so, wie es tatsächlich ist? Warum nimmt man dem Auszubildenden A alles krumm, Azubi B kann sich dagegen alles herausnehmen? Vieles liegt in den anerzogenen Einstellungen und Werten begründet. Diese Beeinflussung hinterlässt Spuren, prägt den Menschen in bestimmten Situationen intuitiv so und nicht anders zu denken bzw. zu handeln.

Beurteilen

Für einen Ausbilder ist es wichtig zu wissen, dass auch er von seinen Kollegen, seinen Auszubildenden gecheckt wird. Um abschätzen zu können, was Kollegen/Auszubildende von einem denken, braucht man entweder zuverlässige Informationen oder eine gehörige Portion Selbsteinschätzungsvermögen.

Auch wenn Selbstwahrnehmung und Fremdbild selten hundertprozentig übereinstimmen, ist es dennoch wichtig das eigene Verhalten kritisch zu reflektieren (Selbstreflexionsfähigkeit), um so den „Blinden Fleck", das heißt die Summe der Verhaltensweisen, die anderen bekannt, einem selbst jedoch verborgen sind, genauer zu ergründen.

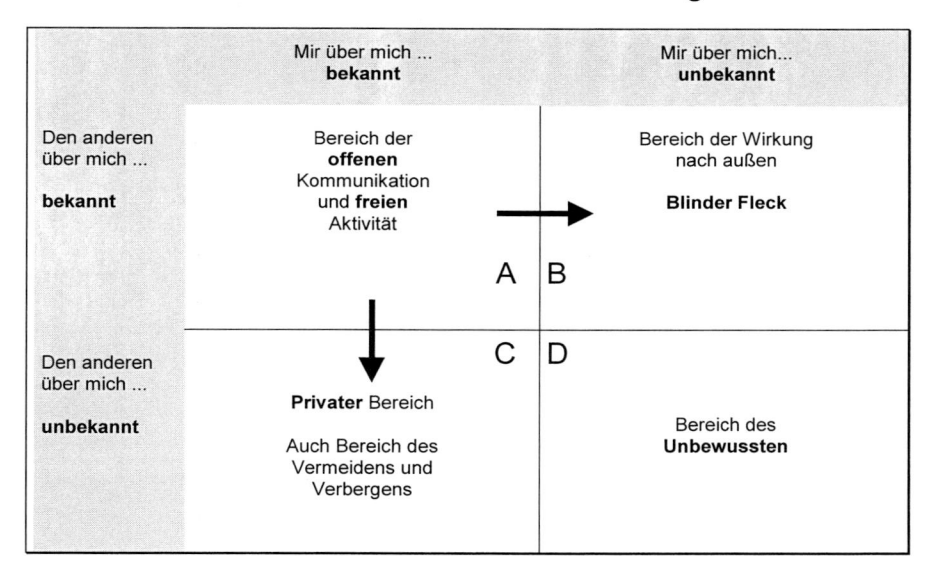

Joe Luft und Harry Ingham (Johari) zeigen, was man tun muss, um mehr über sich selbst zu erfahren

Das Johari-Fenster
Ein Schema zum Verständnis von wechselseitigem Wissen

	Mir über mich ... **bekannt**	Mir über mich... **unbekannt**
Den anderen über mich ... **bekannt**	Bereich der **offenen** Kommunikation und **freien** Aktivität — A	Bereich der Wirkung nach außen **Blinder Fleck** — B
Den anderen über mich ... **unbekannt**	**Privater** Bereich Auch Bereich des Vermeidens und Verbergens — C	Bereich des **Unbewussten** — D

Wie ist die Beurteilung zu eröffnen?

Beurteilungen sind dem Auszubildenden im Rahmen eines „Vier-Augen-Gespräches" zu eröffnen. Beurteilungskriterien, -maßstäbe und -inhalte sind dabei dem Auszubildenden transparent zu machen. Der Auszubildende muss ausreichend Gelegenheit zu einer Stellungnahme haben.

Gemeinsam sind aus der Beurteilung heraus Handlungsansätze zu entwickeln und als Zielvereinbarung zu formulieren.

Werden Beurteilungen von mehreren Ausbildern zusammen verfasst, so empfiehlt es sich, das Beurteilungsgespräch mit dem Auszubildenden gemeinsam zu führen.

Im Vier-Augen-Gespräch lässt sich über vieles reden

Welche Folgen ergeben sich aus der Beurteilung?

Ziel aller Beurteilungen ist es, das Leistungs- und Persönlichkeitsprofil eines Auszubildenden so objektiv wie möglich darzustellen.

Beurteilungen sind der Ausgangspunkt für die künftige Gestaltung der Ausbildung. Nur über das Aufzeigen der individuelle Stärken und Schwachpunkte ist es möglich den Auszubildenden gezielt zu fördern, über pädagogische Maßnahmen Defizite auszugleichen oder Anreize für Leistungsstarke zu schaffen.

Individuelle Förderung durch:
- Sonderaufgaben
- Verantwortung übertragen
- Wettbewerb
- Zusatzqualifikationen
- Projektarbeit
- Fördermaßnahmen
- Hilfestellung
- Lob, Tadel

Beurteilungen haben immer Konsequenzen: Im Positiven, wie im Negativen

Handlungsfeld 3:
Ausbildung durchführen

Durch Beurteilungen und Bewertungen lernt der Auszubildende seine eigene Leistungsfähigkeit einzuschätzen und zu verbessern. Der Ausbilder erhält Feedback für seine erbrachte Leistung.

Beurteilungen sind die Grundlage für Zielvereinbarungen. Sie unterstützen die weiteren Planungsvorhaben des Ausbilders und liefern fundierte und auch rechtlich haltbare Argumente für eine Verkürzung oder Verlängerung der Ausbildung. Im Problemfall sind sie wichtige Grundlagen für eine Kündigung.

Sie wissen jetzt, ...
- ✓ warum es wichtig ist, sich bereits im Vorfeld der Ausbildung über Beurteilungssysteme Gedanken zu machen.
- ✓ weshalb es erforderlich ist, sich zu überlegen, welche Zeitpunkte für Beurteilungen sinnvoll und angebracht sind.
- ✓ welche Kriterien in eine Beurteilung einfließen.
- ✓ dass bei Beurteilungen gewisse Regeln einzuhalten sind.
- ✓ welche Beurteilungsfehler es gibt und warum Beurteilungsfehler menschlich sind.
- ✓ dass Beurteilungen immer Folgen nach sich ziehen.

Kulturelle Unterschiede

Deutschland ist ein Zuwanderungsland. Da treffen einheimische Deutsche auf „einheimische Ausländer", die sich in der zweiten und dritten Generation längst wie Deutsche fühlen. Es kommen Fremde aus dem Ausland, die sich als „Deutsche unter Deutschen" bezeichnen und hier leben wollen. Viele unterscheiden gar nicht mehr zwischen den verschiedenen Menschengruppen: Aussiedler, Ausländische Arbeitnehmer, Asylbewerber und Asylberechtigte, Flüchtlinge, Eingewanderte, EU- oder EWR-Staatsbürger. Die Diskussionen werden häufig sehr emotional geführt, das Zusammenleben ist schwieriger geworden.

Deutschland ist ein Einwanderungsland mit allen damit verbundenen Problemen

Fakt ist: ein hoher Anteil der Beschäftigten in Deutschland sind Ausländer. Junge Ausländer nehmen immer häufiger eine Ausbildung auf. Die größte Gruppe unter den Ausländern sind Türken. Ausbilder müssen sich mit den Besonderheiten der Zusammenarbeit zwischen Ausländern und Deutschen beschäftigen.

In der Ausbildung von ausländischen Auszubildenden sind einige Besonderheiten zu beachten, welche die Ausbildung erschweren oder sogar blockieren können.

Die Integration ausländischer Auszubildender ist nicht ganz einfach

Solche Unterschiede beeinflussen nicht nur den Ausbilder, sondern auch die Mitauszubildenden, die Arbeitskollegen und den Ausbildungsbeauftragten/ Unterweiser am Arbeitsplatz. Nicht selten wird durch das Verhalten der „Einheimischen" und das daraus resultierende Gefühl der Nichtakzeptanz beim Ausländer eine belastende und explosive Stimmung erzeugt.

Erschwerende Faktoren	Auswirkungen
Sprachprobleme	• Missverständnisse • Kommunikationsprobleme • Lernschwierigkeiten
Religiöse Unterschiede	• Isolation / Ausgrenzung • Unverständnis
Kulturelle Besonderheiten	• Ghettobildung • Unterschiedliches Rollen- und Hierarchieverständnis • Unterschiedliche Auffassung von Arbeitsdisziplin, Einstellung zur Arbeit
Mentalitäten	• Anderer Lebensrhythmus • Geselligkeitsformen • Brauchtum • Andere Sozialkontakte (oft enger) • Besonderheiten in Kleidung und Lebensgewohnheiten

Die Folge sind Berührungsängste, Übertreibungen, Hass, Feindseligkeit, Aggressionen bis hin zu Mobbing und Gewalt. Das alles führt zu Konflikten, deren Bewältigung einen Großteil der Energien aller Beteiligten bindet und negative Auswirkungen auf die Ausbildung hat. Aufgabe des Ausbilders ist es vor allem, als Moderator und Vorbild solchen Entwicklungen entgegenzuwirken.

Eingliederung von ausländischen Auszubildenden birgt Konfliktpotenzial

Sozialisation als prägendes Element

Für den Ausbilder ist es erforderlich zu wissen, worauf diese Berührungsängste und die Nichtakzeptanz zurückzuführen sind. Zum großen Teil haben sie ihre Ursachen im Sozialisationsprozess.

Der Sozialisationsprozess als Ursache unterschiedlicher Auffassungen, Werthaltungen und Verhaltensweisen

Im Laufe seiner Entwicklung durchläuft der Mensch verschiedene Sozialisationsinstanzen, in denen die Grundlagen der sozialkulturellen Persönlichkeit des Menschen gelegt werden. Bis zur Ausbildung waren das für die Jugendlichen vor allem die Familie, die Schule und die Gleichaltrigengruppen (peer groups).

Mit dem Beginn der Ausbildung kommt für den Jugendlichen der Sozialisationsraum Betrieb als neues Element hinzu – und das zu einem Zeitpunkt, in dem die soziale Entwicklung des Jugendlichen noch nicht abgeschlossen ist. Das verunsichert die jungen Menschen zusätzlich.

Handlungsfeld 3:
Ausbildung durchführen

Die Bedeutung der Sozialisationsinstanz Familie nimmt in dieser Phase ab, der Sozialisationsraum Betrieb gewinnt zunehmend an Bedeutung. Der Ausbilder übernimmt als „Vorgesetzter" wichtige Funktionen, er muss in dieser Phase viel Verständnis für die Auszubildenden aufbringen und auch für Verständnis bei anderen Beteiligten werben. Gleichzeitig bedeutet der Wechsel in die Berufsausbildung für den Jugendlichen, dass er den „geschützten" Raum von Familie und Schule weitgehend verlässt und sich jetzt in der „neuen Atmosphäre" der Arbeitswelt zurechtfinden muss.

Das Hineinwachsen in die betriebliche Gemeinschaft birgt Gefahrenpotential für Lernschwierigkeiten und Verhaltensauffälligkeiten

In dieser Umbruchsituation („Erste Schwelle") besteht bei allen Jugendlichen in verstärktem Maße die Gefahr von Lernschwierigkeiten und Verhaltensauffälligkeiten.

Sozialisation in verschiedenen Kulturen

Kulturelle Unterschiede erschweren den Sozialisationsprozess

Für ausländische Jugendliche kommt in dieser Phase der Umstellung erschwerend hinzu, dass sie aufgrund unterschiedlicher kultureller Gegebenheiten (noch) nicht voll in die deutsche Gesellschaft integriert sind. Sozialisation erfolgt hauptsächlich in der Familie und dort spielt die jeweilige Kultur eine entscheidende Rolle:

- Aus welchem Kulturkreis kommt die Familie des Auszubildenden?
- Welcher gesellschaftlichen Gruppe gehört die Herkunftsfamilie an?
- Gesellschaftliche Gruppen weisen u.U. eine patriarchische Struktur auf, die Frau ist überwiegend oder sogar ausschließlich vom Mann und dessen Status abhängig.
- Welche Unterschiede im Lebensrhythmus müssen beachtet werden?
- Privates und öffentliches Leben werden evtl. weitgehend durch die Religion bestimmt.

Ausländische Auszubildende brauchen mehr Verständnis und Zuwendung

Aufgabe des Ausbilders ist es in dieser Situation vor allem, Strategien für die Integration der Auszubildenden zu entwickeln. Zur Lösung von Ausbildungsproblemen mit ausländischen Jugendlichen ist vor allem das Verständnis für kulturspezifische Verhaltenskonflikte und Toleranz erforderlich. Als Maßnahmen bieten sich an:

- Einführungswochenende zu Beginn der Ausbildung,
- Besondere Gruppen- bzw. Teamzusammenstellung,
- Aufbau kollegialer Beziehungen unterstützen (z.B. Patenschaften mit Auszubildenden aus älteren Ausbildungsjahrgängen),
- Integration in außerbetriebliche Veranstaltungen (Sport, Hobby o.ä.) fördern,
- Gemeinschaftsveranstaltungen initiieren und fördern (z.B. Bunter Abend, gemeinsam landestypisch Essen gehen oder selbst kochen),
- Gruppendiskussion über Gemeinsamkeiten und Unterschiede in Religion und Kultur mit entsprechenden Zielvereinbarungen,
- Hintergrundgespräch über landesübliche Kleidung und Gebräuche.

Ausbildung kann einen wichtigen Beitrag zur Integration ausländischer Jugendlicher leisten

Ziel ist eine tolerante Gesellschaft: In ihr können Angehörige verschiedener Herkunft und Abstammung, Sprache und Religion in gegenseitiger Achtung gleichberechtigt und friedlich zusammenleben. Gerade in der Ausbildung besteht dazu eine große Chance.

Kulturelle Unterschiede

Sie wissen jetzt, ...
- ✓ warum die Integration ausländischer Auszubildender schwierig sein kann.
- ✓ welche Rolle die Sozialisation in Elternhaus und Schule für die Integration spielt.
- ✓ welchen Beitrag die Sozialisationsinstanz Betrieb leisten kann.
- ✓ warum kulturelle Unterschiede zu Integrationsproblemen führen und wie der Ausbilder die Integration fördern kann.

Handlungsfeld 4

Ausbildung abschließen

- ➢ Auf Prüfungen vorbereiten
- ➢ Zur Prüfung anmelden
- ➢ Ausbildung beenden oder verlängern
- ➢ Zeugnis ausstellen
- ➢ Fortbildungsmöglichkeiten

Handlungsfeld 4:
Ausbildung abschließen

Beendigung der Ausbildung –
kein Abschluss, sondern ein Neubeginn

Die Ausbildung steht vor ihrem Abschluss, eine wichtige Hürde ist bis zum Ziel der Ausbildung noch zu nehmen. Die Auszubildenden stehen vor ihrer Abschlussprüfung. Ausbildender und Ausbilder vor der Krönung ihrer Arbeit.

Damit auch dieser letzte Schritt der Ausbildung erfolgreich wird, bedarf es gemeinsamer Anstrengungen. Die Auszubildenden haben sich im Laufe ihrer Ausbildung viel Wissen angeeignet. Nun heißt es, dieses Wissen in der Abschlussprüfung zu dokumentieren. Für die Ausbilder ist die Prüfung eine Bestätigung geleisteter Arbeit und gleichzeitig Rückmeldung für die Arbeit mit künftigen Ausbildungsjahrgängen.

Das Ende der Ausbildung stellt für die Auszubildenden einen neuen Einschnitt in ihrem beruflichen Leben dar. Es gilt, das in der Ausbildung Gelernte in einer, jetzt eigenverantwortlich auszufüllenden, Tätigkeit umzusetzen. Mit dem Abschluss der Ausbildung ist die berufliche Sozialisation nicht beendet.

Eine weitere, die „zweite Schwelle", muss überwunden werden. Es gilt, auf dem Gelernten aufzubauen, die eigene Karriere zu planen und aktiv anzugehen. Berufliche Weiterbildung hat für das Individuum aber auch für den Standort Deutschland wachsende Bedeutung. Durch die Ausbildung ist die Grundlage für lebenslanges Lernen gelegt.

Das erwartet Sie in diesem Handlungsfeld

Dem Ausbilder stellen sich zum Abschluss der Ausbildung einige Fragen, die zu klären sind:

- Wie werden Auszubildende auf die Abschlussprüfung vorbereitet?
- Was ist bei der Anmeldung zur Prüfung zu beachten?
- Was muss bei der Beendigung oder Verlängerung der Ausbildung beachtet werden?
- Wann ist die Ausbildung beendet?
- Was geschieht mit Auszubildenden, die (trotz guter Vorbereitung) die Prüfung nicht bestanden haben?
- Wann und wie sind Ausbildungszeugnisse auszustellen?
- Welche Auszubildenden werden übernommen?
- Wie kann Personalentwicklung rechtzeitig und sinnvoll gestaltet werden?
- In welchem Umfang wirken Ausbilder an den Prüfungen mit?

Auf Prüfungen vorbereiten

Immer diese Prüfungen, muss das sein? Diese Frage hat sich jeder schon gestellt, der im Laufe seines Lebens Prüfungen ablegen musste. Die Diskussion in der Fachliteratur wird seit Jahren zum Teil kontrovers geführt: Können Prüfungen überhaupt die Leistung eines Menschen objektiv messen? Kann mit permanenten Prüfungen die Leistungsfähigkeit nicht viel besser festgestellt werden? ...

Müssen Prüfungen eigentlich sein?

Die Abschlussprüfung ist durch § 37 BBiG und den Berufsausbildungsvertrag vorgeschrieben. Den Rahmen bilden die Prüfungsanforderungen der jeweiligen Ausbildungsordnung (§ 5 Abs. 2 Nr. 5 BBiG).

siehe BBiG § 37

Bedeutung der Abschlussprüfung

Unter den Prüfungen im Dualen System ist die Abschlussprüfung (Facharbeiter-, Gesellen- bzw. Gehilfenprüfung) sowohl nach der Zahl der Prüflinge als auch nach ihrer Bedeutung die Wichtigste. Die bestandene Abschlussprüfung und der damit erworbene Status ist einerseits Ausweis für eine marktfähige berufliche Qualifikation, andererseits Grundlage wie Regelvoraussetzung zur Teilnahme an Weiterbildungsmaßnahmen (Meister-, Techniker- oder Betriebswirtprüfungen).

Die Abschlussprüfung: Nachweis einer marktfähigen Qualifikation und Grundlage für berufliche Weiterbildung

Obwohl für die Auszubildenden keine Verpflichtung besteht, sich einer Abschlussprüfung zu unterziehen, nehmen weitaus die meisten (mehr als 99 %) daran teil. Das unterstreicht die Bedeutung, welche der (bestandenen) Abschlussprüfung von den Auszubildenden selbst, deren Eltern, den Betrieben, aber auch von der Gesellschaft beigemessen wird. Die Vorteile eines Abschlusses in einem anerkannten Ausbildungsberuf sind hoch. Bessere Chancen auf dem Arbeitsmarkt, bessere Bezahlung und Aufstiegsmöglichkeiten.

Diese Bedeutung findet ihren Niederschlag in der detaillierten Regelung der Abschlussprüfung im Berufsbildungsgesetz, in der Verantwortungszuweisung an die Zuständigen Stellen, in der paritätischen Beteiligung von Arbeitgebern, Arbeitnehmern und Berufsschullehrern in Prüfungsausschüssen und im großen Öffentlichkeitscharakter (Freisprechungsfeiern), den diese Prüfungen haben.

Zuständigkeiten im Dualen System

Für die Prüfungen im Dualen System sind gemäß BBiG die Zuständigen Stellen verantwortlich. Das sind alle Kammern (Handwerkskammern, Industrie- und Handelskammern, Landwirtschaftskammern, Berufskammern – z.B. Ärztekammer –, im öffentlichen Dienst i.d.R. die oberste Dienstbehörde). Sie haben gemäß § 37 BBiG nicht nur das Recht, sondern die Pflicht, in anerkannten Ausbildungsberufen Abschlussprüfungen durchzuführen. Sie erlassen als Selbstverwaltungsorgane der Wirtschaft die Prüfungsordnungen und errichten Prüfungsausschüsse. Diese sind unabhängige Organe und keinen Weisungen unterworfen.

Die Zuständigen Stellen sind für die Durchführung von Abschlussprüfungen verantwortlich

siehe BBiG §§ 37 ff

Zusammensetzung, Berufungsverfahren und Arbeit der Prüfungsausschüsse regeln die §§ 40 und 41 BBiG:

➢ Der Prüfungsausschuss (§ 39 BBiG) besteht aus mindestens drei Mitgliedern.

Zusammensetzung des Prüfungsausschusses

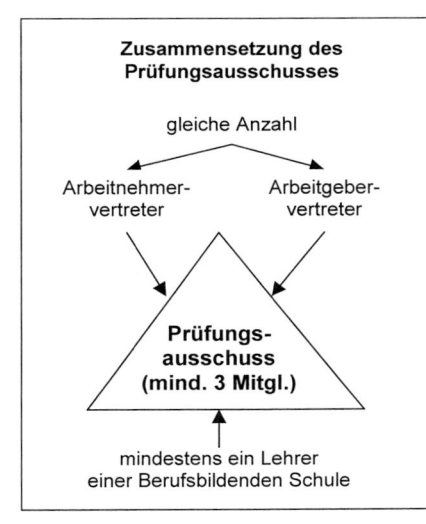

gleiche Anzahl

Arbeitnehmervertreter — Arbeitgebervertreter

→ Prüfungsausschuss (mind. 3 Mitgl.) ←

↑ mindestens ein Lehrer einer Berufsbildenden Schule

Prüfungsausschüsse sind bei den Zuständigen Stellen gebildet

Handlungsfeld 4:
Ausbildung abschließen

- Die Ausschussmitglieder sind zu einer gleich großen Zahl Beauftragte der Arbeitgeber und der Arbeitnehmer (paritätisch Besetzung).
- Dem Prüfungsausschuss gehört mindestens ein Lehrer einer Berufsbildenden Schule an.
- Die Ausschussmitglieder haben Stellvertreter.
- Mitglieder und Stellvertreter werden von der Zuständigen Stelle auf längstens fünf Jahre berufen.
- Die Tätigkeit im Prüfungsausschuss ist ehrenamtlich.
- Der Prüfungsausschuss wählt aus seiner Mitte den Vorsitzenden und den Stellvertreter, die nicht derselben Mitgliedergruppe angehören sollen.
- Der Ausschuss beschließt mit Stimmenmehrheit, bei Stimmengleichheit entscheidet die Stimme des Vorsitzenden.
- Beschlüsse müssen von mindestens zwei Dritteln der Mitglieder, mindestens drei, gefasst werden.
- Beschlüsse des Prüfungsausschusses sind Verwaltungsakte. Es gilt das Verwaltungsgerichtsverfahrensgesetz (VerwGVerfG), Widerspruch und Klage sind zugelassen.

Anwendung findet das VerwGVerfG

Die Zuständigen Stellen erstellen die Prüfungszeugnisse (Facharbeiter-, Gesellen-, Gehilfenbrief usw.) und händigen sie den Prüflingen, zum Teil im Rahmen besonderer Freisprechungsfeiern, aus. Obwohl die Berufsschulen durch ihre Vertreter (Berufsschullehrer) in den Prüfungsausschüssen beteiligt sind, findet sie auf den Prüfungszeugnissen keine Erwähnung.

Prüfungsvorbereitung – ein Höhepunkt in der Berufsausbildung

Prüfungsvorbereitung als Garant für eine erfolgreiche Abschlussprüfung

Die Prüfungsvorbereitung ist einer der Höhepunkte der Berufsausbildung. Das Gelernte wird wiederholt, abgerundet und in einen Gesamtzusammenhang gestellt. Die Auszubildenden bereiten sich auf eine Situation vor, in der sie ihre berufliche Handlungsfähigkeit beweisen müssen.

Prüfungsvorbereitung ist permanenter Bestandteil der Ausbildung

Prüfungsvorbereitung ist ein normaler Bestandteil der Ausbildung und muss vom Ausbilder als solcher behandelt werden. Im Rahmen der Prüfungsvorbereitung sollen Techniken erworben werden, mit denen die Auszubildenden ihre Kompetenzen in der Prüfung unter Beweis stellen können.

Mit der Abschlussprüfung stellen sich für den Auszubildenden wichtige Weichen für seinen beruflichen Werdegang. Nicht allein vom Bestehen der Prüfung, auch von den Prüfungsnoten hängen die Chancen für die berufliche Karriere ab.

Sie wissen jetzt, ...
- ✓ welche Bedeutung die Abschlussprüfung für alle Beteiligten hat.
- ✓ wie die Zuständigkeiten im Dualen System für die Abschlussprüfung geregelt sind.
- ✓ wie sich Prüfungsausschüsse bei den zuständigen Stellen zusammensetzen und wie sie gebildet werden.
- ✓ warum Prüfungsvorbereitung wichtig ist und wie sie aussehen kann.

Zur Prüfung anmelden

Anmeldung zur Prüfung – ein wichtiger Schritt

Die Formalitäten beim Prüfungsablauf stoßen bei den Beteiligten manchmal auf Unverständnis. Insbesondere kleine Betriebe haben hier und da Schwierigkeiten mit den Anmeldeformalitäten. Andererseits geht es nicht ohne ein gewisses Maß an Formalismus, wenn die Prüfung rechtlich zuverlässig ablaufen soll.

Formalitäten für die Prüfung beachten

Zulassungsvoraussetzungen

Das Gesetz kennt zwei Arten von Abschlussprüfungen:
- die einheitlich Abschlussprüfung nach § 43 BBiG.
- die Abschlussprüfung in zeitlich auseinander fallenden Teilen gem. § 44 BBiG.

siehe BBiG §§ 43 und 44

Das Gesetz lässt der Zuständigen Stelle keinen Spielraum. Sind alle in § 43 Abs. 1 BBiG genannten Voraussetzungen erfüllt, ist der Auszubildende zur Abschlussprüfung zuzulassen.

Die sog. „gestreckte Prüfung" soll künftig in mehr Berufen die Regel sein. Sie teilt die Abschlussprüfung in zwei Teile: Etwa nach zwei Jahren und am Ende der Ausbildung wird je ein Teil abgeschlossen.

Die „gestreckte Prüfung" fordert Ausbilder und Auszubildende von Anfang an

§ 45 BBiG regelt weitere Fälle, in denen eine Zulassungen zur Abschlussprüfung möglich ist. Es handelt sich um Personen, die keine Ausbildung im Rahmen des Dualen Systems durchlaufen haben, aufgrund des Nachweises ihrer Fachkenntnisse aber einen entsprechenden Berufsabschluss anstreben.

➢ Personen, die den Erwerb ausreichender beruflicher Fertigkeiten und Kenntnisse glaubhaft machen oder nachweisen, dass sie mindestens das Eineinhalbfache der normalen Ausbildungszeit in dem Beruf tätig waren, für den sie die Prüfung ablegen wollen (Externenprüfung gem. § 45 Abs. 2 BBiG). Das waren in den letzten Jahren immer 6 bis 7 Prozent aller Prüflinge.

Auch ohne Ausbildung ist eine Zulassung zur Abschlussprüfung möglich

➢ Soldaten auf Zeit (auch ehemalige) sind zur Prüfung zuzulassen, wenn das Bundesministerium der Verteidigung (oder eine von ihm bestimmte Stelle) bescheinigt, dass der Bewerber entsprechende berufliche Fähigkeiten, Kenntnisse und Fertigkeiten erworben hat (§ 45 Abs. 3 BBiG).

Gute Leistungen – vorzeitige Anmeldung zur Prüfung

Neben den Möglichkeiten, die Ausbildung bereits im Ausbildungsvertrag zu verkürzen (§ 8 BBiG), kann der Auszubildende nach § 45 Abs. 1 BBiG auf Antrag vorzeitig zur Abschlussprüfung zugelassen werden. Dazu benötigt er die Zustimmung des Ausbildungsbetriebes und der Berufsschule.

➢ Der Ausbildungsbetrieb muss bestätigen, dass die bisherigen Leistungen im Betrieb die vorzeitige Zulassung zur Abschlussprüfung rechtfertigen. Er muss auch zusichern, dass der Auszubildenden sich bis zur Prüfung alle in der Ausbildungsordnung aufgeführten Kenntnisse und Fertigkeiten aneignen kann.

Zur vorzeitigen Zulassung zur Abschlussprüfung ist eine Stellungnahme von Betrieb und Berufsschule erforderlich

➢ Die Berufsschule stellt eine Bescheinigung über die derzeitige schulische Leistungen in den einzelnen Fächern aus und gibt eine Stellungnahme ab, ob sie die vorzeitige Zulassung für gerechtfertigt hält.

Eine Verkürzung der ursprünglich vereinbarten Ausbildungszeit ist die Folge, falls der Auszubildende die Prüfung besteht (§ 21 Abs. 2 BBiG).

Handlungsfeld 4:
Ausbildung abschließen

Fragen Sie die Kammern – sie helfen gerne weiter

Die Zuständigen Stellen haben für diese Fälle Hinweise erarbeitet, wann die Voraussetzungen des § 45 Abs. 1 BBiG („..., wenn die Leistungen dies rechtfertigen.") erfüllt sind. Meist wird ein bestimmter Notenschnitt in der Berufsschule und entsprechende Beurteilungen der praktischen Ausbildung gefordert.

Die Entscheidung der Zuständigen Stelle über den Antrag auf vorzeitige Zulassung zur Abschlussprüfung ist ein Verwaltungsakt. Die Entscheidung kann im Verwaltungsgerichtsverfahren überprüft werden.

Sie wissen jetzt, ...
- ✓ wie das Anmeldeverfahren zur Abschlussprüfung durchzuführen ist.
- ✓ welche Zulassungsvoraussetzungen erfüllt sein müssen, damit ein Auszubildender zur Abschlussprüfung zugelassen wird.
- ✓ in welchen Sonderfällen eine Zulassung zur Abschlussprüfung ebenfalls möglich ist.
- ✓ unter welchen Bedingungen eine vorzeitige Zulassung zur Abschlussprüfung erfolgen kann.

Ausbildung beenden oder verlängern

Im Verlauf einer Berufsausbildung treten eine Reihe von Anlässen für deren Beendigung auf. Der häufigste und das Ziel jedes Auszubildenden und Ausbilders ist das Bestehen der Abschlussprüfung.

Es ist geschafft – Prüfung bestanden

siehe BBiG § 21

Das Ausbildungsverhältnis endet mit der vertraglich vereinbarten Ausbildungszeit (§ 21 BBiG). Findet die Abschlussprüfung nach dem Ende dieser Zeit statt, hat der Ausbildende seine vertraglichen Pflichten erfüllt, es besteht für ihn keine Verpflichtung zur weiteren Beschäftigung des Auszubildenden bis zum Prüfungstermin.

siehe BBiG § 24

Eine Kündigung ist nicht erforderlich. Dem Auszubildenden müssen ggf. die mit der Prüfung in Zusammenhang stehenden Kosten erstattet werden. Wird der ehemalige Auszubildende nach Ablauf der vertraglich vereinbarten Zeit bis zur Prüfung weiter beschäftigt, muss er entsprechend der ausgeübten Tätigkeit als ungelernte Kraft bezahlt werden. Wird nichts anderes vereinbart, entsteht durch konkludentes Handeln ein (unbefristetes) Arbeitsverhältnis.

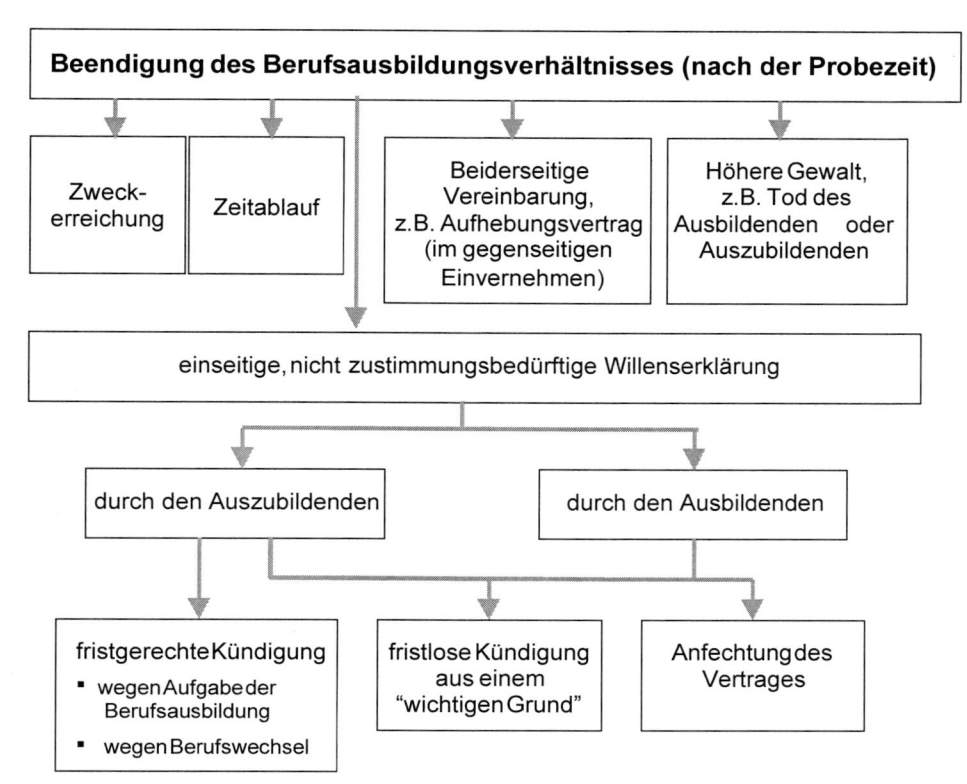

Ausbildung beenden oder verlängern

Beendigung des Berufsausbildungsverhältnisses (nach der Probezeit)

- Zweckerreichung
- Zeitablauf
- Beiderseitige Vereinbarung, z.B. Aufhebungsvertrag (im gegenseitigen Einvernehmen)
- Höhere Gewalt, z.B. Tod des Ausbildenden oder Auszubildenden

einseitige, nicht zustimmungsbedürftige Willenserklärung

- durch den Auszubildenden
- durch den Ausbildenden

- fristgerechte Kündigung
  - wegen Aufgabe der Berufsausbildung
  - wegen Berufswechsel
- fristlose Kündigung aus einem "wichtigen Grund"
- Anfechtung des Vertrages

*) Während der Probezeit kann das Ausbildungsverhältnis von beiden Parteien ohne Angabe von Gründen gekündigt werden

Zusatzinformation

In den meisten Fällen endet das Berufsausbildungsverhältnis bereits vor Ablauf der vertraglich vereinbarten Zeit, da die Prüfungstermine meist früher liegen. Mit dem Bestehen der Abschlussprüfung und der Bekanntgabe des Prüfungsergebnisses endet das Berufsausbildungsverhältnis (§ 21 Abs. 2 BBiG). Auch in diesen Fällen ist keine Kündigung erforderlich.

Die meisten Ausbildungsverhältnisse enden mit Bestehen der Abschlussprüfung

Eine große Zahl von Tarifverträgen und Betriebsvereinbarungen sehen über die gesetzliche Regelung hinaus vor, dass den Auszubildenden bei Nichtübernahme dies innerhalb einer bestimmten Frist mitgeteilt werden muss. Hierbei handelt es sich rechtlich nicht um eine Kündigung.

Tarifverträge und Gesetze regeln Übernahmeverpflichtungen von ehemaligen Auszubildenden nach Bestehen der Abschlussprüfung

Im Interesse der Auszubildenden sieht das BBiG vor, dass sich der Auszubildende bereits innerhalb der letzten sechs Monate der Ausbildung verpflichten kann, nach der Ausbildung ein Arbeitsverhältnis auf unbestimmte Zeit einzugehen (§ 12 Abs. 1 BBiG).
Will ein Ausbildender einen guten Auszubildenden frühzeitig an sein Unternehmen binden, kann er dem Auszubildenden eine Übernahme nach Ausbildung schon bei Vertragsabschluss oder im Laufe der Ausbildung garantieren. Diese Verpflichtung bindet einseitig den Arbeitgeber, der Auszubildende bleibt frei in seiner Entscheidung, was er nach bestandener Prüfung macht.

siehe BBiG § 12 Abs. 1

Die zweite Schwelle
Übergang vom Dualen System in das Beschäftigungssystem

In aller Regel besteht für die Ausbildungsbetriebe keine Verpflichtung, die Auszubildenden nach bestandener Prüfung zu übernehmen. Allerdings gibt es immer mehr Tarifbereiche mit vertraglichen Vereinbarungen zur Übernahme von Auszubildenden nach erfolgreichem Abschluss.

Viele Betriebe haben ein Interesse an der Übernahme gut ausgebildeter Ausbildungsabsolventen

Handlungsfeld 4:
Ausbildung abschließen

Manchmal notwendig – Verlängerung der Ausbildungszeit

Gründe für eine Verlängerung der Ausbildungszeit

In Ausnahmefällen kann es erforderlich sein, die ursprünglich vereinbarte Ausbildungszeit zu verlängern.

- Der Ausbildungserfolg ist aufgrund langer Ausfallzeiten (häufig über 6 Monate) durch Krankheit, Schwangerschaft oder aus anderen Gründen nicht mehr sicher gestellt.
- Es stellt sich heraus, dass das Ausbildungsziel in einer durch Anrechung verkürzten Ausbildungszeit nicht erreicht werden kann.
- Bei einem Auszubildenden ist ein starker Leistungsabfall zu beobachten, der einen erfolgreichen Abschluss nicht erwarten lässt.

siehe BBiG § 8 Abs. 2

In solchen Fällen kann der Auszubildende (und nur er) bei der Zuständigen Stelle eine Verlängerung der Ausbildungszeit beantragen. Auch bei diesem Verfahren sind die Beteiligten (Ausbildender, bei Minderjährigen der gesetzliche Vertreter) vor der Entscheidung zu hören.

Verlängerung der Ausbildungszeit aufgrund gesetzlicher Regelungen

In einigen Fällen wird die Ausbildungszeit durch Gesetz verlängert, ein Antrag ist nicht erforderlich:

- Erziehungsurlaub wird nicht auf die Ausbildungszeit angerechnet. Der Zuständigen Stelle ist lediglich mitzuteilen, dass sich die Ausbildungszeit entsprechend der Dauer des Erziehungsurlaubs verlängert.
- Wehrübungen und Grundwehrdienst während einer Ausbildung wird auf die Ausbildungszeit ebenfalls nicht angerechnet, die entsprechenden Zeiten werden der Zuständigen Stelle mitgeteilt.

Abschlussprüfung nicht bestanden – eine Welt bricht zusammen

Durch die Prüfung gefallen: Wie geht es weiter?

Trotz guter Vorbereitung und aller Bemühungen kommt es vor, dass Auszubildende die Abschlussprüfung nicht bestehen. Für den Ausbilder wirft diese Situation viele Fragen auf:

- Wann endet das Ausbildungsverhältnis?
- Kann der Auszubildende die Prüfung wiederholen?
- Wann und wie oft kann er ggf. wiederholen?
- Welche Vergütung erhält der Auszubildende in der Verlängerungszeit?
- Was muss organisatorisch beachtet werden?
- Wie wird diese Krisensituation bewältigt?
- Wie können Auszubildende motiviert werden, sich der Herausforderung zu stellen?

Welche Möglichkeiten hat der Auszubildende?

Die Zuständige Stelle teilt dem Prüfling das Nichtbestehen der Abschlussprüfung durch einen Bescheid mit. Es handelt sich um einen Verwaltungsakt, gegen den der Widerspruch und die Klage vor dem zuständigen Verwaltungsgericht möglich ist.

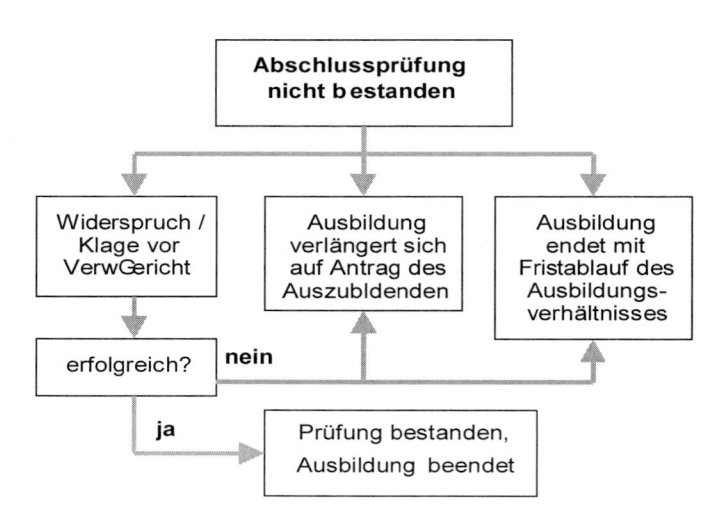

```
                    Abschlussprüfung
                    nicht bestanden
        ┌─────────────────┼─────────────────┐
        ▼                 ▼                 ▼
  Widerspruch /     Ausbildung         Ausbildung
  Klage vor         verlängert sich    endet mit
  VerwGericht       auf Antrag des     Fristablauf des
        │           Auszubldenden      Ausbildungs-
        ▼                              verhältnisses
  erfolgreich? ──nein──┐
        │              │
        ja             │
        ▼              ▼
  Prüfung bestanden,
  Ausbildung beendet
```

Ausbildung beenden oder verlängern

Was muss der Ausbildende beachten?

Macht der Auszubildende von seinem Verlängerungsrecht keinen Gebrauch, hat der Ausbildende nichts weiter zu beachten. Das Ausbildungsverhältnis endet mit dem im Ausbildungsvertrag vorgesehenen Ende der Ausbildungszeit. Bis zu diesem Termin hat der Auszubildende ein Recht auf weitere Beschäftigung und Zahlung der Ausbildungsvergütung.

Beantragt der Auszubildende die Verlängerung der Ausbildung, sind für den Ausbildenden einige wichtige organisatorische und rechtliche Tatbestände von Bedeutung.

Das ist bei Verlängerung der Ausbildungszeit zu beachten

> Der Ausbildungsvertrag ist den neuen Bedingungen anzupassen. Eine Ergänzung der Niederschrift ist unverzüglich zu fertigen. Dabei sind die formalen Anforderungen des § 11 BBiG zu beachten.

> Die Änderungen des Ausbildungsvertrages sind der Zuständigen Stelle mitzuteilen. Nach § 35 Abs. 1 BBiG sind alle wesentlichen Änderungen des Vertragsinhaltes in das Verzeichnis der Berufsausbildungsverhältnisse einzutragen. Dies muss bei der Zuständigen Stelle beantragt werden.

> Es stellt sich die Frage, welche Vergütung der Auszubildende für den Verlängerungszeitraum beanspruchen kann. Wird die Ausbildungszeit verlängert, kann von einer fortschreitenden Ausbildung nicht die Rede sein, versäumte Inhalte werden lediglich nachgeholt. Damit hat der Auszubildende nach Maßgabe des BBiG keinen Anspruch auf eine steigende Ausbildungsvergütung. Tarifverträge können für den Auszubildenden günstigere Regelungen vorsehen.

Vergütung während der Verlängerung der Ausbildungszeit

> Aufgrund der Verlängerung der Ausbildungszeit ist die sachliche und zeitliche Gliederung der Ausbildung der neuen Situation anzupassen. Für die Verlängerungszeit ist ein individueller Ausbildungsplan zu erstellen. Den in der Prüfung aufgetretenen Mängeln ist dabei Rechnung zu tragen.

Neben den rechtlichen Aspekten einer nicht bestandenen Abschlussprüfung spielt die psychische Situation des Auszubildenden nach einem solchen Misserfolgserlebnis eine mindestens genauso große Rolle. Er fühlt sich u.U. als Versager, ist demotiviert, ja sogar frustriert. Der Ausbilder muss Überlegungen anstellen, wie er diese für den Auszubildenden negative Situation auffängt, den Auszubildenden zum Weitermachen motiviert und ihn gezielt auf die Wiederholungsprüfung vorbereitet.

Sie wissen jetzt, ...

✓ aus welchen Gründen ein Berufsausbildungsverhältnis enden kann und wann es beendet ist.

✓ wann ein Betrieb Auszubildende übernehmen muss und was er dabei zu beachten hat.

✓ welche Überlegungen bei der Übernahme von Auszubildenden beim Betrieb und bei den Ausbildungsabsolventen eine Rolle spielen.

✓ wann die Ausbildungszeit verlängert werden kann oder muss und was der Betrieb dabei zu beachten hat.

✓ welche Handlungsalternativen sich stellen, wenn ein Auszubildender die Abschlussprüfung nicht besteht und was der Betrieb zu veranlassen hat.

Handlungsfeld 4:
Ausbildung abschließen

Prüfung bestanden – das betriebliche Zeugnis

Drei Zeugnisse für den Auszubildenden:
- **Prüfungszeugnis**
- **Berufsschulzeugnis**
- **Ausbildungszeugnis**

Am Ende der Berufsausbildung erhält der Auszubildende drei Zeugnisse:

> Die Zuständige Stelle erteilt ein Zeugnis gemäß der geltenden Prüfungsordnung (Zeugnis nach § 37 BBiG). Es enthält die Personalien des Prüfungsteilnehmers, den Ausbildungsberuf, das Gesamtergebnis und die Ergebnisse einzelner Prüfungsleistungen, das Datum des Bestehens, Unterschrift und Siegel. Dieses Zeugnis wird auch als Facharbeiter-, Gesellen- oder Gehilfenbrief bezeichnet.

> Die Berufsschule erteilt ein Abschlusszeugnis mit den erreichten Noten in den verschiedenen Unterrichtsfächern.

> Der Ausbildende stellt dem Auszubildenden ein Ausbildungszeugnis aus.

Während der Ausbildende mit den ersten beiden Zeugnissen nichts weiter zu tun hat, bereitet das Ausstellen eines Ausbildungszeugnisses häufig Schwierigkeiten.

Die Aussagekraft von Zeugnissen

Manche Ausbilder schätzen den Wert dieses Zeugnisses gering ein. Sie glauben, dass im späteren Berufsleben ganz andere Kriterien für die Erlangung eines neuen Arbeitsplatzes von Bedeutung sind. Das BiBB hat zu dieser Problematik eine Untersuchung durchgeführt, in der die Bedeutung der drei o.g. Zeugnisse deutlich wird. Die befragten Betriebe sollten ankreuzen, welches Zeugnis zu den jeweiligen Merkmalen Auskunft gibt.

Die hohe Bedeutung des Ausbildungszeugnisses für den weiteren Berufsweg eines Menschen wird mit diesen Ergebnissen deutlich. Jeder Ausbildende und jeder Ausbilder muss sich dessen bei der Erstellung bewusst sein.

Rechtsanspruch auf ein Ausbildungszeugnis

Das Berufsbildungsgesetz normiert in § 16 einen Rechtsanspruch auf Ausstellung eines Ausbildungszeugnisses am Ende der Berufsausbildung, auch wenn der Auszubildende dies nicht ausdrücklich verlangt. Dabei ist es unerheblich, aus welchem Grund das Berufsausbildungsverhältnis beendet wurde. Ein Ausbildungszeugnis ist vom Betrieb auch dann auszustellen, wenn der Auszubildende als Fachkraft weiter im Betrieb bleibt.

Anspruch auf Zwischenzeugnis

Kündigt der Auszubildende vorzeitig unter Einhaltung der Kündigungsfrist (§ 22 Abs. 2 BBiG), hat er Anspruch auf ein Zwischenzeugnis.

Mindestinhalte eines Zeugnisses

Das Gesetz legt den Mindestinhalt des einfachen Zeugnisses eindeutig fest. Durch diese rechtliche Ausgestaltung kann der Auszubildende auf die Ausstellung eines Zeugnisses, die Berichtigung falscher oder Ergänzung fehlender oder unvollständiger Angaben klagen.

Einfaches oder qualifiziertes Zeugnis?

Der Auszubildende hat die Wahl zwischen einem einfachen und einem qualifizierten Zeugnis. Der Regelfall bei einem Ausbildungszeugnis ist das qualifizierte Zeugnis. Es enthält zusätzlich Angaben zu Führung und Leistung sowie in der Ausbildung erworbene besondere fachliche Qualifikationen.

Das einfache Zeugnis muss ausgestellt werden

Für den Betrieb besteht zunächst lediglich die Pflicht, ein einfaches Zeugnis auszustellen. Erst auf Verlangen des Auszubildenden muss ein qualifiziertes Zeugnis erstellt werden.

Auf Verlangen erhält der Auszubildende ein qualifiziertes Zeugnis

Der Auszubildende kann verlangen, dass ihm nur ein einfaches Zeugnis ausgestellt wird. Diese Forderung dürfte im Ausnahmefall dann gestellt werden, wenn zu befürchten ist, dass die wahrheitsgemäße Auskunft über Führung und Leistung ein schlechtes Bild vom Auszubildenden zeichnet.

Zeugnis ausstellen

Der Effekt eines solchen Zeugnisses dürfte in der Praxis allerdings genauso negativ sein wie ein ungünstiges qualifiziertes. Fehlen in einem Ausbildungszeugnis Angaben zu Verhalten und Leistung, weiß der Fachmann, dass einiges im Argen lag.

Sie wissen jetzt, ...
- ✓ welche Zeugnisse ein Auszubildender nach erfolgreicher Abschlussprüfung erhält.
- ✓ wie die Aussagekraft von Zeugnissen in der Sicht der Betriebe ist.
- ✓ worin der Unterschied zwischen einem einfachen und einem qualifizierten Zeugnis besteht.

Handlungsfeld 4:
Ausbildung abschließen

Berufliche Fortbildung – Stillstand bedeutet Rückschritt

Notwendigkeit lebensbegleitenden Lernens

Alle reden von der Notwendigkeit des lebenslangen Lernens. Schon immer sprach man davon, dass „nach der Lehre das Lernen erst richtig anfängt." Dieser Spruch muss heute um „... und hört nie auf" ergänzt werden. Wer selbst eine Ausbildung durchlaufen hat weiß, dass es häufig Jahre dauert, bis man genügend Erfahrung gesammelt hat, um die komplexen Arbeitsabläufe zu verstehen. Hinzu kommt die Geschwindigkeit der technischen Entwicklung, die unser Wissen in wenigen Jahren veralten lässt.

Formen beruflicher Fortbildung

siehe BBiG § 1

Eine Definition der Ziele beruflicher Fortbildung beinhaltet § 1 BBiG. Danach kann berufliche Fortbildung untergliedert werden in:
- Anpassungsfortbildung und
- Aufstiegsfortbildung.

Das System der Fortbildung in Deutschland bietet viele Möglichkeiten, sich ständig weiter zu qualifizieren

Die Anpassungsfortbildung umfasst drei Bereiche:
- Angleichung der beruflichen Kenntnisse an geänderten Anforderungen am Arbeitsplatz (z.B.: IT-Lehrgänge, neue Software, etc.).
- Ausgleich von Kenntnis- und Fertigkeitsverlusten, die durch fehlende Ausübung des Berufes (z.B. Arbeitslosigkeit, Erziehungszeiten) entstanden sind.
- Erwerb zusätzlicher Kenntnisse und Fähigkeiten, die für eine Berufsausbildung erforderlich oder nützlich sind (Sprachkurse, spezielle Schweißtechniken, etc.).

Aufstiegsfortbildung: Ein Sprungbrett für die berufliche Karriere

Zur Aufstiegsfortbildung gehört alles, was dem beruflichen Aufstieg dient. Häufig gehören dazu Bildungsgänge, die Managementwissen vermitteln, Führungsverhalten trainieren oder im technischen und kaufmännischen Bereich erweiterte Kenntnisse vermitteln, die für einen beruflichen Aufstieg notwendig sind (z.B. Meister, Techniker, Bilanzbuchhalter, Fach- oder Betriebswirt).

Der Ausbilder als Bildungsberater

Für einen jungen Menschen ist es nahezu unmöglich, die Vielzahl von Fortbildungsangeboten, -trägern und Förderungsmöglichkeiten zu durchschauen. Noch schwieriger wird es, die für ihn und seine beruflichen Ziele richtige Fortbildung zu finden.

Der Ausbilder als Bildungsberater

Hat sich in früheren Jahren die Aufgabe des Ausbilders weitgehend auf die Unterweisung und Betreuung der Auszubildenden des Unternehmens beschränkt, gehen seine Aufgaben heute – auch aus betriebswirtschaftlicher Sicht – weit darüber hinaus. Er übernimmt die Funktion eines „Bildungsmanagers" und „Bildungsberaters" im Betrieb. Der moderne Ausbilder kennt sich im Dschungel der deutschen und europäischen Fortbildungslandschaft aus, er hat zumindest einen Überblick über die für seinen Betrieb wichtigen Fortbildungsmöglichkeiten, die Wege zum Nachholen von Schulabschlüssen und kennt die einschlägigen Förderungsinstrumente.

Aufgaben des Ausbilders
- Bedeutung beruflicher Fortbildung verdeutlichen
- Über sinnvolle Fortbildungsmöglichkeiten beraten
- Über die Förderung informieren

Fortbildungsmöglichkeiten

Wichtig ist, die Beschäftigten frühzeitig mit dem Gedanken vertraut zu machen, dass sie sich fortbilden müssen, um konkurrenzfähig auf dem Arbeitsmarkt zu bleiben. Jungen Ausbildungsabsolventen fällt es leichter, sich fortzubilden, da sie von Lernprozessen noch nicht entwöhnt sind. Ein älterer Erwachsener hat da häufig größere Schwierigkeiten.

Frühzeitige Information und Aufklärung über die Notwendigkeit beruflicher Weiterbildung ist wichtig

---

Sie wissen jetzt, ...

✓ um die Bedeutung allgemeiner und beruflicher Weiterbildung im Rahmen des „Lebensbegleitenden Lernens".

✓ welche Formen beruflicher Fortbildung es gibt.

✓ welche wichtige Funktion der Ausbilder als Bildungsberater und -manager erfüllt.

Handlungsfeld 4:
Ausbildung abschließen

Literaturliste

- Beck C. H.: Arbeitsgesetze, dtv, München
- Bundesministerium für Bildung und Forschung (BMBF): Berufsbildungsbericht 2016
- Bundesinstitut für Berufsbildung, Datenreport zum Berufsbildungsbericht 2016
- Birkenbihl Vera: Stroh im Kopf, Gabal Verlag, Speyer
- Birnbaumer Niels, Schmidt Robert: Biologische Psychologie, Springer Verlag, Berlin, Heidelberg, New York
- Bundesministerium für Bildung und Forschung (Hrsg.): Berufsbildungsbericht, Berlin
- Delay Jean, Pichot Pierre: Medizinische Psychologie, Georg Thieme-Verlag, Stuttgart
- DIHK-Gesellschaft für berufliche Bildung (Hrsg): Ausbildung der Ausbilder, Bonn
- Heidack Clemens (Hrsg): Kooperativen Selbstqualifizierung und Kompetenzentwicklung der Zukunft, Schriftenreihe der FH Düsseldorf, Aouane Verlag, Düsseldorf
- Heidack Clemens (Hrsg): Praxis der kooperativen Selbstqualifizierung, Rainer Hampp Verlag, München
- Hoberg Gerrit: Training und Unterricht; Anregungen für die Vorbereitung und Durchführung von Unterricht und Seminaren; Klett WBS-Bibliothek, Stuttgart
- Kaden Klaus, Kästner Gunter: Berufswahl leicht gemacht, Heyne Verlag, München
- Kaden Klaus, Kästner Gunter: Fit für den neuen Job, Heyne Verlag, München
- Kellner Hedwig: Sind Sie eine gute Führungskraft, Campus Verlag, Frankfurt, New York
- Kirkpatrick Donald: Konferenz mit Effizienz, Orell Füssli, Zürich
- Leitner Sebastian: So lernt man lernen, Herder Verlag, Freiburg
- Lloyd Sam, Berthelot Christine: Selbstgesteuerte Persönlichkeitsentwicklung, Wirtschaftsverlag Ueberreuter, Frankfurt, Wien, München
- Molcho Samy: Körpersprache im Beruf, Goldmann-Verlag, München
- Ruhleder Rolf: Rhetorik, Kinesik, Dialektik, Rentrop Verlag, Bonn
- Schuhmann Georg: Aufstieg durch Ausbildung, Verlag Europa-Lehrmittel, Haan-Gruiten
- Schulz von Thun Friedemann: Miteinander Reden Bd. 1-3, Bechtermünz Verlag, Augsburg
- Stamm Markus: Probleme lösen im Team, Verlag für Controlling Wissen, Offenburg
- Vester Frederic: Denken, Lernen, Vergessen, dtv, München
- Vester Frederic: Die Kunst vernetzt zu denken, dtv, München
- Zimbardo Phillip G.: Psychologie, Springer Verlag, Berlin, Heidelberg, New York

Perfekt Ausbilden:
Handbuch für den Ausbilder

Die mit * gekennzeichneten Darstellungen im Handlungsfeld 1 sind beim Bundesinstitut für Berufsbildung erschienen © [1] und stehen unter der Creative Commons Lizenz[2]. Mehr dazu bei www.bibb.de[3].

Anmerkungen:
[1] Link auf die direkte Internetadresse (URL) zu dem betreffenden Beitrag
[2] Link auf die Creative Commons-Lizenz: http://creativecommons.org/licenses/by-nc-nd/4.0/deed.de
[3] Link auf diese Seite mit Lizenzinformationen: https://www.bibb.de/de/25603.php

Literatur

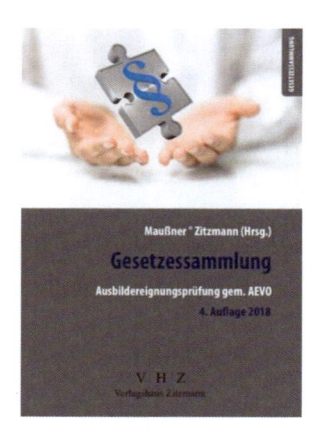

Gesetzessammlung Ausbildereignungsprüfung gem. AEVO, 4. Auflage (Stand 2018).
Diese Gesetzessammlung enthält keinerlei Kommentierungen. Sie ist daher als Hilfsmittel in der Prüfung zugelassen.

Taschenbuch / ISBN 978-3-96155-058-6 / € 12,90

Gesetzessammlung Industriemeister – Grundlegende Qualifikationen / Ausbildereignungsprüfung gem. AEVO, 5. Auflage (Stand 2018).
Diese Gesetzessammlung enthält keinerlei Kommentierungen. Sie ist daher als Hilfsmittel in der Prüfung zugelassen.

Taschenbuch / ISBN 978-3-96155-043-2 / € 18,90

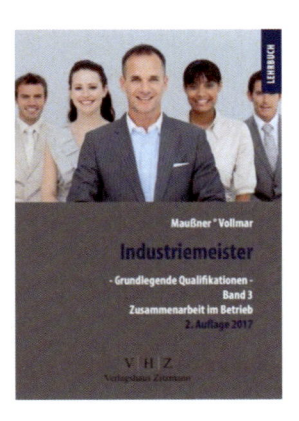

Industriemeister – Grundlegende Qualifikationen Band 3 Zusammenarbeit im Betrieb, 2. Auflage 2017
Taschenbuch / 978-3-96155-014-2 / € 24,80

Perfekt Ausbilden:
Handbuch für den Ausbilder

Wir bieten Ihnen folgende Lehrgänge:
- Meister für Schutz und Sicherheit
- Fachkraft für Schutz und Sicherheit
- Geprüfte Schutz- und Sicherheitskraft
- Werkschutzlehrgänge I – IV

Jetzt informieren:
http://www.akademiefuersicherheit.de/

Bereiten Sie sich jetzt auf die Sachkundeprüfung ab 9,90 € vor.

Jetzt informieren:
http://www.sachkun.de/

Erfolg in der Prüfung beginnt mit der richtigen Literatur. Bei uns finden Sie:
- Lehr- und Übungsbücher (auch als Ebooks und Hörbücher)
- Karteikarten (analog und digital)

Jetzt informieren:
http://www.verlagshaus-zitzmann.de/

Für alle, die in der privaten Sicherheitsbranche was erreichen wollen. Jede Woche eine neue Folge:

Jetzt informieren:
http://www.podcast-fuer-schutz-und-sicherheit.de/